Special Thanks to

세상이 아무리 바쁘게 돌아가더라도
책까지 아무렇게나 빨리 만들 수는 없습니다.

길벗은 독자 여러분이
가장 쉽게, 가장 빨리 배울 수 있는 책을
한 권 한 권 정성을 다해 만들겠습니다.

독자의 1초를 아껴주는 정성을 만나보세요.

미리 책을 읽고 따라해 본 2만 베타테스터 여러분과
무따기 체험단, 길벗스쿨 엄마 2% 기획단,
시나공 평가단, 토익 배틀, 대학생 기자단까지!
믿을 수 있는 책을 함께 만들어주신 독자 여러분께 감사드립니다.

출근해서 바로 써먹는
생존형 엑셀

생존
엑셀

이광희 지음

길벗

생존 엑셀
a Survival Kit for Excel

초판 발행 • 2022년 11월 7일

지은이 • 이광희
발행인 • 이종원
발행처 • (주)도서출판 길벗
출판사 등록일 • 1990년 12월 24일
주소 • 서울시 마포구 월드컵로 10길 56(서교동)
대표 전화 • 02)332-0931 | **팩스** • 02)322-0586
홈페이지 • www.gilbut.co.kr | **이메일** • gilbut@gilbut.co.kr

기획 및 책임 편집 • 최동원(cdw8282@gilbut.co.kr) | **디자인** • 박상희 | **제작** • 이준호, 손일순, 이진혁
영업마케팅 • 전선하, 차명환, 박민영 | **영업관리** • 김명자 | **독자지원** • 윤정아, 최희창

교정교열 • 안혜희 | **전산편집** • 앤미디어 | **CTP 출력 및 인쇄** • 교보피앤비 | **제본** • 경문제책

ISBN 979-11-407-0195-7 03000
(길벗 도서코드 007120)

정가 22,000원

독자의 1초까지 아껴주는 정성 길벗출판사

(주)도서출판 길벗 • IT교육서, IT단행본, 경제경영서, 어학&실용서, 인문교양서, 자녀교육서
www.gilbut.co.kr

길벗스쿨 • 국어학습, 수학학습, 어린이교양, 주니어 어학학습, 학습단행본
www.gilbutschool.co.kr

페이스북 • www.facebook.com/gilbutzigy
네이버 포스트 • post.naver.com/gilbutzigy

데이터 분석은 엑셀입니다.

최근 몇 년간 '빅데이터', '데이터 분석', '데이터 리터러시' 등의 열풍으로 '데이터'에 대한 관심이 계속 높아지고 있습니다. 이런 열풍이 불기 전까지는 실무자가 생성/관리하는 데이터의 양이 적었기 때문에 간단한 수식과 함수만으로 관리할 수 있었습니다. 하지만 이제는 데이터베이스 서버에서 빅데이터를 가져와 전문적으로 분석할 수 있는 능력이 요구되며 실무 데이터 분석 툴인 엑셀의 활용 능력은 선택이 아니라 필수 사항이 되었습니다. 하지만 많은 사람이 엑셀을 어렵게 느끼고 또 실무에서 스트레스 요인으로 꼽는 것이 현실입니다. 그렇다면 엑셀은 정말 어려운 프로그램일까요? 엑셀은 매우 효율적이고 편리한 프로그램이지만, 제대로 이해하지 못한 채 검색을 통해 결과 구현에만 급급했기 때문에 어렵다고 느끼는 것입니다. 엑셀의 기초 지식이나 기본기 없이 함수 위주로 활용하여 매번 스트레스를 받으며 회사 생활의 '생존'에 위험을 느끼고 있지 않나요?

기초부터 제대로 된 엑셀 학습이 필요합니다

이 책은 실무에서 '생존'할 수 있는 엑셀의 기본기와 구현 원리에 관해 설명합니다. 엑셀의 구현 원리와 데이터를 이해한 다음 수식과 함수를 활용하면 업무 자동화는 물론 피벗 테이블을 활용한 보고서를 작성할 수 있습니다. 뿐만 아니라 트렌드한 시각화와 실무 유형별 문서를 통해 여러분의 엑셀 '생존'을 책임져드립니다. 저는 단순 반복적인 속칭 '노가다'를 싫어합니다. 정해진 시간을 최대한 효율적으로 활용하는 '생산성'에 집중하죠. 가장 효율적이고 빠른 실무는 업무 생산성을 높이는 필수 요소입니다. 실무에서 예쁘고 화려한 보고서는 적합하지 않습니다. 실무 '생존'을 위해서는 업무를 쉽고 빠르게 처리해 스트레스를 줄이고 일찍 퇴근해야 합니다.

감사드립니다. 그리고 바랍니다

벌써 세 번째 출간이라는 것이 믿기지 않지만, 더 많은 것을 알려드리고 고급화하지 못하는 것이 아쉽습니다. 매일 강의하고 집으로 돌아와 잠자는 시간까지 줄여 가면서 열심히 집필했습니다. 제가 수많은 선배님의 책을 통해 배움을 얻으며 성장했던 것처럼 이 책이 또 다른 누군가에게 많은 도움이 되길 바랍니다.

항상 고마운 고경민, 저를 이 자리에 있게 해 준 이준호에게 감사합니다. 존경하는 백성욱 대표님, 최세헌 대표님께도 언제나 감사합니다. '베어유'의 유원일 대표님과 '생존 엑셀'을 기획한 정현규 님에게 감사합니다. 이 책을 먼저 제안해 준 길벗출판사 박슬기 부장님, 그리고 함께 책을 완성해 주신 최동원 차장님께도 감사합니다. 아버지, 어머니, 표현을 자주 못했지만 사랑합니다. 언제나 좋은 말씀을 전해주시고 제 편이 되어 주시는 장인, 장모님, 사랑합니다. 마지막으로 세상에서 가장 사랑하는 나의 아내, 김지현, 지금처럼 사랑스럽고 행복하게 성장하길 바라는 딸, 이라온과 소중한 분들께 이 책을 바칩니다.

엑셀을 쉽고 효율적으로 사용하길 바라는 이광희

업무 시간 10배 절약하는
생존 실무 엑셀 동영상 강의를 제공합니다.
출근해서 바로 써먹으세요.

엑셀은
왜 어려울까요?

작업 속도를 높이는
필수 옵션과
빠른 실행 도구 모음 세팅하기

행, 열, 셀, 시트의
이해와 활용+단축키

생존 엑셀 기본기!
데이터 입력의
모든 것

패턴으로 완성하는
빠른 채우기

데이터 표시 형식
마스터하기

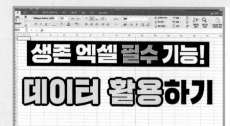

생존 엑셀 필수 기능!
데이터 활용하기

정렬,
틀 고정

필터, 와일드카드
연산자

생존 엑셀을 위한
데이터 관리의
기술

셀 참조 –
상대 참조, 혼합 참조,
절대 참조

구조적 참조 활용해
자동 반응형 보고서 작성하기

실무 함수 정복하기

실무 함수 정복하기 ①
논리 함수

실무 함수 정복하기 ②
LOOKUP 함수

한눈에 들어오는 차트 작성법

실무 차트 완전 정복
－원형, 막대형, 꺾은선형 차트

혼합 차트,
인포그래픽 차트

생존 엑셀의 꽃, 피벗 테이블 활용하기

피벗 테이블로
10초 만에
보고서 작성하기

피벗 테이블로
이게 된다고?
슬라이서 활용하기

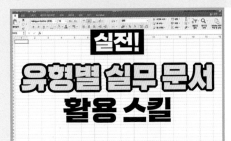

실전! 유형별 실무 문서 활용 스킬

조건부 서식 활용해
업무 자동화하기

슬라이서와
차트 활용해 완성하는
대시보드형 보고서 작성하기

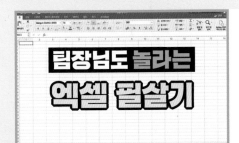

팀장님도 놀라는 엑셀 필살기

엑셀 기능이 구현되는
DB 구축 스킬

인쇄 기능
완벽 마스터하기

이 책을 보는 방법

섹션: 팀장님도 놀라는 생존 엑셀 스킬을 섹션 단위로 구성했습니다.

동영상 강의: 업무 시간 10배 절약하는 동영상 강의를 제공합니다.

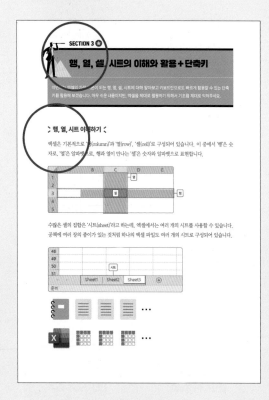

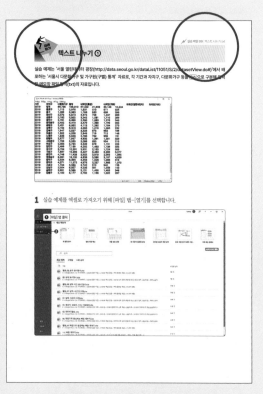

이론+실습구성의 업무 밀착형 생존 엑셀을 만나보세요.

실습 파일: 업무 밀착형 실습에 필요한 실습 파일을 제공합니다.

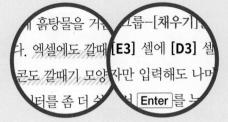

엑셀의 기본기와 구현 원리를 통해 제대로 학습하세요. 막힘없이
실습할 수 있도록 엑셀 메뉴와 **함수식** 등을 구분했습니다.

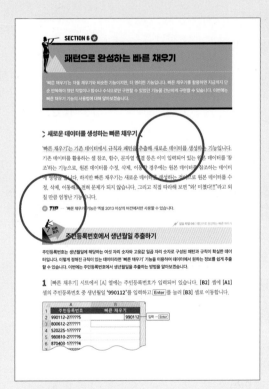

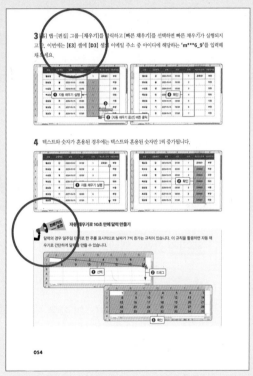

TIP: 알아두면 좋은 유용한
팁이나 궁금한 내용을 정리
했습니다.

전문가의 조언: 실무 능력
향상에 도움이 되는 팁과 주
의할 점을 정리했습니다.

목차

CHAPTER 3   생존 엑셀 필수 기능! 데이터 활용하기

CHAPTER 8   실전! 유형별 실무 문서 활용 스킬

CHAPTER 9 팀장님도 놀라는 엑셀 필살기

🔗 실습 예제 다운로드 안내

이 책에 사용된 예제는 길벗출판사 홈페이지(www.gilbut.co.kr)에서 다운로드할 수 있습니다. 홈페이지 검색 창에 『생존 엑셀』을 **입력**하고 해당 도서 페이지가 열리면 **[자료 실]**을 클릭해 **실습 예제 파일을 다운로드**하세요. 홈페이지 회원으로 가입하지 않아도 누구나 실습 예제 파일을 다운로드할 수 있습니다.

CHAPTER 1

엑셀은 왜 어려울까요

"엑셀은 배우기 어렵다!"

"배운 대로 해도 안 되어 스트레스를 많이 받는다!"

이렇게 많은 사람들이 엑셀을 어려워합니다. 그렇다면 엑셀은 정말 어려운 걸까요? 우리는 왜 엑셀이 불편하고 두려울까요? 엑셀을 잘하려면 어떻게 하면 될까요? 이번 장에서는 엑셀이 어렵다고 생각하는 이유와 학습 방향을 살펴보겠습니다. 그리고 엑셀을 좀 더 효율적으로 사용할 수 있는 필수 옵션과 엑셀의 기본 구성 요소인 행, 열, 셀, 시트의 개념을 확인하고 이들 구성 요소를 실무에서 어떻게 활용하는지 알아보겠습니다. 이번 장에서는 가장 기본적이면서도 매우 중요한 내용이므로 꼭 정확하게 익혀두세요.

작업 속도를 높이는
필수 옵션과
빠른 실행 도구 모음 세팅하기

행, 열, 셀, 시트의
이해와 활용+단축키

엑셀이 어려운 이유

처음 가는 길이나 첫 여행을 떠날 때 인터넷에서 미리 검색하고 알아보면 쉽게 방향을 찾을 수도 있고, 최적의 경로로 여행을 다녀올 수도 있습니다. 엑셀 학습도 마찬가지입니다. 엑셀을 학습하기 전에 엑셀의 특징은 무엇이고, 어떻게 학습해야 빠른 시간 안에 꼭 필요한 기능을 제대로 익힐 수 있는지, 그리고 가장 효율적인 엑셀 학습 방향은 무엇인지 제대로 살펴보고 시작하겠습니다.

엑셀은 어떤 프로그램인가요

엑셀은 누군가에게 없어서는 안 될 중요한 프로그램이지만, 또 다른 누군가에게는 매일 스트레스만 주는 어렵고 불편하기만 프로그램일 수 있어요. 실무에 엑셀을 사용하기 전부터 배우기 어렵다는 이야기만 듣고 덜컥 겁을 먹거나, 자격증 취득을 위해 엑셀 공부를 시작했다가 어려운 문제에 막혀 진도를 나가지 못하고 결국 포기하곤 합니다. 어쩔 수 없이 실무를 위해 엑셀 책이나 인터넷 검색 결과대로 따라해 보지만, 정작 설명대로 실행되지 않거나, 예상했던 결과가 나오지 않아 엑셀이 더욱 어렵게만 느껴질 수 있습니다. 그렇다면 엑셀은 정말 어려운 프로그램일까요?

엑셀은 결코 어려운 프로그램이 아닙니다

저는 고등학생 때부터 지금까지 거의 20년 이상 엑셀을 사용했습니다. 군대에서는 인사행정병으로 복무했고 회사에서는 인사총무팀에서 엑셀을 사용했죠. 그리고 지금은 엑셀 전문 컨설턴트 강사로 활동하고 있습니다. 지금까지 다양한 환경에서 엑셀 실무를 경험했을 뿐만 아니라 강사로서 엑셀을 공부하려는 많은 사람들을 만났습니다.

보통 초보자는 엑셀이 어렵다는 이야기만 듣고 막연히 엑셀을 두려워합니다. 자격증 취득을 위해 엑셀을 공부한 사람은 문제 유형에 맞는 기능 구현과 결과에만 집중합니다. 따라서 엑셀 관련 자격증은 가지고 있지만, 실무에 어떤 기능을, 언제, 그리고 왜 사용해야 하는지 모르는 아이러니한 상황에 놓이기도 합니다. 또한 엑셀을 어느 정도 다룰 줄 안다는 실무자도 엑셀을 제대로 배워본 적 없이, 상황에 따라 검색을 통해 매번 익힌 기능만 활용하는 경우가 많습니다.

엑셀은 결코 어려운 프로그램이 아닙니다. 하지만 주변의 이야기만 듣고 엑셀을 어렵게 느끼거나, 검색을 통해 얻은 단편적인 지식만 활용하기 때문에 어렵다고 느끼거나, 어렵게 사용하고 있는 것입니다.

엑셀은 결코 어렵지 않습니다. 엑셀은 쉽고 효율적인 프로그램입니다.

〉엑셀은 왜 사용하는 것일까요 〈

엑셀을 사용하는 이유는 크게 '데이터 입력', '데이터 활용', '업무 자동화', '보고서 작성', 이렇게 네 가지로 구분할 수 있습니다. 데이터를 입력해서 데이터베이스(DB; DataBase)를 구축하면 데이터를 보기 좋게 정렬하거나 필터링해서 중요한 정보만 볼 수 있어요. 또한 함수와 수식을 활용해 업무를 자동화하거나 피벗 테이블로 요약해서 10초 만에 보고서를 작성하거나 차트로 데이터를 시각화할 수도 있습니다.

- 데이터 입력 = 데이터베이스 구축
- 데이터 활용 = 데이터베이스 활용 필터, 정렬 등
- 업무 자동화 = 내 업무에 맞는 함수 구현, 수식 활용
- 보고서 작성 = 피벗 테이블을 활용한 보고서 작성

엑셀은 이렇게 데이터베이스를 구축하는 것만으로도 의미 있는 결과를 도출할 수 있습니다. 과거의 데이터를 분석해서 현재 상황에 맞게 대처하거나, 현재의 데이터를 분석해서 미래를 대비하고 회사의 상황에 맞는 의사 결정을 할 수 있습니다. 엑셀은 워드, 파워포인트, 엑셀로 대표되는 OA(Office Automation, 사무 자동화) 프로그램 중 단연 최고의 프로그램이라고 말할 수 있습니다. 물론 제대로 사용할 수 있다면 말이죠.

⟩ 엑셀은 왜 잘 못 쓰고 어렵게 느껴질까요 ⟨

엑셀은 작동하는 원리를 제대로 이해하고 상황에 맞게 기능을 사용하면 굉장히 쉽고 편리한 프로그램이지만, 여러분은 엑셀을 제대로 공부해 본 적이 없습니다. 자격증 취득을 위해 실무에 필요 없는 기능을 중심으로 학습한 상태에서 입사했고, 데이터를 받아 숫자와 텍스트만 변경하면서 엑셀을 익혔을 것입니다.

회사에는 드라마에 나오는 그런 친절한 선배는 없습니다. 엑셀 실력은 곧 함수라고 생각할 수 있겠지만, 진정한 엑셀 고수는 함수 없이 엑셀을 잘 사용할 뿐만 아니라 보고서도 뚝딱 만들 수 있어요. 사실 실무에 사용하지 않는 기능이나 함수는 굳이 알 필요도 없습니다.

⟩ 엑셀을 잘 사용하려면 어떻게 해야 할까요 ⟨

데이터베이스 구축 스킬

데이터 활용(정렬, 필터)

업무 자동화로 생산성 향상

업무 자동화(수식, 함수)

피벗 테이블 활용 보고서 분석

보고서 작성(피벗 테이블)

엑셀을 정말 잘하려면 데이터 유형을 이해하고, 엑셀의 기능이 잘 구현되도록 데이터를 입력할 수 있어야 합니다. 즉 기본기가 가장 중요합니다. 데이터가 정형화된 데이터베이스를 구축해야 엑셀의 모든 기능을 제대로 구현할 수 있어요. 그리고 엑셀을 정말 잘하려면 제대로 데이터베이스를 구축해야 효율적으로 데이터를 활용할 수도 있고 업무 자동화, 보고서 작성 등과 같은 엑셀의 주요 기능을 제대로 활용할 수도 있어요.

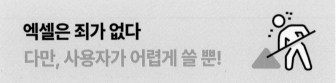

엑셀은 죄가 없다
다만, 사용자가 어렵게 쓸 뿐!

우리는 이 책을 통해 엑셀의 기본기부터 실무 활용까지 제대로 알아볼 것입니다. 엑셀의 작동 원리부터 주요 기능, 숨겨진 꿀팁까지 모두 파헤쳐서 더 이상 어렵기만 한 엑셀이 아니라 데이터 분석과 활용이 가능하도록 설명하겠습니다. 여러분도 엑셀 고수가 될 수 있어요. 자, 그러면 시작해 볼까요?

작업 속도를 높이는 필수 옵션과 빠른 실행 도구 모음 세팅하기

엑셀 실무의 핵심은 무엇일까요? 멋지고 화려한 시트일까요, 아니면 버튼을 한 번만 누르면 완성되는 자동화의 구현일까요? 엑셀 실무의 핵심은 빠르고 효율적인 업무 처리입니다. 조금이라도 빠르게 업무를 처리해서 퇴근 시간을 앞당기는 것이죠. 이번에는 빠른 업무 처리를 도와주는 필수 옵션 설정과 빠른 실행 도구 모음을 세팅하는 방법을 익혀보겠습니다.

엑셀 실무 필수 옵션 세팅 ① 일반

엑셀을 실행한 다음 [파일] 탭-[옵션]을 선택하여 [Excel 옵션] 창을 표시하고 창의 왼쪽에 있는 [일반] 범주를 선택하면 다음의 항목을 설정할 수 있습니다.

❶ **다음을 기본 글꼴로 사용**: 엑셀의 기본 글꼴을 변경할 수 있습니다. 자주 사용하는 글꼴이 있으면 기본 글꼴로 변경할 수 있어요.

❷ **글꼴 크기**: 기본 글꼴뿐만 아니라 글꼴 크기도 설정할 수 있습니다.

❸ **새 시트의 기본 보기**: [기본 보기], [페이지 나누기 미리 보기], [페이지 레이아웃 보기] 중 원하는 기본 보기를 선택할 수 있습니다.

▲ 기본 보기

▲ 페이지 레이아웃 보기

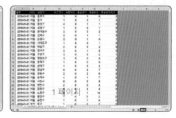

▲ 페이지 나누기 미리 보기

- **기본 보기**: 엑셀의 기본 보기 형태로, 일반적인 셀 데이터를 입력 및 편집하는 화면입니다.
- **페이지 나누기 레이아웃 미리 보기**: 실제 인쇄할 경우 출력되는 페이지를 미리 볼 수 있습니다. [페이지 나누어 미리 보기]처럼 인쇄되는 페이지별로 볼 수 있다는 것은 유사하지만, [페이지 레이아웃 보기]에서는 눈금자로 페이지 여백, 머리글/바닥글 등을 빠르게 설정할 수 있습니다.
- **페이지 나누기 미리 보기**: 실제 인쇄할 경우 형태를 페이지별로 화면에 구분하여 표시합니다. [페이지 나누기 미리 보기]에서는 파란색 선을 활용하여 인쇄할 행/열의 영역 설정 및 한 페이지당 인쇄되는 부분을 마우스로 드래그해 설정이 가능합니다.

[Excel 옵션] 창에서는 '새 시트의 기본 보기'에서 [기본 보기] 설정을 할 수 있습니다. 그리고 리본 메뉴에서는 [보기] 탭 – [통합 문서 보기] 그룹에서 선택하거나 화면의 오른쪽 아래에 있는 상태 표시줄에서 원하는 보기 형태를 설정할 수 있습니다.

❹ **포함할 시트 수**: 엑셀 2010 버전에서는 기본 시트가 세 개였지만, 엑셀 2013 이상의 버전부터 기본 시트가 한 개입니다. 기본 시트를 더 많이 사용하려면 기본 시트 수를 변경할 수 있습니다.

❺ **이 응용 프로그램을 시작할 때 시작 화면 표시**: 엑셀 2013 버전 이상부터 엑셀 시작 화면이 표시됩니다. 이 항목의 체크 표시를 해제하면 곧바로 기본 엑셀 화면으로 시작할 수 있습니다.

▲ 시작 화면

▲ 기본 엑셀 화면

엑셀 실무 필수 옵션 세팅 ② 언어 교정

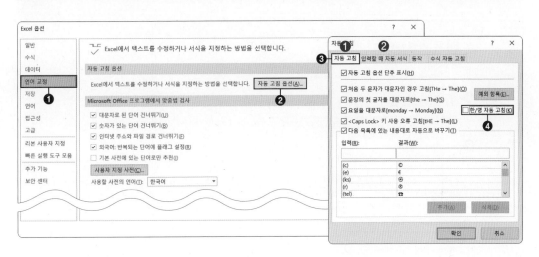

[Excel 옵션] 창에서 [언어 교정] 범주를 선택하고 [자동 고침 옵션]을 클릭해 [자동 고침] 대화상
자를 표시한 다음 설정할 수 있습니다.

❶ [자동 고침] 탭: [한/영 자동 고침]의 체크 표시를 해제하면 'dbs'를 입력했을 때는 '윤'으로,
'db'를 입력했을 때는 '유'로 자동 고침되는 것을 멈출 수 있습니다. 이렇게 자동으로 텍스트가
자주 고쳐지면 입력할 때 불편하므로 [한/영 자동 고침]의 체크 표시를 해제하는 것을 추천합
니다.

❷ [입력할 때 자동 서식] 탭: [인터넷과 네
트워크 경로를 하이퍼링크로 설정]의 체
크 표시를 해제하면 셀에 입력한 웹 사
이트 주소나 이메일 주소 등이 파란색
하이퍼링크로 변경되지 않습니다.

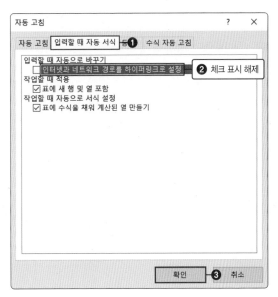

	A
1	www.gilbut.co.kr
2	ID@gilbut.co.kr

▲ 체크 표시한 경우

	A
1	www.gilbut.co.kr
2	ID@gilbut.co.kr

▲ 체크 표시를 해제한 경우

엑셀 실무 필수 옵션 세팅 ③ 저장

[Excel 옵션] 창에서 [저장] 범주를 선택하면 다음의 항목을 설정할 수 있습니다.

❶ **자동 복구 정보 저장 간격**: 작업 중인 엑셀 파일의 저장 간격을 설정할 수 있습니다. 기본적으로 '10분'이 설정되어 있지만, 주로 저장하는 엑셀 파일의 용량이 10MB를 넘지 않으면 '3분' 정도로, 10MB를 넘으면 '5분' 정도로 설정하는 것이 좋습니다. 저장 간격이 짧을수록 엑셀 파일을 복구할 수 있는 가능성이 높아집니다.

❷ **기본적으로 컴퓨터에 저장**: M365(Microsoft 365) 버전부터는 기본 저장 위치를 내 PC에서 원드라이브(One Drive)로 변경할 수 있습니다. 원드라이브가 아닌 내 PC를 기본 저장 위치로 지정하려면 [기본적으로 컴퓨터에 저장]에 체크 표시해야 합니다.

▲ [로그인이 필요하더라도 추가 저장 위치 표시]에 체크 표시한 경우

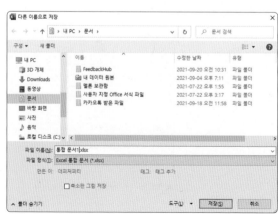

▲ [기본적으로 컴퓨터에 저장]에 체크 표시한 경우

엑셀 실무 필수 옵션 세팅 ④ 빠른 실행 도구 모음

빠른 실행 도구 모음은 엑셀에서 자주 사용하는 메뉴나 기능을 엑셀 창의 왼쪽 위에 고정할 수 있습니다.

더 많은 도구를 표시하려면 빠른 실행 도구 모음에서 마우스 오른쪽 버튼을 클릭하고 [리본 메뉴 아래에 빠른 실행 도구 모음 표시]를 선택하세요.

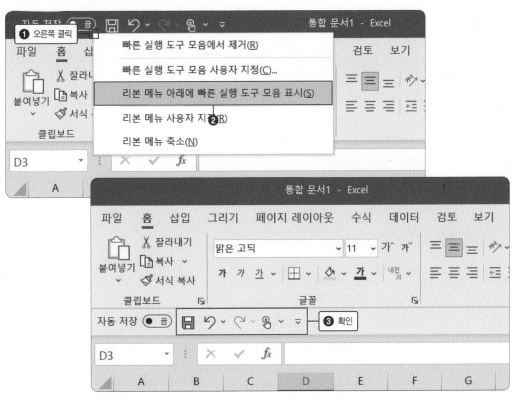

⚡ TIP — M365 버전에서는 빠른 실행 도구 모음에서 마우스 오른쪽 버튼을 클릭한 다음 [빠른 실행 도구 모음]을 선택하세요.

빠른 실행 도구 모음에 원하는 도구를 추가할 수도 있습니다. 추가하려는 도구에서 마우스 오른쪽 버튼을 클릭하고 [빠른 실행 도구 모음에 추가]를 선택하면 됩니다.

빠른 실행 도구 모음에 도구를 추가하면 단축키로 원하는 도구를 빠르게 선택할 수 있습니다. Alt 를 한 번 누르면 빠른 실행 도구 모음에 추가한 각 도구에 번호가 표시됩니다. 이렇게 Alt 를 누른 상태에서 표시된 번호를 함께 누르면 해당 도구가 곧바로 선택됩니다. 바로 나만의 단축키를 지정할 수 있는 것이죠.

[글꼴]과 [글꼴 크기]의 목록 버튼()에서 마우스 오른쪽 버튼을 클릭하면 [글꼴]과 [글꼴 크기]도 빠른 실행 도구 모음에 추가할 수 있습니다.

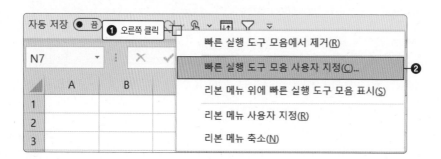

빠른 실행 도구 모음의 순서를 변경하려면 빠른 실행 도구 모음에서 마우스 오른쪽 버튼을 클릭하고 [빠른 실행 도구 모음 사용자 지정]을 선택합니다.

[Excel 옵션] 창의 [빠른 실행 도구 모음] 범주에서 오른쪽 창에 표시되는 도구는 빠른 실행 도구 모음에 추가된 도구입니다. 순서를 변경하려는 도구를 선택하고 ▲나 ▼를 클릭하면 원하는 순서로 바꿀 수 있어요. 그리고 '사용자 지정'의 [원래대로]를 클릭하면 빠른 실행 도구 모음을 초기화할 수 있습니다. [가져오기/내보내기]를 클릭하면 이미 지정한 빠른 실행 도구 모음을 별도의 파일로 저장하여 다른 컴퓨터에서 현재의 빠른 실행 도구 모음을 그대로 사용할 수 있습니다.

💠 **TIP** — 왼쪽 창의 '명령 선택'에 있는 도구는 빠른 실행 도구 모음에 추가할 수 있는 도구입니다. 따라서 원하는 도구를 선택하고 [추가]를 클릭하면 빠른 실행 도구 모음에 추가됩니다.

전문가의 조언 **작업 화면을 더 넓게 사용하는 방법**

M365 버전에서는 빠른 실행 도구 모음의 각 도구에 도구 이름이 함께 표시됩니다. 빠른 실행 도구 모음에 도구 이름을 표시하지 않으려면 빠른 실행 도구 모음에서 마우스 오른쪽 버튼을 클릭한 다음 [명령 레이블 숨기기]를 선택하세요.

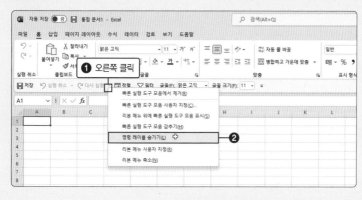

엑셀 실무 필수 옵션 세팅 ⑤ 보안 센터

[Excel 옵션] 창의 [보안 센터] 범주에서 [보안 센터 설정]을 클릭하면 다음의 항목을 설정할 수 있습니다.

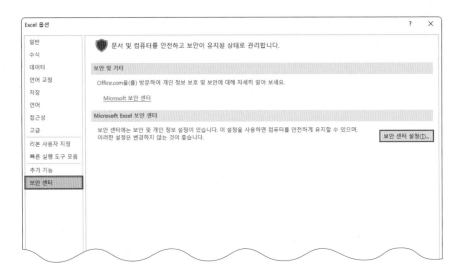

인터넷에서 다운로드하거나 메일에 첨부된 엑셀 파일을 열면 [제한된 보기] 경고 창이 표시됩니다.

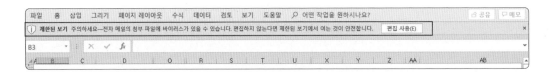

이 경고 창이 표시되지 않게 설정을 변경하려면 [Excel 옵션] 창의 [보안 센터] 범주에서 [보안 센터 설정]을 클릭합니다.

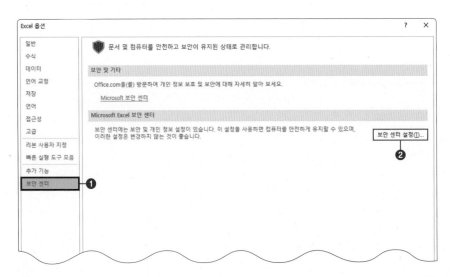

[보안 센터] 창이 표시되면 [제한된 보기] 범주를 선택하고 '제한된 보기' 항목의 체크 표시를 해제합니다.

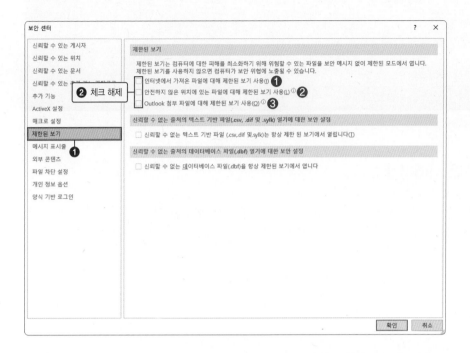

'제한된 보기'는 인터넷에서 엑셀 파일을 바로 열거나 임시 인터넷 파일 폴더, Outlook 등에서 파일을 열었을 때 편집할 수 없도록 설정한 '읽기 전용' 모드입니다. 보안에 취약하거나 안전하지 않는 자료를 많이 활용한다면 '제한된 보기' 항목의 체크 표시를 해제하지 않는 것이 좋습니다. 각 항목별 내용은 다음과 같습니다.

❶ **인터넷에서 가져온 파일에 대해 제한된 보기 사용**: Outlook이나 인터넷의 파일을 클릭하고 [저장]이 아니라 [열기]를 클릭한 경우입니다.

❷ **안전하지 않은 위치에 있는 파일에 대해 제한된 보기 사용**: 임시 인터넷 파일 폴더나 공유 컴퓨터, 네트워크 공유 폴더 등에서 파일을 연 경우입니다.

❸ **Outlook 첨부 파일에 대해 제한된 보기 사용**: Outlook에서 메일에 첨부된 파일을 클릭한 경우입니다.

행, 열, 셀, 시트의 이해와 활용 + 단축키

이번에는 엑셀의 가장 기본이 되는 행, 열, 셀, 시트에 대해 알아보고 키보드만으로도 빠르게 활용할 수 있는 단축키를 활용해 보겠습니다. 매우 쉬운 내용이지만, 엑셀을 제대로 활용하기 위해서 기초를 제대로 익혀주세요.

⟩ 행, 열, 시트 이해하기 ⟨

엑셀은 기본적으로 '행(row)'과 '열(column)', '셀(cell)'로 구성되어 있습니다. 이 중에서 '행'은 숫자로, '열'은 알파벳으로, 행과 열이 만나는 '셀'은 숫자와 알파벳으로 표현합니다.

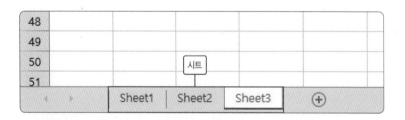

수많은 셀의 집합은 '시트(sheet)'라고 하는데, 엑셀에서는 여러 개의 시트를 사용할 수 있습니다. 공책에 여러 장의 종이가 있는 것처럼 하나의 엑셀 파일도 여러 개의 시트로 구성되어 있습니다.

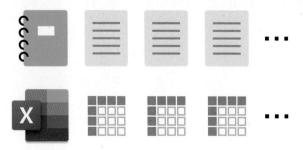

⟩ 행/열 활용 + 필수 단축키 ⟨

[A1] 셀을 선택하여 '번호'를 입력하고 Tab 을 누르면 오른쪽 셀로 이동합니다. [B1] 셀에 '이름'을 입력하고 다시 Tab 을 눌러 이동한 다음 [C1] 셀에 '비고'를 입력합니다.

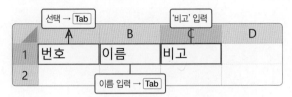

Enter 를 누르면 다음 행으로 이동할 수 있습니다. Tab 과 Enter 를 사용해 오른쪽 그림과 같이 데이터를 입력해 보세요.

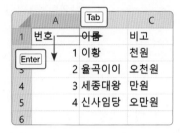

데이터를 모두 입력한 다음 [A1] 셀을 선택합니다. [A1] 셀을 선택한 상태에서 Ctrl + ↓ 를 누르면 데이터가 있는 셀의 끝으로 이동합니다. 이 상태에서 다시 한 번 Ctrl + ↓ 를 누르면 행의 가장 끝으로 이동합니다. Ctrl +방향키를 활용하면 데이터가 입력되어 셀의 시작과 끝으로 쉽게 이동할 수 있습니다. 이 방법을 이용하면 가장 쉽고 빠르게 데이터 영역을 이동할 수 있어요.

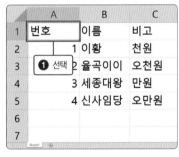

▲ [A1] 셀을 선택한 경우

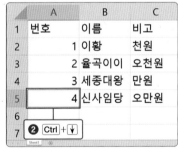

▲ Ctrl + ↓ 를 한 번 누른 경우

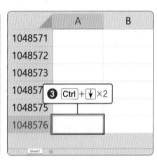

▲ Ctrl + ↓ 를 두 번 누른 경우

이번에는 데이터를 선택해 보겠습니다. [A1] 셀을 선택하고 Shift +방향키를 활용하면 데이터 영역을 선택할 수 있습니다.

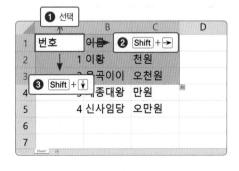

Ctrl+방향키, Shift+방향키를 따로 활용할 수도 있지만, Ctrl과 Shift를 함께 사용하면 데이터 영역을 아주 쉽게 선택할 수 있어요. [A1] 셀을 선택하고 Ctrl+Shift+→, Ctrl+Shift+↓를 차례대로 누르면 전체 데이터 영역을 한 번에 선택할 수 있습니다.

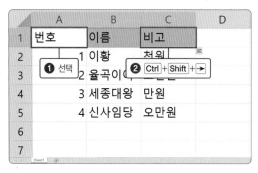
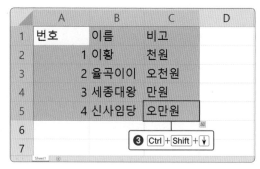

▲ 방향키로 데이터 영역 선택하기

전체 데이터 영역을 한 번에 선택할 수도 있습니다. 데이터가 있는 아무 셀이나 선택하고 Ctrl+A를 누르면 데이터가 있는 범위가 한 번에 선택됩니다.

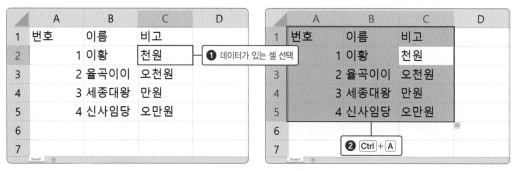

▲ Ctrl+A로 데이터 영역 선택하기

빈 셀을 선택하고 Ctrl+A를 누르면 전체 셀이 선택됩니다

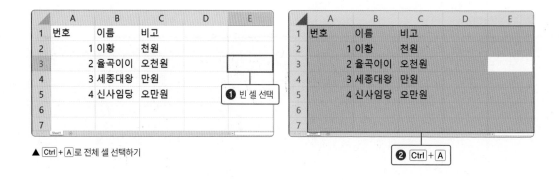

▲ Ctrl+A로 전체 셀 선택하기

행이나 열을 삽입/삭제할 때도 영역 선택 단축키와 삽입($\boxed{Ctrl}$+$\boxed{+}$)/삭제($\boxed{Ctrl}$+$\boxed{-}$) 단축키를 활용하면 좀 더 쉽고 빠르게 행이나 열을 삽입/삭제할 수 있습니다.

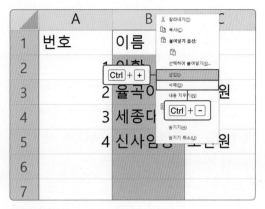

▲ 열 삽입/삭제하기

전문가의 조언 **행/열을 추가할 때는 키보드의 $\boxed{+}$ 위치가 중요해요**

단축키를 사용할 경우에는 키보드의 오른쪽 키패드에 있는 $\boxed{+}$, $\boxed{-}$를 사용하는 것이 편리합니다. 키패드에서는 바로 $\boxed{+}$를 입력할 수 있지만, 키보드 위쪽의 숫자키에서 '+'를 입력하려면 $\boxed{Shift}$를 함께 눌러야 하기 때문이죠. 예를 들어 키패드가 없는 키보드나 노트북에서 행 추가 단축키를 사용하려면 $\boxed{Ctrl}$+$\boxed{Shift}$+$\boxed{+}$를 입력해야 합니다.

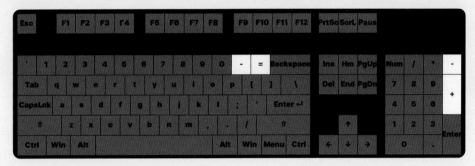

행, 열, 시트의 주요 단축키

기능	단축키
행 이동	$\boxed{Enter}$
열 이동	$\boxed{Tab}$
데이터 이동	$\boxed{Ctrl}$+방향키
행 선택	$\boxed{Ctrl}$+$\boxed{Spacebar}$
열 선택	$\boxed{Shift}$+$\boxed{Spacebar}$
데이터 영역 선택	$\boxed{Ctrl}$+$\boxed{Shift}$+$\boxed{Spacebar}$ 또는 데이터가 입력된 영역의 셀을 선택하고 $\boxed{Ctrl}$+$\boxed{A}$ (한 번 더 누르면 전체 시트 선택)

⟩ 시트 ⟨

시트 탭의 시트명에서 마우스 오른쪽 버튼을 클릭하면 새 시트를 삽입하거나 선택한 시트를 복사/삭제할 수 있습니다. 시트를 복사하려면 복사할 시트에서 마우스 오른쪽 버튼을 클릭하고 [이동/복사]를 선택합니다. [이동/복사] 대화상자가 표시되면 시트를 이동할지, 복사할지 선택해야 하고, 시트의 이동/복사 위치를 지정해야 하며, 복사본을 만들지의 여부를 선택해야 하기 때문에 매우 비효율적이죠.

 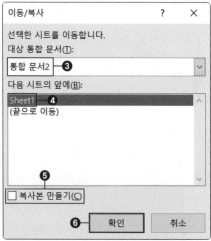

시트를 쉽고 빠르게 복사하고 싶다면 복사할 시트를 Ctrl 을 누른 채 클릭한 다음 드래그해보세요. 그러면 곧바로 선택한 시트를 복사할 수 있습니다. 이것은 하나의 엑셀 파일 안에서 가장 빠르게 시트를 복사할 수 있는 방법입니다.

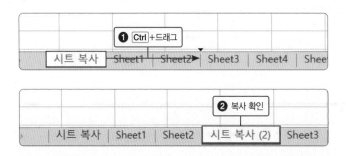

시트 탭에 추가된 시트가 여러 개이면 시트 탭의 오른쪽에 있는 ◀, ▶를 눌러 원하는 시트를 선택할 수 있습니다. 하지만 시트가 많아 원하는 시트를 쉽게 선택할 수 없으면 ◀나 ▶에서 마우스 오른쪽 버튼을 클릭해 보세요. [활성화] 대화상자가 표시돼 원하는 시트를 선택해 빠르게 이동할 수 있습니다.

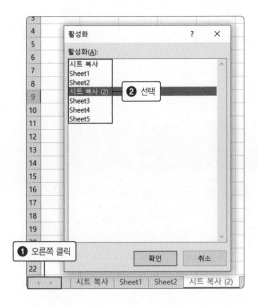

이 외의 단축키는 다음 표를 참고하세요.

기능	단축키
시트 복사	시트 선택 후 Ctrl + 드래그
활성화 창 보기	시트 탭의 ◀, ▶ 버튼에서 마우스 오른쪽 버튼 클릭
시트 이동	현재 시트의 오른쪽 시트로 이동, Ctrl + PgUp / 현재 시트의 왼쪽 시트로 이동, Ctrl + PgDn
시트 추가	Shift + F11

전문가의 조언 ─ 행과 열의 최대 사용 개수

엑셀에서 행과 열은 최대 몇 개까지 사용할 수 있을까요?

xls(엑셀 97~2003 버전)	파일 형식	xlsx(엑셀 2007 이상)
65,536행	행	1,048,576행
256열	열	16,384열
약 1,700만 셀 (16,777,216셀)	셀	약 171억 셀 (17,179,869,184셀)

▲ 출처: http://support.microsoft.com/ko-kr/office/excel-사양-및-제한-1672b34d-7043-467e-8e27-269d656771c3?ui=ko-kr&rs=ko-kr&ad=kr#ID0EBABAAA=Newer_versions

CHAPTER 2

생존 엑셀 기본기!
데이터 입력의 모든 것

엑셀을 잘 사용하려면 어려운 함수나 숨겨진 기능을 알고 있는 것보다 엑셀 기능이 잘 구현될 수 있도록 데이터를 잘 입력해야 합니다. 요리와 엑셀을 비교한다면 데이터 입력은 요리에 필요한 재료와 같습니다. 이번 장에서는 엑셀의 주요 기능이 잘 구현되도록 유형에 맞게 데이터를 입력하는 방법과 날짜, 시간 데이터의 원리, 그리고 입력된 데이터를 마음대로 표시할 수 있는 표시 형식에 대해 알아보겠습니다.

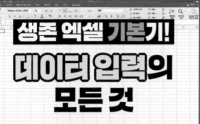

생존 엑셀 기본기!
데이터 입력의
모든 것

▶

패턴으로 완성하는
빠른 채우기

데이터 표시 형식
마스터하기

SECTION 4

엑셀의 데이터 유형과 입력 실습

데이터 유형은 엑셀에서 가장 중요한 요소이지만, 많은 사람들이 쉽게 지나치는 요소이기도 합니다. 하지만 데이터 유형을 정확하게 파악하지 않으면 엑셀의 주요 기능을 제대로 활용할 수 없어요. 쉬운 내용이지만 대충 넘겨보지 말고 꼭 정독해서 정확하게 학습하세요.

〉 기본기부터 충실하게! 데이터 입력의 중요성 〈

맛있는 요리의 시작은 좋은 재료를 엄선하는 것부터 시작합니다. 그 다음에는 신중하게 고른 재료를 다듬고 순서에 맞게 조리해야 하죠. 엑셀도 마찬가지입니다. 엑셀의 기능이 잘 구현되도록 데이터를 신중하게 다듬어야 합니다. 데이터 입력은 '엑셀'이라는 요리의 기본기에 해당합니다. 하지만 이런 기본기 없이 엑셀의 주요 기능이나 함수에만 집중하면 원하는 기능을 제대로 활용할 수 없을 뿐만 아니라 실력도 늘지 않습니다.

엑셀에는 정해진 데이터 유형이 있고 이 유형에 맞게 데이터를 입력하지 않으면 주요 기능이 제대로 구현되지 않습니다. 필터, 정렬, 수식, 함수뿐만 아니라 엑셀의 꽃인 피벗 테이블도 제대로 활용할 수 없어요. 데이터 유형은 엑셀에서 가장 중요한 부분이지만, 많은 실무자가 정확한 데이터 유형에 대해 간과하고 있습니다. 따라서 엑셀을 정말 잘 하려면 기본기부터 제대로 익혀야 합니다.

〉 알려준 대로 했는데 왜 안 될까요 〈

"책이나 검색에서 나오는 대로 했는데, 왜 안 될까요?"

이것은 강사인 제가 가장 많이 받는 질문입니다. 문제의 원인을 파악하기 위해 엑셀 파일을 확인해 보면 대부분의 경우 유형에 맞지 않은 데이터 입력이 원인입니다. 수학 시간에 배웠던 함수로 이 상황을 설명해 볼까요? 원하는 값(y)은 함수($f(x)$)에 따라 결정됩니다. y는 구현하려는 결괏값으로, $f()$는 엑셀의 주요 기능이나 함수이고 x는 입력된 데이터와 같습니다.

$$y = f(x)$$

- y: 구현하려는 결괏값
- $f()$: 엑셀의 주요 기능, 함수 등
- x: 입력된 데이터

결괏값(y)을 구하기 위해 책을 보거나 검색을 하지만, 데이터(x)가 잘못 입력되어 있으면 절대로 원하는 결괏값(y)을 얻을 수 없습니다. 이것은 아주 간단하지만 실무에서 자주 볼 수 있는 상황입니다.

다음의 그림과 같이 연, 월, 일을 마침표(.)로 구분하거나 숫자와 한글을 함께 입력한 상태에서 수식이나 함수를 사용하면 오류가 발생합니다. 엑셀에서 연, 월, 일은 하이픈(–)이나 슬래시(/)로 구분해야 하고 금액의 단위는 표시 형식의 통화를 사용해야 합니다.

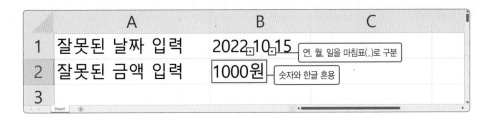

데이터 유형에 맞추어 데이터를 입력하지 않으면 함수나 수식을 사용할 경우 값 오류인 #VALUE! 오류가 표시됩니다. 따라서 데이터 유형에 맞추어 데이터를 입력해야 원하는 y 값을 얻을 수 있어요.

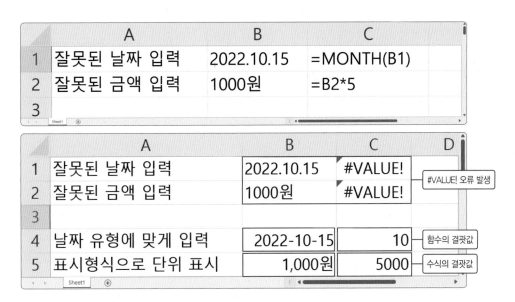

이런 실수는 실무에서도 흔히 발생합니다. 이유를 알면 쉽게 대처할 수 있지만, 데이터 유형을 이해하지 않으면 데이터 입력에 문제가 있다는 것조차 모른 채 스트레스만 받게 되죠. 또한 무엇이 문제인지 모르기 때문에 대처할 수도 없습니다. 엑셀에서 가장 중요한 것은 엑셀이 이해할 수 있도록, 그리고 엑셀 기능이 제대로 구현되도록 데이터를 입력하는 것입니다.

그렇다면 엑셀의 데이터의 유형은 몇 개나 될까요? 날짜, 문자, 소수점, 분수, 회계, 백분율, 한글, 영어, 참, 거짓 등등 수십 가지가 넘을 것 같지만, 엑셀의 데이터의 유형은 크게 '텍스트', '숫자', '논리값', 이렇게 세 가지로 분류할 수 있습니다.

- **텍스트**: 한글, 영어, 문자, 텍스트, 숫자와 문자의 혼용
- **숫자**: 숫자, 날짜, 시간, 소수점, 통화, 분수, 지수, 백분율, 회계
- **논리값**: 참(TRUE), 거짓(FALSE)

한 셀에 숫자와 문자가 혼용된 경우에는 텍스트로 인식하고 날짜와 시간은 숫자 유형에 포함됩니다. 예를 들어 한 셀에 '1000원'을 입력하면 숫자 '1000'과 문자 '원'이 혼용되어 있으므로 엑셀은 텍스트로 인식하여 숫자와 관련된 수식이나 함수가 제대로 구현되지 않습니다.

날짜와 시간이 숫자 유형에 포함된다는 것은 어떤 의미일까요? 이 내용은 60쪽의 날짜, 시간 부분에서 좀 더 자세히 알아볼게요. 여기서는 데이터의 유형을 확실하게 이해하고 엑셀의 주요 기능이 제대로 구현되도록 유형에 맞게 데이터를 입력해야 한다는 것을 꼭 기억하세요.

엑셀 데이터의 유형별 입력 실습

실습을 통해 엑셀의 대표적인 데이터 유형과 입력 방법을 알아보겠습니다.

실습 예제를 불러온 다음 **[D3]** 셀에 이름을 입력해 보세요. 한글, 영어, 기호 등을 입력하면 일반 텍스트로 입력됩니다. 이 경우에는 특별히 신경 쓸 부분이 없습니다.

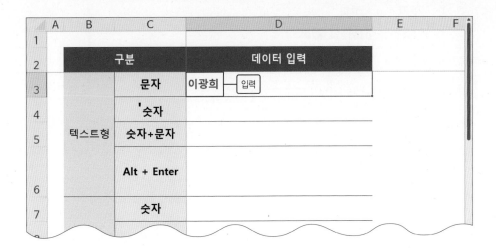

[D4] 셀에 핸드폰 연락처를 입력하면 첫 번째 '0'은 입력되지 않고 '1012345678'로 입력됩니다. 두 자리 이상의 숫자를 입력했지만, 0이 생략된 '숫자'가 입력된 것이죠. 두 자리 이상의 숫자 중 0으로 시작되는 값은 없으니까요. 그래서 '''을 입력해 '숫자'를 '문자화'해야 첫 번째 0을 입력할 수 있습니다. 0으로 시작하는 숫자 데이터를 입력할 때 '''을 입력하지 않으면 첫 번째 0이 입력되지 않는데, '''을 함께 입력해 숫자를 문자화한다는 것은 매우 중요합니다.

🔹 **TIP** — 숫자 앞에 '''을 입력하면 숫자가 문자화됩니다. 문자화된 숫자 데이터는 연산이나 수식, 함수, 정렬, 그룹화, 피벗 테이블 등의 모든 숫자 데이터 관련된 기능이 제대로 구현되지 않으므로 주의해서 사용해야 합니다.

	구분		데이터 입력		
		문자	이광희		
	텍스트형	' 숫자	01012345678	첫 번째 '0'은 '''로 문자화	
		숫자+문자			
		Alt + Enter			
		숫자			

한 셀에 '1000원'과 같이 숫자와 문자를 혼용해 입력하면 텍스트로 인식됩니다. 그리고 한 셀 안에서 Alt + Enter 를 누르면 두 줄 이상의 데이터를 입력할 수 있어요. 이 경우 숫자만 입력해도 텍스트 유형의 데이터가 입력되므로 주의해야 합니다.

구분		데이터 입력
텍스트형	문자	이광희
	'숫자	01012345678
	숫자+문자	1000원 ─ 숫자와 문자 혼용
	Alt + Enter	1234 5789 ─ Alt + Enter 로 줄 바꿈한 문자
	숫자	

숫자 유형은 비교적 단순합니다. 한 셀에 숫자만 입력하면 숫자 유형으로 인식합니다. 날짜의 경우 연, 월, 일을 '-'이나 '/'로 구분해 입력하면 됩니다. '2022-10-15'와 같이 연, 월, 일을 입력해도 되고 '10-15'와 같이 월과 일만 입력해도 됩니다. 이번에는 **'2022/10/15'**를 입력해 보세요. '2022/10/15'을 입력하면 '/'가 '-'으로 변경됩니다. '10-15'나 '10/15'를 입력하면 '10월 15일'과 같이 한글이 함께 표시됩니다. 그렇다면 입력한 대로 데이터 입력되지 않는 이유는 무엇일까요? 이 내용은 73쪽의 '날짜 표시 형식'에서 더 자세히 알아보겠습니다.

구분		데이터 입력	실제 입력값
숫자형	숫자	12345	12345
	날짜	2022-10-15	2022-10-15
		2022-10-15	2022/10/15
		10월 15일	10-15
		10월 15일	10/15
	시간		
	참		

시간은 시, 분, 초를 콜론(:)으로 구분해서 입력하면 됩니다. 연, 월, 일이나 월, 일과 같이 '시:분'이나 '시:분:초'로도 입력할 수 있습니다.

	구분		데이터 입력	실제 입력값
숫자형	날짜		10월 15일	10-15
			10월 15일	10/15
	시간		15:39	15:39
			15:39:26	15:39:26
논리형	참			
	거짓			

텍스트 입력 데이터 입력시 주의사항

특정 데이터를 입력한 다음 같은 셀에 새로운 유형의 데이터를 입력할 경우에는 입력한 데이터가 원하는 유형으로 입력되지 않을 수 있습니다. 이 경우에는 기존 셀이 아닌 새로운 셀에 데이터를 입력하면 됩니다. 이것은 해당 셀에 표시 형식이 지정된 것으로, 자세한 내용은 71쪽의 '엑셀 데이터의 표시 형식'에서 알아보겠습니다.

논리 유형의 데이터는 엑셀에서 중요한 요소입니다. 논리값이어도 논리 유형의 데이터는 IF 함수에서 분기에 해당하는 요소이고 엑셀을 사용할 때 꼭 필요한 요소입니다. 논리값은 'TRUE'와 'FALSE'로 표기하고 '참(TRUE)', '거짓(FALSE)'이라고 합니다. [E14] 셀에 입력된 수식의 '=5=5' 중 첫 번째 등호(=)는 수식을 시작한다는 의미의 '연산자'입니다. 그리고 두 번째 등호(=)는 두 개의 값을 비교하는 '비교 연산자'로, 엑셀에서는 비교 연산자를 통해 참과 거짓을 표시합니다.

	구분		데이터 입력	실제 입력값
	시간		15:39	15:39
			15:39:26	15:39:26
논리형	참		TRUE	=5=5
	거짓		FALSE	=5=6

여기서 다른 데이터 유형과 논리값을 정렬 형태로 구분할 수 있습니다. 특별히 맞춤을 지정하지 않았으면 텍스트 유형은 왼쪽 맞춤으로, 숫자 유형은 오른쪽 맞춤으로, 그리고 논리 유형은 가운데 맞춤으로 표시됩니다. 따라서 데이터를 입력할 때 맞춤 상태를 보고 데이터 유형에 맞게 입력되었는지 확인할 수 있습니다.

구분		데이터 입력
텍스트형	문자	이광희
	'숫자	01012345678
	숫자+문자	1000원
	Alt + Enter	1234 5789
숫자형	숫자	12345
	날짜	2022-10-15
		2022-10-15
		10월 15일
		10월 15일
	시간	15:39
		15:39:26
논리형	참	TRUE
	거짓	FALSE

데이터 유형을 이해했으면 이제 데이터를 입력하거나 수식이나 함수를 사용할 때 데이터가 유형에 맞게 제대로 입력되었는지 확인해 보세요. 데이터 유형을 제대로 이해하고 입력하는 것은 엑셀 고수로 가는 지름길입니다.

엑셀 데이터 입력 시 주의 사항

❶ 데이터의 너비

	A	B	C	D	E
1	데이터 너	데이터 자릿수	데이터 정밀도		
2	######				
3					

열 너비에 모두 표시할 수 없는 숫자 데이터를 입력하면 '###'이 출력됩니다. 이럴 경우 열의 너비를 늘려주면 입력한 숫자 데이터가 제대로 표시됩니다. 이 외에 '1900년 1월 1일' 이전의 날짜 데이터가 입력한 경우에도 '###'이 출력됩니다. 날짜 데이터에 대한 자세한 내용은 60쪽을 참고하세요.

❷ 데이터의 자릿수

	A	B	C	D
1	데이터 너비	데이터 자릿수	데이터 정밀도	
2	2022-10-25	1.23457E+11		
3				

일반 표시 형식에서 12자리 이상의 숫자는 지수로 표시됩니다. 이 경우 표시 형식을 숫자로 변경하면 제대로 표시됩니다.

❸ 데이터의 정밀도

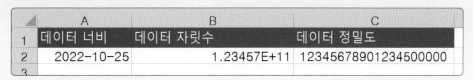

	A	B	C
1	데이터 너비	데이터 자릿수	데이터 정밀도
2	2022-10-25	1.23457E+11	12345678901234500000
3			

숫자 '12345678901234567890'을 입력하면 '12345678901234500000'으로 표시됩니다. 엑셀은 15자리 숫자까지 계산이 가능하고 15자리가 넘어가면 0으로 표시되는데, 이를 '숫자 정밀도'라고 합니다. 숫자 정밀도는 엑셀이 컴퓨터에서 실수를 표현하는 방법인 'IEEE 754'를 따르므로 15자리 이상의 숫자를 입력하려면 표시 형식을 '텍스트'로 변경해야 합니다.

SECTION 5

이동 커서의 활용, 자동 채우기

엑셀에는 일반 커서, 이동 커서, 자동 채우기 커서의 세 가지 커서가 있습니다. 이번에는 이동 커서의 다양한 활용 방법과 실무에서 유용한 자동 채우기 커서 기능을 제대로 익혀보겠습니다. 특히 자동 채우기의 구현 원리와 활용 방법을 이해하면 실무에 많은 도움이 될 것입니다.

〉 엑셀에서 표시되는 마우스 커서의 종류 〈

엑셀에서 표시되는 마우스 커서는 '일반 커서', '이동 커서', '자동 채우기 커서', 이렇게 세 가지로 구분할 수 있습니다. 이 중에서 '일반 커서'는 셀 위에 마우스 커서를 올려놓으면 표시되는 커서로, 이름과 같이 일반적인 커서입니다. 여기서는 실무에 유용한 '이동 커서'와 '자동 채우기 커서'의 사용법에 대해 하나씩 알아보겠습니다.

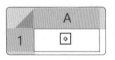

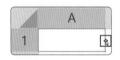

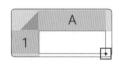

이동 커서

실습을 통해 이동 커서와 실무 활용이 높은 Shift와의 조합 방법에 대해 알아보겠습니다.

1 [엑셀 커서] 시트의 **[B3]** 셀에 입력된 'data1'을 다른 셀로 옮겨보겠습니다. **[B3]** 셀이 선택된 상태에서 셀 테두리의 가장자리로 마우스 커서를 움직이면 마우스 커서가 '이동 커서' 모양(✛)으로 바뀝니다. 이동 커서가 표시된 상태에서 마우스 왼쪽 버튼을 클릭해 드래그하면 **[B3]** 셀의 데이터가 잘라내기(Ctrl+X), 붙여넣기(Ctrl+V)를 한 것과 같이 이동됩니다. 단순한 기능 같지만 이 기능은 좀 더 유용하게 사용할 수 있습니다.

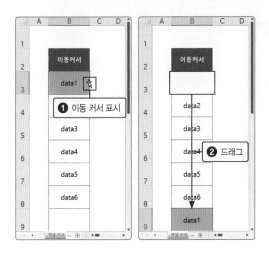

2 이번에는 Shift를 누른 상태에서 이동 커서로 **[B3]** 셀을 드래그해 보세요. 드래그하는 위치에 진한 초록색 선이 표시됩니다. 이렇게 Shift를 누른 상태에서 이동 커서로 셀을 드래그하면 셀을 추가하지 않고도 데이터를 옮길 수 있습니다.

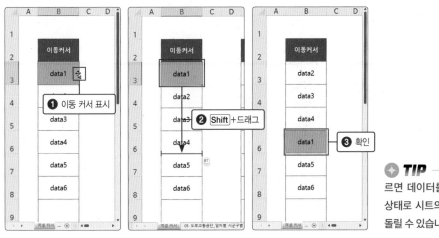

💧 **TIP** ─ Ctrl+Z를 누르면 데이터를 이동하기 전의 상태로 시트의 작업 내용을 되돌릴 수 있습니다.

SECTION 5 이동 커서의 활용, 자동 채우기 **045**

3 이 방법으로 셀뿐만 아니라 행/열도 옮길 수 있으므로 행/열의 순서를 변경할 때 유용합니다.

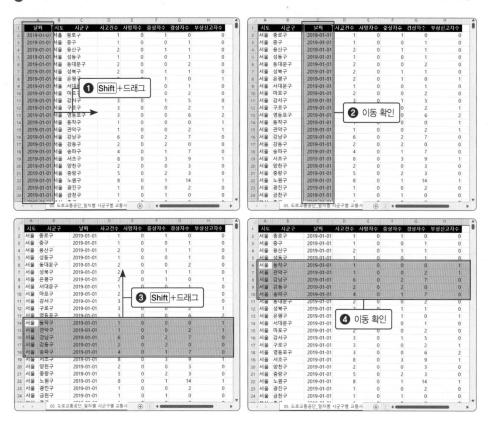

데이터 자동 채우기

자동 채우기 커서는 일련의 규칙이 있는 데이터를 채울 때 유용합니다. 여기서는 다양한 유형의 데이터를 사용해 자동 채우기 커서의 활용 방법에 대해 알아보겠습니다.

1 [엑셀 커서] 시트의 **[E3]** 셀을 선택한 상태에서 마우스 커서를 **[E3]** 셀의 오른쪽 아래에 있는 검은색 점으로 움직이면 자동 채우기 커서가 표시됩니다.

💠 TIP ── 자동 채우기 커서는 '채우기 핸들'이라고도 합니다.

2 자동 채우기 커서가 표시된 상태에서 **[E3]** 셀부터 **[E9]** 셀까지 드래그해 보세요. **[E3:E9]** 영역에 '월요일'부터 '일요일'까지 데이터가 자동으로 채워집니다.

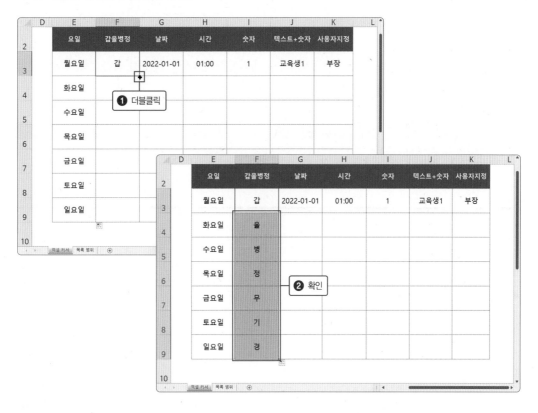

3 이번에는 **[F3]** 셀에 자동 채우기 커서를 표시한 다음 더블클릭해 보세요. 자동 채우기 커서로 드래그한 것처럼 인접한 열까지 데이터가 자동으로 채워집니다. 이렇게 원하는 영역까지 드래그하지 않고도 자동 채우기를 실행할 수 있고 특정 열 전체에 데이터를 입력하거나 수식, 함수를 적용할 수 있어 유용합니다.

4 앞에서 알아본 두 가지 자동 채우기 방법 중 편한 방법으로 **[D3]** 셀의 데이터에 자동 채우기를 실행해 보세요. 인접한 열까지 자동 채우기가 실행되고 **[D9]** 셀의 아래쪽에는 **[자동 채우기 옵션]** 버튼(🖫)이 표시됩니다. **[자동 채우기 옵션]** 버튼(🖫)을 클릭하면 자동 채우기 옵션이 표시되므로 원하는 채우기 방법을 선택할 수 있습니다. 여기서는 날짜 데이터를 자동 채우기했으므로 일, 평일, 월, 연 단위 중 원하는 데이터 형식을 선택할 수 있습니다. 자동 채우기를 실행한 후 표시되는 **[자동 채우기 옵션]** 버튼(🖫)을 클릭하면 데이터를 원하는 형태로 채울 수 있습니다.

💠 **TIP** — [평일 단위 채우기]를 선택하면 토요일과 일요일을 제외한 날짜를 채워 근무일 기준의 날짜 데이터를 입력할 때 유용합니다.

5 날짜 데이터는 기본적으로 일 단위 데이터로 채워지지만, **[자동 채우기 옵션]** 버튼(🖫)을 클릭해서 월이나 연 단위의 데이터를 채울 수도 있습니다.

▲ 일 단위   ▲ 평일 단위   ▲ 월 단위   ▲ 연 단위

6 같은 방법으로 [H3] 셀을 클릭하고 [H9] 셀까지 자동 채우기를 하면 시간 데이터도 자동 채우기 할 수 있습니다.

7 [K3] 셀에 자동 채우기를 실행하면 요일이나 숫자와 같이 직급 순서대로 데이터가 채워지지 않습니다. 숫자나 요일과 같이 일련의 규칙이 있는 데이터는 자동 채우기로 데이터를 채울 수 있지만 정해진 규칙이 없거나 엑셀에서 인식하지 못한다면 사용자가 원하는 규칙을 생성할 수 있습니다.

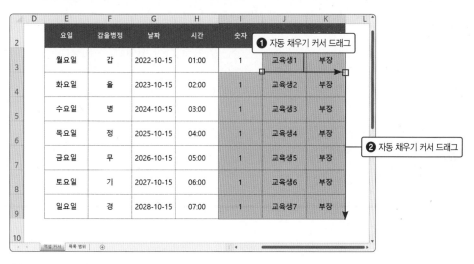

◆ **TIP** — 텍스트 형식에 자동 채우기를 실행하면 텍스트가 복사됩니다. 특정 텍스트를 자동 채우기하려면 '사용자 지정 목록'을 사용하면 됩니다. '사용자 지정 목록'에 대한 자세한 내용은 105쪽을 참고하세요.

8 이런 경우 [파일] 탭-[옵션]을 선택하여 [Excel 옵션] 창을 표시하고 [고급] 범주에서 [사용자 지정 목록 편집]을 클릭하여 원하는 규칙을 입력할 수 있습니다.

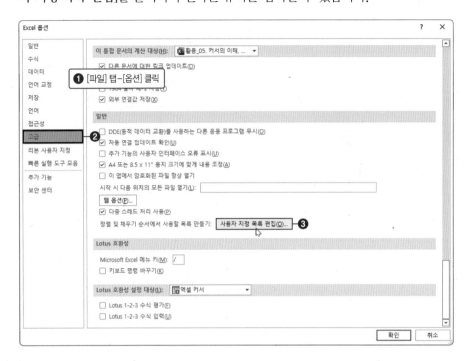

9 자동 채우기는 [사용자 지정 목록] 대화상자의 '사용자 지정 목록'에 등록된 목록을 기준으로 실행되고 목록에 없으면 자동 채우기가 실행되지 않습니다. '직급' 목록을 추가하려면 '사용자 지정 목록'에서 [새 목록]을 선택하고 '목록 항목'에 원하는 목록을 직접 입력한 후 [추가]를 클릭하세요.

10 '사용자 지정 목록'에 입력한 내용이 추가된 것을 확인하고 [확인]을 클릭해 [사용자 지정 목록] 대화상자를 닫습니다.

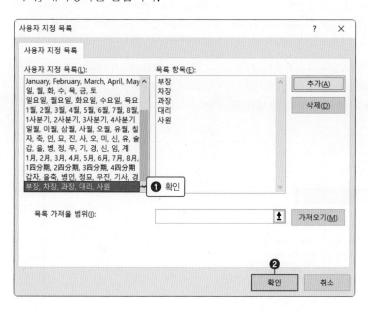

11 다시 작업 화면으로 되돌아와서 **[K3:K9]** 영역에 자동 채우기를 실행하면 [사용자 지정 목록] 대화상자에 추가한 목록대로 자동 채우기가 실행됩니다.

기존 데이터를 목록으로 추가하기

[사용자 지정 목록] 대화상자에 원하는 목록을 추가할 수 있지만, 입력해야 할 목록이 많으면 자동 채우기를 위해 목록을 입력하는 것은 비효율적입니다. 하지만 이미 입력된 데이터가 있으면 해당 데이터를 목록에 추가할 수 있습니다.

[목록 범위] 시트에는 '행정구역별 총인구수' 자료가 입력되어 있습니다. 이렇게 입력된 목록 데이터가 있으면 일일이 원하는 목록을 입력하지 않고도 목록으로 추가할 수 있습니다. 기존 데이터를 목록에 추가하려면 [사용자 지정 목록] 대화상자에서 [추가]를 클릭한 후 '목록 가져올 범위'(📷)를 클릭한 다음 목록으로 가져올 [A4:A20] 영역을 드래그합니다.

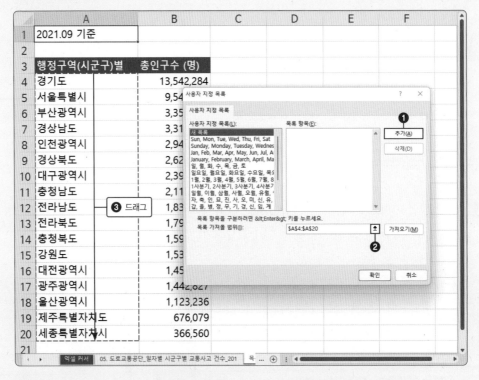

목록으로 가져올 데이터 영역을 선택하고 [가져오기]를 클릭하면 '목록 항목'이 바로 업데이트됩니다.

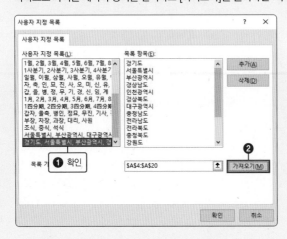

숫자 자동 채우기

엑셀에서 가장 활용도가 높은 숫자 데이터의 자동 채우기에 대해 알아보겠습니다.

1 [엑셀 커서] 시트에서 '1'이 입력된 [I3] 셀에 자동 채우기를 실행하면 인접한 행까지 '1'이 채 워집니다. 이번에는 채워진 데이터를 삭제하고 [I4] 셀에 '**2**'를 입력한 다음 [I3:I4] 영역을 선택 한 상태에서 자동 채우기를 실행해 보세요. 그러면 인접한 행까지 값이 1씩 증가하면서 자동 채 우기가 실행됩니다. 이렇게 일련의 규칙이 정해진 데이터를 자동 채우기를 실행하려면 원하는 규칙을 직접 입력하면 됩니다.

▲ 규칙을 생성한 다음 자동 채우기

2 이렇게 규칙을 생성하는 것이 번거로우면 Ctrl 을 누른 상태에서 자동 채우기를 실행해 보 세요. 규칙을 생성해 자동 채우기를 실행한 것과 같이 값이 1씩 증가하면서 자동 채우기가 실행 됩니다.

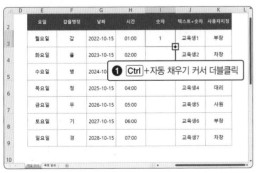

▲ Ctrl 을 누른 상태에서 자동 채우기

3 이번에는 [I3] 셀에 자동 채우기를 실행한 상태에서 **[자동 채우기 옵션]** 버튼(⊞)을 클릭하고 **[연속 데이터 채우기]**를 선택합니다. 그러면 앞에서 실습한 것처럼 값이 1씩 증가하는 자동 채우기를 실행할 수 있습니다.

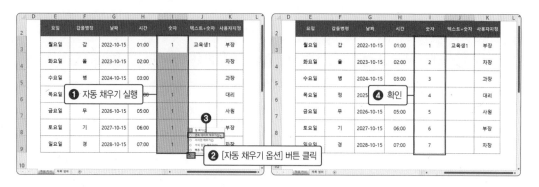

4 텍스트와 숫자가 혼용된 경우에는 텍스트와 혼용된 숫자만 1씩 증가됩니다.

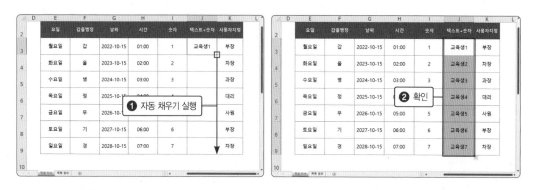

전문가의 조언

자동 채우기로 10초 만에 달력 만들기

달력의 경우 일주일 단위로 한 주를 표시하므로 날짜가 7씩 증가는 규칙이 있습니다. 이 규칙을 활용하면 자동 채우기로 간단하게 달력을 만들 수 있습니다.

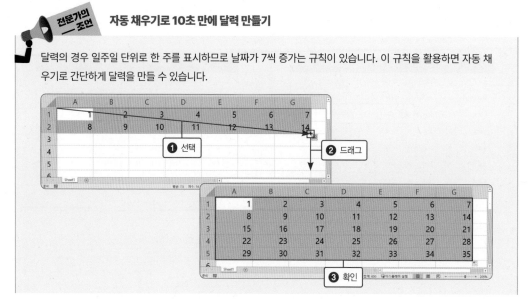

SECTION 6 ★

패턴으로 완성하는 빠른 채우기

'빠른 채우기'는 자동 채우기와 비슷한 기능이지만, 더 영리한 기능입니다. 빠른 채우기를 활용하면 지금까지 단순 반복해야 했던 작업이나 함수나 수식으로만 구현할 수 있었던 기능을 간단하게 구현할 수 있습니다. 이번에는 빠른 채우기 기능의 사용법에 대해 알아보겠습니다.

⟩ 새로운 데이터를 생성하는 빠른 채우기 ⟨

'빠른 채우기'는 기존 데이터에서 규칙과 패턴을 추출해 새로운 데이터를 생성하는 기능입니다. 기존 데이터를 활용하는 셀 참조, 함수, 문자열 연결 등은 이미 입력되어 있는 원본 데이터를 '참조'하는 기능으로, 원본 데이터를 수정, 삭제, 이동할 경우에는 원본 데이터를 참조하는 데이터에 영향을 줍니다. 하지만 빠른 채우기는 새로운 데이터를 생성하는 것이므로 원본 데이터를 수정, 삭제, 이동해도 전혀 문제가 되지 않습니다. 그리고 직접 따라해 보면 "와! 미쳤다!!!"라고 외칠 만큼 엄청난 기능입니다.

✦ **TIP** ― '빠른 채우기' 기능은 엑셀 2013 이상의 버전에서만 사용할 수 있습니다.

〉 실습 파일 06 ｜ 패턴으로 완성하는 빠른 채우기

주민등록번호에서 생년월일 추출하기

주민등록번호는 생년월일에 해당하는 여섯 자리 숫자와 고윳값 일곱 자리 숫자로 구성된 패턴과 규칙이 확실한 데이터입니다. 이렇게 정해진 규칙이 있는 데이터라면 '빠른 채우기' 기능을 이용하여 데이터에서 원하는 정보를 쉽게 추출할 수 있습니다. 이번에는 주민등록번호에서 생년월일을 추출하는 방법을 알아보겠습니다.

1 [빠른 채우기] 시트에서 **[A]** 열에는 주민등록번호가 입력되어 있습니다. **[B2]** 셀에 **[A1]** 셀의 주민등록번호 중 생년월일 **'990112'**를 입력하고 Enter 를 눌러 **[B3]** 셀로 이동합니다.

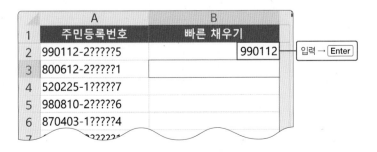

2 [홈] 탭-[편집] 그룹-[채우기]를 클릭하고 [빠른 채우기]를 선택하면 **[B]** 열에 **[A]** 열의 주민등록번호 중 생년월일에 해당하는 데이터가 자동으로 채워집니다.

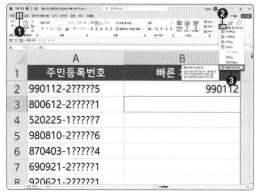

3 이미 **빠른 채우기**로 데이터가 입력된 영역에 새로운 패턴과 규칙을 설정할 수도 있습니다. **[B2]** 셀을 더블클릭하거나 셀 편집 단축키(F2)를 눌러 '**990112-*******'**를 입력한 다음 Enter 를 누릅니다. 그러면 **빠른 채우기**로 데이터가 입력된 다른 셀에도 수정한 사항이 반영됩니다.

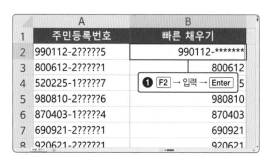 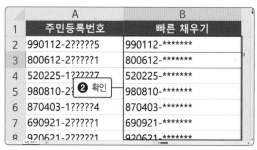

✎ **실습 파일 06** | 패턴으로 완성하는 빠른 채우기

이메일 주소에서 아이디 추출하기

이메일 주소는 '@'을 기준으로 아이디와 메일 계정이 입력된 규칙적인 데이터입니다. 이번에는 '빠른 채우기' 기능을 활용해 이메일에서 아이디를 추출하는 방법에 대해 알아보겠습니다.

1 [빠른 채우기] 시트에서 **[E2]** 셀에 **[D2]** 셀의 이메일 데이터 중 아이디에 해당되는 '**v***02'**를 입력하고 Enter 를 눌러 **[E3]** 셀로 이동합니다.

	D	E
1	email	빠른 채우기
2	v***02@naver.com	v***02
3	m***6_9@naver.com	
4	l***e916@naver.com	입력 → Enter
5	z***zico@naver.com	
6	w***nsdlek22@naver.com	
7	r***bqja123@naver.com	

2 [홈] 탭-[편집] 그룹-[채우기]를 클릭하고 [빠른 채우기]를 선택하면 빠른 채우기가 실행되지만, 이번에는 **[E3]** 셀에 **[D3]** 셀의 이메일 주소 중 아이디에 해당하는 **'m***6_9'**를 입력해 보세요. 몇 글자만 입력해도 나머지 셀에 연한 회색으로 빠른 채우기로 채워질 내용이 표시되는데, 이 상태에서 Enter 를 누르면 빠른 채우기가 적용됩니다.

	D	E
1	email	빠른 채우기
2	v***02@naver.com	v***02
3	m***6_9@naver.com	m***6_9
4	l***e916@naver.com	l***e916
5	z***zico@naver.com	z***zico
6	w***nsdlek22@naver.com	w***nsdlek22
7	r***bqja123@naver.com	r***bqja123
8	a***eaning@naver.com	a***eaning
9	p***eun4210@naver.com	p***eun4210

❶ 입력

❷ 확인 → Enter

📐 **실습 파일 06** | 패턴으로 완성하는 빠른 채우기

한 개 이상의 열 데이터를 활용한 빠른 채우기

'빠른 채우기'는 한 개 이상의 열 데이터를 합치거나 이미 빠른 채우기로 입력된 데이터를 가공할 때도 매우 유용합니다. 이번에는 분할된 열 데이터를 하나로 합치는 방법과, 이미 빠른 채우기로 채워진 데이터를 가공하는 방법에 대해 알아보겠습니다.

1 [빠른 채우기] 시트에서 **[I2]** 셀에 **'서울시 강남구'**를 입력하고 Enter 를 누릅니다. **[I3]** 셀로 이동하면 빠른 채우기의 단축키인 Ctrl + E 를 눌러 **[I]** 열에 빠른 채우기를 실행합니다.

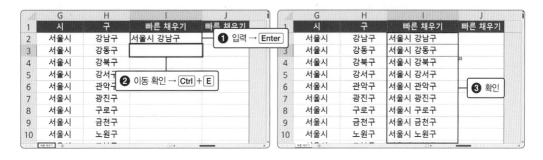

2 빠른 채우기로 입력된 데이터는 다른 형태로 가공할 수 있습니다. 이번에는 빠른 채우기로 입력한 데이터에서 '구'의 이름만 가져오기 위해 **[J2]** 셀에 **'강남'**을 입력한 다음 빠른 채우기를 실행합니다.

3 빠른 채우기가 잘 적용된 것 같지만, 구 이름이 한 글자이거나 두 글자 이상인 구는 두 글자만 빠른 채우기가 되었는데, 이 경우에는 패턴과 규칙을 다시 설정해야 합니다. 구 이름이 제대로 채워지지 않은 셀을 더블클릭하거나 F2를 눌러 원하는 형식에 맞게 수정하면 다른 셀에도 제대로 된 데이터가 입력됩니다. 두 글자 이상인 '동대문', '서대문', '영등포'나 한 글자인 '중'까지 데이터가 잘 입력되었네요!

영문이나 전문 용어는 소괄호 안에 관련 약어나 한글을 함께 표기합니다. 그러면 이렇게 표기된 텍스트의 순서를 수정하려면 어떻게 해야 할까요? 지금까지 일일이 직접 텍스트를 수정했거나 함수를 이용했으면 '빠른 채우기' 기능을 활용해 보세요. 빠른 채우기를 활용하면 단순 반복해야 하는 수정 작업이나 함수를 사용했던 기능을 간단하게 구현할 수 있습니다. 텍스트 순서를 변경할 셀에 'Apple (사과)'을 입력하고 빠른 채우기를 실행해 보세요. 이렇게 빠른 채우기를 활용하면 간단하게 텍스트 순서를 변경할 수 있습니다.

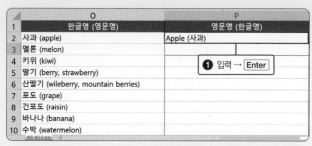

이 외에도 빠른 채우기를 활용하면 날짜 데이터로 문장을 만들 수도 있습니다. '빠른 채우기' 기능을 사용하지 않으면 셀 연결 연산자 &나 문자열 연결 함수 CONCATENATE를 사용해야 하죠. 문장을 입력할 셀에 '2000년 12월 01 입니다'를 입력하고 빠른 채우기를 실행해 보세요. 날짜 데이터가 입력된 열에서 연, 월, 일을 추출해 자동으로 문장이 완성됩니다.

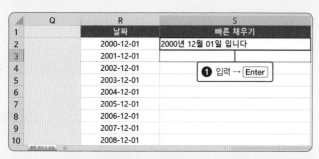

SECTION 7

날짜, 시간 데이터의 원리

엑셀의 날짜와 시간 데이터 구현 원리를 이해하면 복잡한 날짜, 시간 함수 없이 표시 형식만으로도 데이터를 표현할 수 있습니다. 이 기능은 실무에서 활용도가 매우 높으니 반드시 완벽하게 이해하는 것이 좋습니다.

＞ 엑셀에서 시간의 비밀 ＜

날짜와 시간 데이터는 실무에서도 많이 쓰이는 엑셀 데이터 유형 중 하나로, 날짜, 시간 데이터 유형에 맞게 입력해야 합니다. 그리고 입력된 날짜, 시간 데이터를 제대로 사용하기 위해 함수에만 집중하면 엑셀이 어렵다고 느낄 수밖에 없죠. 하지만 날짜 데이터와 시간 데이터의 본질과 원리만 이해하면 복잡한 함수 없이도 폭넓게 활용할 수 있어요.

하루는 24시간입니다. 엑셀에서는 24시간에 '1'이라는 값을 부여해서 숫자 형식으로 구현합니다. 즉 엑셀은 24시간에 '1'이라는 일할 값을 할당하는 것이죠.

24시간 = 1

시간 **이해하기**	하루 (24시간) $= \dfrac{24}{24} = \mathbf{1}$	6시 $= \dfrac{6}{24} = \mathbf{0.25}$
	12시 $= \dfrac{12}{24} = \mathbf{0.5}$	18시 $= \dfrac{18}{24} = \mathbf{0.75}$

자, 그러면 직접 확인해 보겠습니다. 엑셀을 실행한 다음 현재 시간을 입력하세요.

	A
1	16:42
2	입력
3	

◆ **TIP** ── Ctrl + Shift + ; 을 누르면 현재 시간이 곧바로 입력됩니다.

시간이 입력된 셀에서 마우스 오른쪽 버튼을 클릭하고 [셀 서식]을 선택합니다.

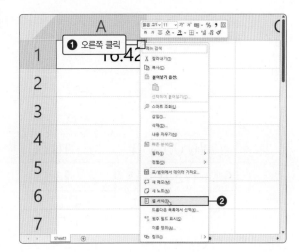

⬥ *TIP* — 시간이 입력된 셀을 선택한 상태에서 Ctrl + 1 을 눌러도 [셀 서식] 대화상자를 표시할 수 있습니다.

시간의 표시 형식을 숫자로 표현하기 위해 [셀 서식] 대화상자의 [표시 형식] 탭에서 [숫자] 범주를 선택하고 '소수 자릿수'에 '2'를 입력한 다음 '음수'에서 [(1234.10)]이 선택되었는지 확인한 다음 [확인]을 클릭해 보세요. 16시 42분은 하루 24시간의 1이라는 값으로 표현했을 때 '0.70'의 분할 값을 가진 것이죠.

이와 같은 방법으로 공장 가동 시간이나, 광고 집행 시간, 행사 운영 시간 등을 계산할 수 있습니다. 이렇게 시간 데이터 본질은 결국 숫자이므로 덧셈과 뺄셈을 활용할 수 있습니다.

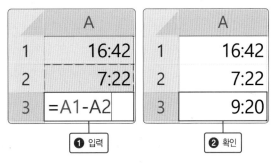

1시간은 1/24이므로 특정 시간에 '1/24'을 빼거나 더해서 1시간을 가감할 수 있는 것이죠. 이제 더 이상 HOUR 함수나 MINUTE 함수, SECOND 함수와 같은 시간 함수를 사용하지 않아도 됩니다!

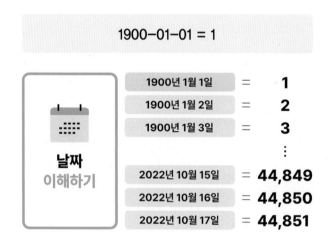

〉 날짜의 본질 이해하기 〈

날짜도 시간과 같이 엑셀이 정한 규칙이 있습니다. 엑셀은 '1900년 01월 01일'에 '1'이라는 값을 부여해 숫자 형식으로 구현합니다. 즉 1900년 1월 1일의 하루가 24시간이므로 시간의 본질인 '1' 이 적용되고 이 날짜를 기준으로 하루가 지날수록 숫자 1씩 증가하는 것이죠.

〉 엑셀 날짜의 한계 〈

엑셀에서 날짜는 1900년 01월 01일부터 9999년 12월 31일까지 표현할 수 있습니다. 1900년 01월 01일 이전이나 9999년 12월 31일 이후의 날짜는 엑셀이 지원하지 않으므로 날짜 표시 형식으로 활용할 수 없어요. 지원하지 않는 날짜를 직접 입력해 보면 왼쪽 정렬되는 일반 텍스트 형식으로 입력되는 것을 볼 수 있죠.

	A	B	C
1	1899-12-29		9999-12-29
2	1899-12-30		9999-12-30
3	1899-12-31		9999-12-31
4	1900-01-01		10000-01-01
5	1900-01-02		10000-01-02
6	1900-01-03		10000-01-03

실무에서 1899년 이전이나 9999년 이후에 대한 데이터 활용은 거의 없다고 볼 수 있으므로 실질적으로 불편한 사항은 아닙니다. 중요한 것은 날짜 데이터의 본질을 이해하는 것입니다.

날짜 데이터에 대해 좀 더 자세히 알아볼까요? 엑셀을 실행하고 임의의 날짜를 입력해 보세요. 여기서는 '2022년 10월 15일'을 입력했습니다.

	A
1	2022-10-15
2	
3	

날짜가 입력된 셀에서 마우스 오른쪽 버튼을 클릭한 다음 [셀 서식]을 선택합니다. [셀 서식] 대화상자가 표시되면 [표시 형식] 탭에서 [숫자] 범주를 선택하고 '음수'에서 [(1234)]가 선택되었는지 확인한 다음 [확인]을 클릭합니다.

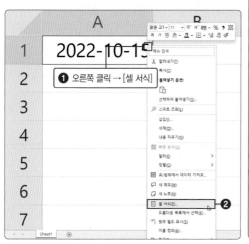

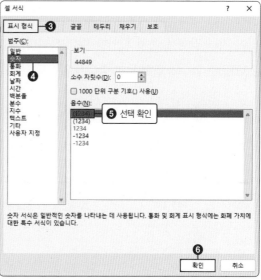

◆ **TIP** — [홈] 탭-[표시 형식] 그룹-[표시 형식]에서 [숫자]를 선택해도 됩니다.

입력한 '2022-10-15'가 '44849'로 표시됩니다. 이것은 2022년 10월 15일은 1900년 1월 1일부터 44,849일이 경과했다는 의미로, 날짜 데이터의 본질을 확인할 수 있습니다.

	A
1	44849
2	
3	

날짜 데이터의 본질을 이해했으면 시간 데이터와 같이 특정일 사이의 일 수를 쉽게 계산할 수 있습니다. 예를 들어 오늘 날짜와 태어난 날짜를 입력한 다음 두 날짜를 빼면 지금까지 살아온 일 수를 확인할 수 있어요.

	A
1	2022-10-15
2	1984-01-11
3	=A1-A2

❶ 입력

	A
1	2022-10-15
2	1984-01-11
3	14157

❷ 확인

이와 같은 방법으로 기념일을 계산하기 위해 날짜 데이터에 '100'을 더하면 특정일로부터 100일이 지난 날짜를 즉시 확인할 수 있습니다. 이제는 YEAR 함수, MONTH 함수, DAY 함수, DATEDIF 함수와 같이 날짜 함수가 없어도 날짜를 쉽게 계산할 수 있어요.

	A
1	2022-10-15
2	=A1+100
3	

❶ 입력

	A
1	2022-10-15
2	2023-01-23
3	

❷ 확인

날짜, 시간 데이터 한 번에 변경하기 ① 찾기 및 바꾸기

날짜, 시간 데이터의 본질, 그리고 활용법까지 이해했으면 실무에서 어떻게 활용할 수 있는지 알아보겠습니다. 실무에서 날짜/시간 데이터를 입력할 때 연월일을 '-'이나 '/'가 아닌 '.'로 구분해 입력하거나 시간 데이터를 공백 없이 입력하는 실수를 자주 저지릅니다. 날짜/시간 데이터의 본질을 이해했으면 '찾기 및 바꾸기' 기능을 이용해서 잘못 입력된 데이터를 한 번에 수정할 수 있습니다.

1 [찾아 바꾸기] 시트에서 날짜 데이터가 잘못 입력된 **[C3:C15]** 영역을 드래그해 선택하고 찾아 바꾸기의 단축키인 Ctrl + H 를 눌러 [찾기 및 바꾸기] 대화상자를 표시합니다.

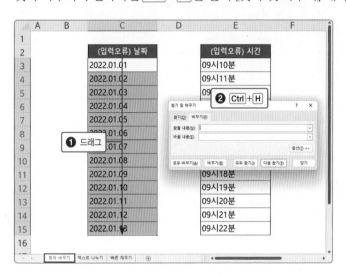

2 [찾기 및 바꾸기] 대화상자의 [바꾸기] 탭에서 '찾을 내용'에는 '**.**'를, '바꿀 내용'에는 '**-**'을 입력한 다음 [모두 바꾸기]를 클릭합니다. 잘못 입력한 '.'가 모두 '-'으로 바뀌고 오른쪽으로 정렬되면서 날짜 데이터로 수정된 것을 확인할 수 있어요.

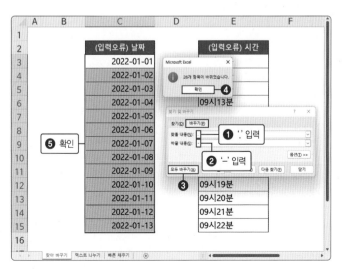

3 이번에는 시간 데이터를 수정해 볼게요. 수정할 **[E3:E15]** 영역을 드래그해 선택하고 찾아 바꾸기의 단축키인 Ctrl + H 를 눌러 [찾기 및 바꾸기] 대화상자를 표시합니다.

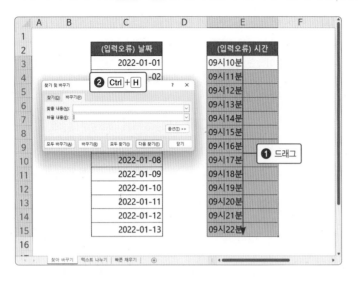

4 [찾기 및 바꾸기] 대화상자의 [바꾸기] 탭에서 '찾을 내용'에는 **'시'**를, '바꿀 내용'에는 **':'**을 입력하고 [모두 바꾸기]를 클릭합니다.

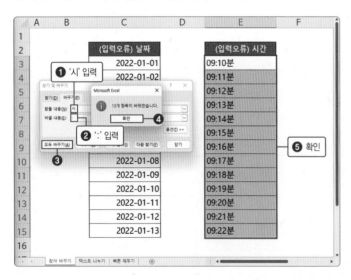

5 이번에는 '찾을 내용'에는 **'분'**을 입력하고 '바꿀 내용'은 공란으로 둔 상태에서 [모두 바꾸기]를 클릭합니다.

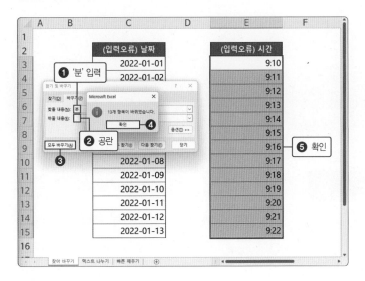

✎ **실습 파일 07** | 날짜, 시간의 이해

날짜, 시간 데이터 한 번에 변경하기 ② 텍스트 나누기

'텍스트 나누기'는 입력된 데이터의 특정 기호나 너비로 열 분리를 하는 기능이지만, 잘못 입력된 날짜 데이터를 수정하는 데도 활용할 수 있습니다.

1 [텍스트 나누기] 시트에서 날짜 데이터가 잘못 입력된 **[C3:C15]** 영역을 드래그해 선택하고 [데이터] 탭-[데이터 도구] 그룹-**[텍스트 나누기]**를 클릭합니다.

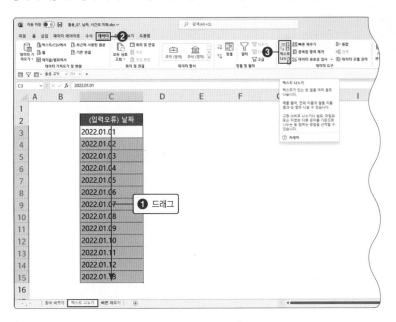

2 [텍스트 마법사] 대화상자가 표시되면 '3단계 중 1단계'부터 '3단계 중 3단계'까지 차례대로 [다음]을 클릭합니다.

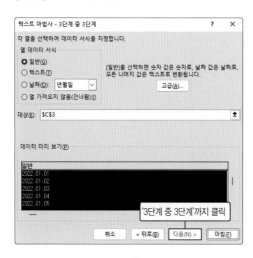

⭐ **TIP** ── 텍스트 나누기에 대한 자세한 내용은 88쪽을 참고하세요.

3 [텍스트 마법사 – 3단계 중 3단계] 대화상자의 '열 데이터 서식'에서 [날짜]와 '년월일'을 선택하고 [마침]을 클릭합니다.

4 '.'가 '–'으로 바뀌면서 날짜 형식으로 수정된 것을 확인할 수 있습니다.

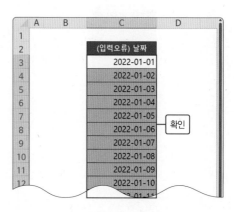

날짜, 시간 데이터 한 번에 변경하기 ③ 빠른 채우기로 수정하기

앞에서 실습한 '빠른 채우기' 기능으로도 잘못 입력된 데이터를 한 번에 변경할 수 있습니다.

1 [빠른 채우기] 시트에서 수정 규칙을 설정하기 위해 **[D3]** 셀에 **'2022-01-01'**을 입력하고 Enter를 누릅니다.

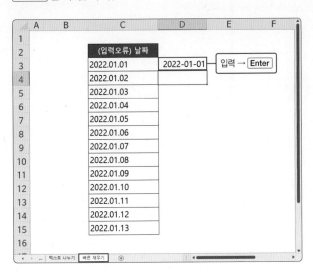

2 **[D4]** 셀로 이동하면 [홈] 탭-[편집] 그룹-[채우기]를 클릭하고 [빠른 채우기]를 선택합니다.

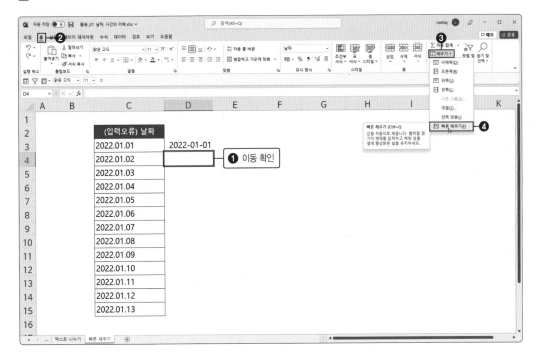

3 설정한 규칙에 맞춰 날짜 데이터가 한 번에 수정됩니다. 만약 빠른 채우기로 날짜 형식으로 변경되지 않는다면 **[D4]** 셀을 '**2022-01-02**'로 수정한 다음 Enter 를 눌러 새로운 규칙을 적용해 보세요.

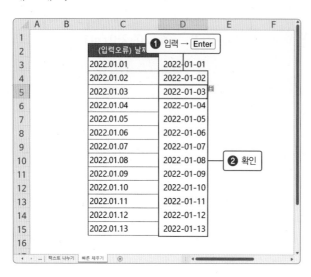

SECTION 8 ★

데이터의 표시 형식 마스터하기
– 날짜, 시간, 금액

표시 형식은 입력한 데이터의 형식에 맞게 변경하는 기능으로, 실무를 위해 꼭 마스터해야 하는 주요 기능 중 하나입니다. 일반적인 데이터를 입력할 때도 유용하지만, 피벗 테이블과 차트에서도 표시 형식은 유용한 기능이므로 잘 익혀야 합니다.

⟩ 엑셀 데이터의 표시 형식 ⟨

이제 엑셀 데이터의 유형과 본질에 대해 충분히 이해했을 것입니다. 만약 날짜 데이터를 '2022-10-15'의 형식으로 입력해서 사용하고 있는데, 팀장님이 갑자기 날짜를 '22.10.15'와 같은 형식으로 입력하라고 하면 어떻게 해야 할까요? 관리 자료와 보고용 자료를 따로 만들어야 할까요?

날짜 데이터는 '1900-01-01'부터 '1'이라는 값이 적용됩니다. '2022-10-15'는 '44,849'라는 값이 적용되고 이것을 다양한 형식으로 표시할 수 있습니다. 이것을 엑셀에서는 '표시 형식'이라고 하죠.

우선 표시 형식이 무엇인지 좀 더 살펴보겠습니다. 엑셀에 '2022-10-15'라는 날짜 데이터를 입력하고 마우스 오른쪽 버튼을 클릭한 다음 [셀 서식]을 선택해 보세요. [셀 서식] 대화상자가 표시되면 [표시 형식] 탭을 선택하여 날짜 데이터를 다양한 형태로 표시할 수 있습니다.

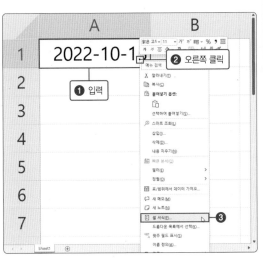
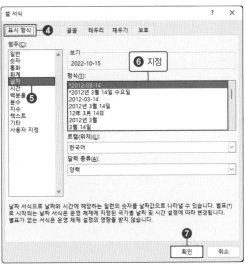

'표시 형식'은 데이터의 본질 값을 다양한 형태로 표시하는 것입니다. 이것은 평소에는 편한 옷을 입지만, 상황에 맞추어 정장이나 운동복으로 갈아 입는 것과 같습니다. 다른 옷을 입는다고 사람이 달라지지는 않으니까요.

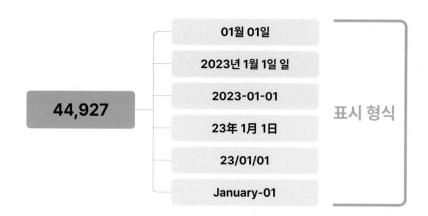

[표시 형식] 탭의 '범주'에서는 [일반]부터 [기타]까지 미리 정해진 형식을 선택해서 사용할 수 있습니다. 그리고 [사용자 지정] 범주를 선택하면 사용자가 원하는 형식을 직접 입력해 표시 형식을 지정할 수 있습니다. 다시 옷을 예로 든다면 [일반] 범주부터 [기타] 범주는 기성복이고 [사용자 지정] 범주는 맞춤복에 해당됩니다. 보통 실무에서는 주로 정해진 형식을 사용하지만, [사용자 지정] 범주를 제대로 사용할 수 있다면 [일반] 범주부터 [기타] 범주의 형식을 사용하지 않고도 다양한 형식으로 데이터를 표시할 수 있습니다.

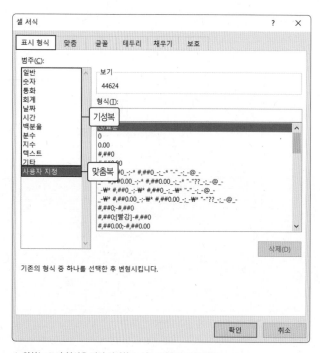

▲ 원하는 표시 형식을 직접 입력할 수 있는 [사용자 지정] 범주

날짜 표시 형식

날짜 데이터는 'y(연)', 'm(월)', 'd(일)', 'a(요일)'의 서식 코드를 사용해 데이터를 표시할 수 있습니다. 이때 서식 코드의 개수에 따라 데이터가 다르게 표시됩니다.

구분	서식 코드	표시 형태
Y	yy	23
	yyyy	2023
M	m	1
	mm	01
	mmm	Jan
	mmmm	January
	mmmmm	J
D	d	1
	dd	01
	ddd	Sun
	dddd	Sunday
A	aaa	일
	aaaa	일요일

날짜 표시 형식
예 2023년 01월 01일

1 엑셀을 실행한 다음 [Sheet1] 시트에서 날짜 데이터 형식에 맞추어 데이터를 입력합니다. 날짜 데이터가 입력된 셀에서 마우스 오른쪽 버튼을 클릭하고 [셀 서식]을 선택합니다.

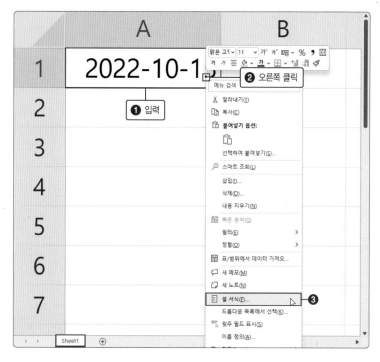

2 [셀 서식] 대화상자가 표시되면 [표시 형식] 탭에서 [사용자 지정] 범주를 선택하여 현재 날짜 표시 형식이 'yyyy-mm-dd'로 설정된 것을 확인할 수 있습니다. '형식'에 원하는 형식을 입력하면 날짜 데이터를 다양한 형태로 표시할 수 있습니다.

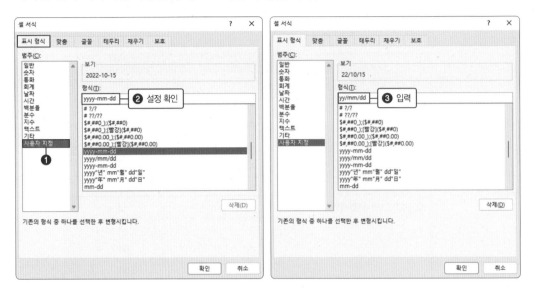

3 표시 형식에 원하는 형식을 직접 입력해 보세요.

❶	❷	❸	❹	❺
2022-10-15	22/10/15	22/10/15(토)	Sat,15/10/22	22.10.15
2022-10-16	22/10/16	22/10/16(일)	Sun,16/10/22	22.10.16
2022-10-17	22/10/17	22/10/17(월)	Mon,17/10/22	22.10.17
2022-10-18	22/10/18	22/10/18(화)	Tue,18/10/22	22.10.18
2022-10-19	22/10/19	22/10/19(수)	Wed,19/10/22	22.10.19

❶ yyyy-mm-dd: 기본 날짜 표시 형식입니다.

❷ yy/mm/dd: 날짜를 간략하게 표시할 때 유용합니다.

❸ yy/mm/dd(aaa): 날짜와 요일을 표시합니다. 표시 형식에 'yyyy/mm/dd(aaaa)'를 입력하면 '2022/10/15(토요일)'이라고 표시됩니다.

❹ ddd, dd/mm/yy: 외국의 경우 날짜, 월, 연도 순으로 날짜를 표시합니다. 외국계 기업에서 근무한다면 해당 나라의 날짜 표시 형식을 사용해 보세요.

❺ yy.mm.dd: 표시 형식에 'yy.mm.dd'를 입력하면 연, 월, 일을 '.'로 구분할 수 있습니다.

시간 표시 형식

시간 데이터는 날짜 형식 데이터보다 간단한 'H(시)', 'M(분)', 'S(초)'의 표시 형식을 사용합니다.

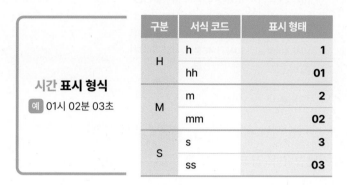

구분	서식 코드	표시 형태
H	h	1
	hh	01
M	m	2
	mm	02
S	s	3
	ss	03

시간 **표시 형식**
예 01시 02분 03초

1 [Sheet1] 시트에서 시간 데이터를 입력한 다음 [셀 서식] 대화상자의 [표시 형식] 탭에서 [사용자 지정] 범주를 선택하면 시간 표시 형식을 지정할 수 있습니다. 일반적인 시간 표시 형식은 'hh:mm:ss'입니다.

2 표시 형식에 원하는 형식을 직접 입력해 보세요. 직접 시간 표시 형식을 입력하면 다양한 방법으로 시간을 표시할 수 있습니다.

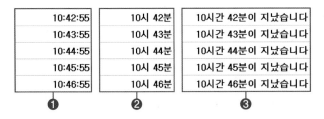

10:42:55	10시 42분	10시간 42분이 지났습니다
10:43:55	10시 43분	10시간 43분이 지났습니다
10:44:55	10시 44분	10시간 44분이 지났습니다
10:45:55	10시 45분	10시간 45분이 지났습니다
10:46:55	10시 46분	10시간 46분이 지났습니다
❶	❷	❸

❶ hh:mm:ss: 기본 시간 표시 형식입니다.

❷ hh시 mm분: 초 단위를 생략하고 시, 분을 한글로 표시합니다.

❸ hh시 mm분이 지났습니다: 경과 시간을 표시합니다.

전문가의 조언

24시간 초과, 60분 초과, 60초 초과는 어떻게 표현할까요?

시간은 24시간, 60분, 60초로 구성되어 있는데, 초과한 시간은 어떻게 표현할 수 있을까요? 우선 엑셀을 실행하고 '123:45:00'를 입력한 다음 [셀 서식] 대화상자를 표시하면 표시 형식이 '[h]:mm:ss'로 설정된 것을 확인할 수 있습니다.

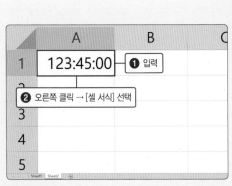

▲ 24시간 초과 표시

즉 초과한 시간은 대괄호로 표시할 수 있어요. 24시간을 초과한 시간은 [h]를 사용하고 60분 초과는 [m]을, 60초 초과는 [s]를 사용하여 표시하면 됩니다.

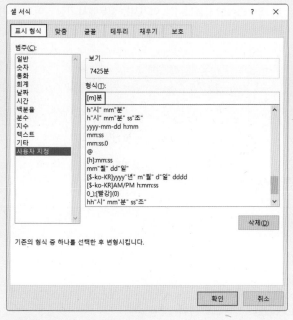

▲ 60분 초과 표시

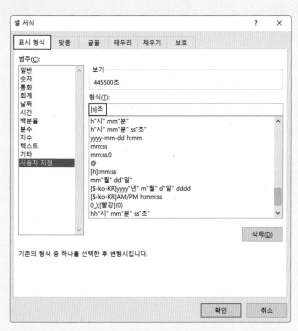

▲ 60초 초과 표시

숫자 표시 형식

숫자 표시 형식에는 '#(숫자)', '0(0자릿수)', ','의 표시 형식을 사용합니다. 여기서는 실무에서 가장 많이 사용하는 금액의 표시 형식에 대해 알아보겠습니다.

구분	서식 코드	표시 형태
숫자	#	숫자 표시
	,	천 단위 표기
	0	0 자릿수 표기

숫자 표시 형식

표시 형식	기능	입력 데이터	입력 형식	출력 결과	비고
#	숫자 표시	0	#		0 값 표기 생략
	숫자 표시	1000000	#	1000000	
	천 단위 콤마	1000000	#,###	1,000,000	
	천 단위 콤마+천 단위 생략	1000000	#,###,	1,000	
	천 단위 콤마+백만 단위 생략	1000000	#,###,,	1	
	소수점 표기	0.12	#.##	.12	0 값이 생략되어 표기되므로 소수점 표기는 0 표시 형식 사용
0	숫자 표시	0	0	0	0 값 표기
	숫자 표시	1000000	0	1000000	
	천 단위 콤마	1000000	#,0	1,000,000	
	천 단위 콤마+천 단위 생략	1000000	#,##0,	1,000	
	천 단위 콤마+백만 단위 생략	1000000	#,##0,,	1	
	소수점 표기	0.12	0.00	0.12	

1 [표시 형식] 시트에서 **[B4:B9]** 영역을 드래그해 선택하고 선택 영역에서 마우스 오른쪽 버튼을 클릭한 다음 [셀 서식]을 선택합니다.

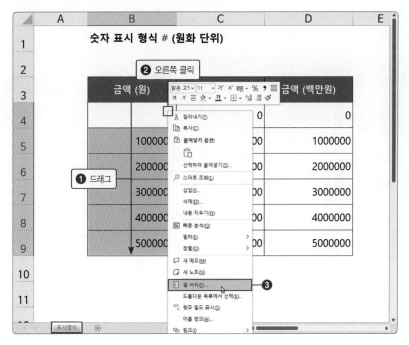

TIP — 셀 서식을 지정할 셀이 선택된 상태에서 Ctrl + 1 을 누르면 [셀 서식] 대화상자를 표시할 수 있습니다.

2 [셀 서식] 대화상자가 표시되면 [표시 형식] 탭을 선택하고 [사용자 지정] 범주에서 '형식'에 **'#,#'**을 입력한 다음 [확인]을 클릭합니다.

3 입력된 값 중 '0'은 공란으로 생략되고 세 자리마다 쉼표(,)가 표시되었는지 확인합니다.

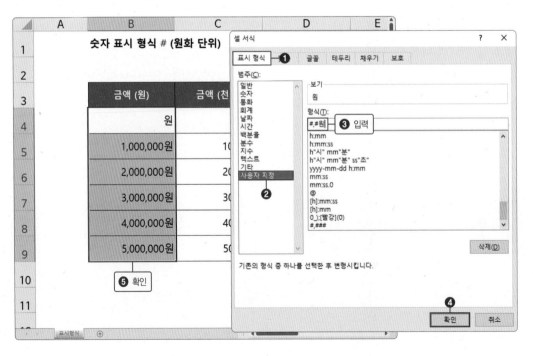

	금액 (원)	금액 (천원)	금액 (백만원)
1	**숫자 표시 형식 # (원화 단위)**		
4		0	0
5	1,000,000	1000000	1000000
6	2,000,000	2000000	2000000
7	3,000,000	3000000	3000000
8	4,000,000	4000000	4000000
9	5,000,000	5000000	5000000

4 다시 [셀 서식] 대화상자의 [표시 형식] 탭에서 [사용자 지정] 범주의 '형식'에 **'#,#원'**을 입력하면 원하는 단위를 직접 입력할 수 있습니다. '#,#원' 형식은 입력된 값 중 '0'을 생략하므로 **[B4]** 셀에 '원'만 어색하게 표시됩니다.

5 이런 경우 '형식'에 **'#,0원'**을 입력하면 '0'을 생략하지 않고 표시할 수 있습니다.

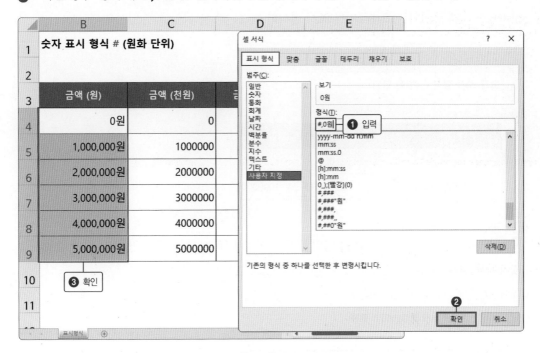

6 [C4:C9] 영역을 드래그해 선택하고 Ctrl + 1 을 누릅니다. [셀 서식] 대화상자가 표시되면 [표시 형식] 탭을 선택하고 [사용자 지정] 범주의 '형식'에 **'#,#,'**를 입력하세요.

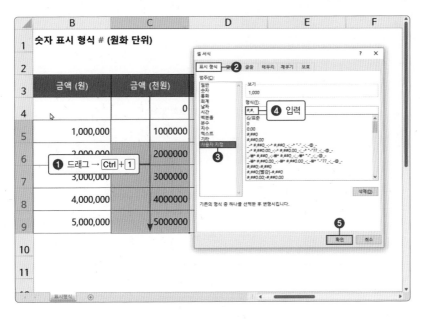

7 입력한 데이터에서 천 원 단위가 생략되어 표시됩니다. **[C5]** 셀을 선택하고 수식 입력줄을 살펴보면 실제 데이터는 그대로지만 표시 형식만 변경된 것을 확인할 수 있어요.

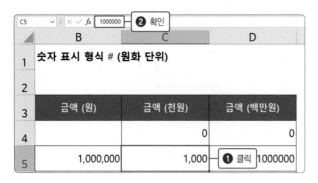

8 이와 같은 방법으로 **[D4:D11]** 영역의 표시 형식에 '**#,#,,**'를 입력하면 백만 원 단위로 '0'을 생략해서 숫자 데이터를 표시할 수 있습니다.

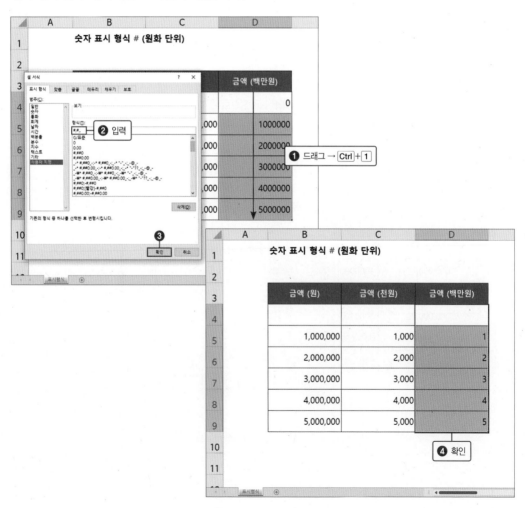

표시 형식이 바뀌고 문자에는 큰따옴표가 붙어요

표시 형식을 '#,#원'이나 '#,0원'으로 지정한 다음 [셀 서식] 대화상자의 [표시 형식] 탭에서 '형식'을 확인하면 '#,###"원"', '#,##0"원"'으로 변경된 것을 확인할 수 있습니다.

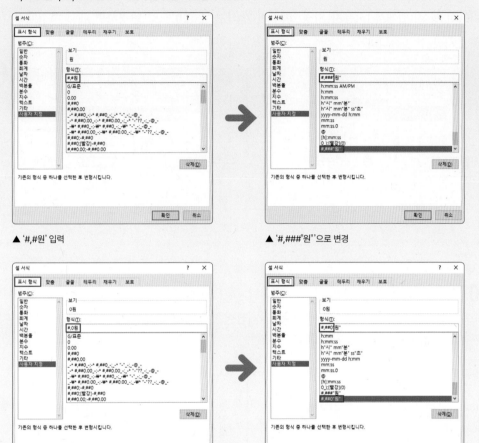

▲ '#,#원' 입력

▲ '#,###"원"'으로 변경

▲ '#,0원' 입력

▲ '#,##0"원"'으로 변경

표시 형식의 기본값은 입력된 데이터의 마지막 숫자 세 자리를 표시하는 것으로, 마지막 세 자리의 '###' 또는 '##0'을 입력하지 않아도 자동 변환됩니다. 문자열(원)도 큰따옴표(" ")로 구분해야 하지만, 표시 형식을 수정하면서 큰따옴표를 입력하지 않아도 자동으로 입력됩니다.

9 숫자 표시 형식은 숫자 데이터의 자릿수를 표현할 때도 활용할 수 있습니다. 셀에 **'0001'**을 입력하면 0으로 시작하는 숫자 표기를 할 수 없어서 '1'로 표시됩니다. 만약 0까지 표시하고 싶으면 0 표시 형식을 활용해 보세요. **[J4:J9]** 영역을 선택한 상태에서 [셀 서식] 대화상자를 표시하고 [표시 형식] 탭에서 [사용자 지정] 범주의 '형식'을 **'0000'**으로 변경하면 표시 형식에 맞추어 0을 표시할 수 있습니다.

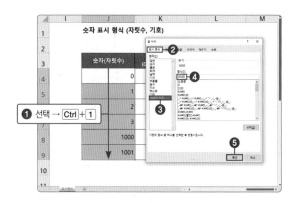
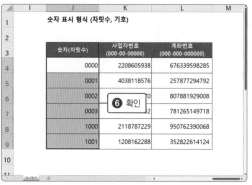

10 이 표시 형식을 활용하면 사업자번호나 계좌번호를 쉽게 표기하고 관리할 수 있습니다. 사업자번호는 **'000-00-00000'** 형식으로, 계좌번호는 **'000-000-0000000'** 형식으로 지정해서 숫자 데이터를 표시할 수 있어요.

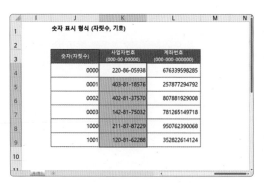

화폐 단위는 이렇게 표기해요

[화폐 단위] 시트에서 숫자 데이터에는 화폐 단위가 표시되어 있지 않습니다. [A2:A12] 영역의 사용자 지정 형식을 '$#,0'으로 지정하면 화폐 단위가 제대로 표시되지만 가독성이 떨어지네요.

이 경우 사용자 지정 표시 형식을 '$* #,0'으로 지정해서 숫자와 화폐 단위를 깔끔하게 정렬할 수 있습니다. 이렇게 특정 텍스트의 뒤에 '* '를 입력하면 '* ' 앞의 텍스트는 셀의 가장 왼쪽에, 숫자는 오른쪽에 표시할 수 있습니다.

	A	B	C	D
1	금액			
2	$ 4,331			
3	$ 660			
4	$ 96			
5	$ 7,229			
6	$ 3,338			
7	$ 6			
8	$ 3,228			
9	$ 705			
10	$ 1,972			
11	$ 27			
12	$ 2,942			
13				
14				
15				

CHAPTER 3

생존 엑셀 필수 기능!
데이터 활용하기

엑셀의 데이터 유형에 대해 이해했나요? 여기서는 제대로 입력한 데이터를 데이터베이스로

구축해 실무에 활용하는 방법에 대해 알아보겠습니다. 생각하지도 못했던 데이터 활용 방법과

유용한 기능이므로 실무에 바로 적용할 수 있을 거예요.

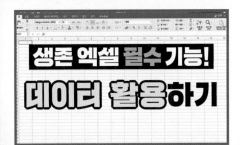

생존 엑셀 필수 기능!
데이터 활용하기

▶

정렬,
틀 고정

필터, 와일드카드
연산자

SECTION 9

텍스트 나누기

엑셀을 제대로 활용하려면 정해진 데이터 유형에 맞추어 데이터를 입력해야 하는데, 이렇게 유형에 맞추어 입력한 데이터의 모음을 '데이터베이스(DB; DataBase)'라고 합니다. 엑셀의 다양한 기능 중 '텍스트 나누기'를 사용하면 데이터베이스의 잘못 입력된 데이터 형식을 한 번에 수정할 수 있습니다.

〉실무 데이터가 쌓이는 과정 〈

실무 데이터베이스는 실무자가 직접 데이터를 입력해서 만들지만, 서버나 POS 기기에서 다운로드한 데이터를 활용하기도 합니다. 이렇게 다운로드한 데이터는 대부분 가공되지 않은 날 것(raw)의 데이터로, 이런 데이터를 '로우 데이터(low data)'라고 합니다. 대부분의 로우 데이터는 엑셀 파일이 아니거나, 데이터 유형에 맞추어 정리되지 않으면서 데이터가 일정하지 않은 공란으로 구분된 경우가 많습니다. 하지만 '텍스트 나누기' 기능을 사용하면 이런 로우 데이터를 빠르게 데이터베이스로 가공할 수 있어요.

엑셀의 기능을 제대로 구현하려면 올바른 유형의 데이터가 열을 기준으로 각 행에 누적되어 있어야 합니다. '데이터 나누기'는 입력된 데이터의 기호와 너비 등을 기준으로 나누는 기능입니다. '텍스트 나누기' 기능으로 날짜를 수정하는 방법은 67쪽에서 알아보았는데, 여기서는 '텍스트 나누기' 기능의 다양한 사용 방법에 대해 알아보겠습니다.

너비에 맞게

기호에 따라

날짜로 변환

텍스트 나누기 ①

실습 예제는 '서울 열린데이터 광장(http://data.seoul.go.kr/dataList/11051/S/2/datasetView.do#)'에서 배포하는 '서울시 다문화가구 및 가구원(구별) 통계' 자료로, 각 기간과 자치구, 다문화가구 등을 Tab 으로 구분해 입력한 메모장 파일 형식(txt)의 자료입니다.

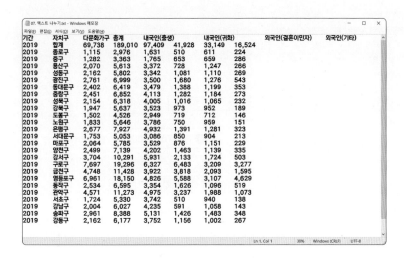

1 실습 예제를 엑셀로 가져오기 위해 [파일] 탭-[열기]를 선택합니다.

2 [열기] 대화상자가 표시되면 '파일 유형'에서 [모든 파일 (*.*)]을 선택하고 실습 예제인 '09. 텍스트 나누기.txt'를 선택한 다음 [열기]를 클릭합니다.

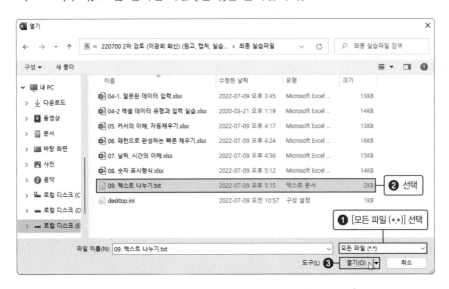

3 [텍스트 마법사 – 3단계 중 1단계] 대화상자가 표시되면 불러온 메모장 파일의 각 항목의 데이터가 Tab 으로 구분되어 있으므로 [구분 기호로 분리됨]을 선택하고 [다음]을 클릭합니다.

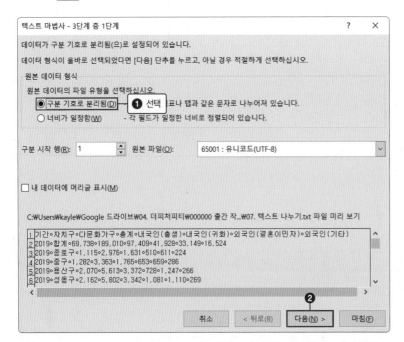

4 [텍스트 마법사 – 3단계 중 2단계] 대화상자에서는 '구분 기호'의 [탭]에 체크 표시하고 [마침]을 클릭합니다.

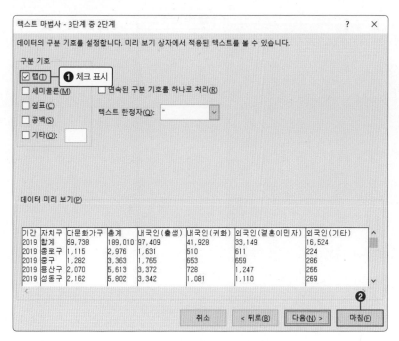

● **TIP** — '데이터 미리 보기'에서 엑셀에 어떻게 삽입되는지를 미리 확인할 수 있습니다.

5 메모장 파일에서 Tab 으로 구분한 항목이 열 단위로 구분되어 엑셀의 새로운 시트에 표시됩니다.

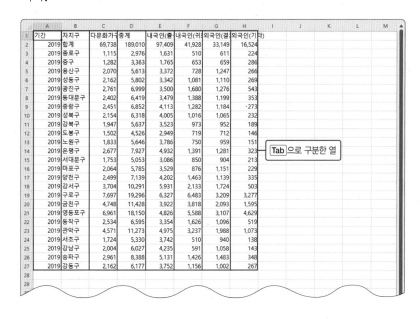

6 [A:H] 영역을 모두 선택한 상태에서 열 구분선을 더블클릭하면 각 열에 입력된 데이터에 맞추어 열 너비가 자동으로 조절됩니다.

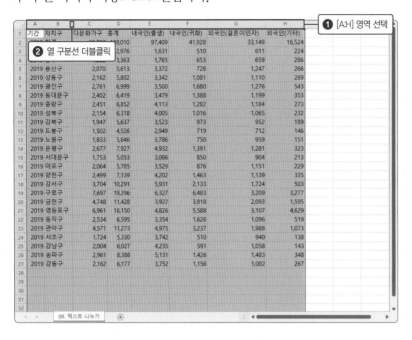

7 이렇게 엑셀 시트에 표시된 데이터를 엑셀 파일로 저장하면 데이터베이스로 활용할 수 있습니다.

💠 **TIP** ─ F12를 누르면 즉시 [다른 이름으로 저장] 대화상자를 표시할 수 있습니다.

텍스트 나누기 ②

실습 예제는 카드 사용 내역을 엑셀 파일로 저장한 것으로, 엑셀 파일이지만 데이터가 형식에 맞지 않습니다. [A] 열의 경우 날짜와 시간이 입력되어 있지만, 날짜나 시간 데이터 유형이 아닌 텍스트 형식입니다. 이런 로우 데이터(low data)는 보통 같은 너비로 정리되어 있으므로 '텍스트 나누기' 기능을 사용해서 일괄적으로 수정할 수 있습니다.

	A	B	C	D	E	F	G
1	거래일시	구분	카드번호	카드별명	차종	입구	출구
2	2021/06/04 13:24:32	후불	0140-****-**94-4393		1종	안성	천안
3	2021/06/04 10:40:51	후불	0140-****-**94-4393		1종	천안	안성
4	2021/06/02 19:56:30	후불	0140-****-**94-4393		1종	마성	천안
5	2021/06/02 11:23:05	후불	0140-****-**94-4393		1종	천안	마성
6	2021/05/28 13:37:20	후불	0140-****-**94-4393		1종	풍세상	천안
7	2021/05/28 13:29:21	후불	0140-****-**94-4393		1종	공주	풍세상
8	2021/05/28 08:41:49	후불	0140-****-**94-4393		1종	풍세하2	공주
9	2021/05/28 08:15:34	후불	0140-****-**94-4393		1종	천안	풍세하
10	2021/05/25 17:39:23	후불	0140-****-**94-4393		1종	공주	천안
11	2021/05/25 17:30:57	후불	0140-****-**94-4393		1종	공주	풍세상

1 [09. 기간별_사용내역 (1)] 시트의 **[B]** 열에서 마우스 오른쪽 버튼을 클릭하고 [삽입]을 선택합니다. 텍스트 나누기를 실행하면 하나의 열 데이터가 두 개의 열로 분할되기 때문에 기존 열 데이터에 값이 덮어쓰기되므로 새로운 열을 생성해야 합니다.

	A	B	C
1	거래일시	구분	카드번호
2	2021/06/04 13:24:32	후불	****-**94-4393
3	2021/06/04 10:40:51	후불	****-**94-4393
4	2021/06/02 19:56:30	후불	****-**94-4393
5	2021/06/02 11:23:05	후불	0140-****-**94-4393
6	2021/05/28 13:37:20	후불	0140-****-**94-4393

❶ 오른쪽 클릭

메뉴 검색
잘라내기(T)
복사(C)
붙여넣기 옵션:
선택하여 붙여넣기(S)...
삽입(I) **❷**
삭제(D)
내용 지우기(N)
셀 서식(F)...
열 너비(W)...
숨기기(H)
숨기기 취소(U)

✦ **TIP** — 특정 행/열을 선택한 상태에서 Ctrl + + 를 누르면 곧바로 새로운 행/열을 추가할 수 있습니다.

2 [A] 열을 선택한 상태에서 [데이터] 탭-[데이터 도구] 그룹-[텍스트 나누기]를 클릭합니다.

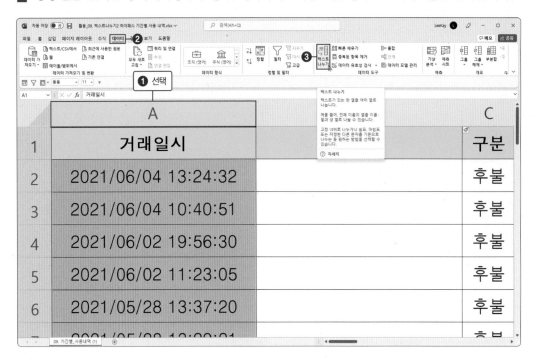

3 [텍스트 마법사 - 3단계 중 1단계] 대화상자에서 [너비가 일정함]을 선택하고 [다음]을 클릭합니다. [텍스트 마법사 - 3단계 중 2단계] 대화상자의 '데이터 미리 보기'에서 너비를 기준으로 분할될 데이터를 확인하고 [마침]을 클릭하세요.

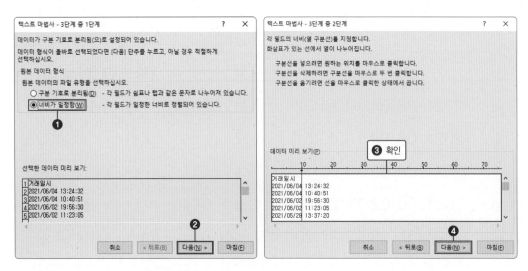

4 텍스트 나누기가 완료되면 시간과 날짜가 공란(너비)를 기준으로 분할되고 텍스트 형식이었던 데이터가 날짜, 시간 데이터로 변경된 것을 확인할 수 있습니다.

	A	B	C
1	**거래일시**		**구분**
2	2021-06-04	13:24:32	후불
3	2021-06-04	10:40:51	후불
4	2021-06-02	19:56:30	후불
5	2021-06-02	11:23:05	후불
6	2021-05-28	13:37:20	후불

확인

SECTION 10

웹에서 데이터 가져오기

지금까지 매일, 또는 수시로 업데이트되는 웹 데이터를 취합하기 위해 복사와 붙여넣기를 반복했다면 원하는 서식을 유지하는 데 어려움이 많았을 것입니다. 이번에는 훨씬 효율적으로 웹 데이터를 가져오는 방법에 대해 알아보겠습니다.

〉효율적으로 데이터 취합하기 〈

실시간으로 달라지는 환율이나 주가 정보, 코로나 확진자 등의 데이터를 취합하기 위해 지금까지 웹 데이터를 복사 & 붙여넣기를 반복했으면 이것이 얼마나 비효율적인지 잘 알고 있을 것입니다. 이렇게 복사 & 붙여넣기한 데이터는 서식까지 복사되므로 서식도 변경해야 합니다. 이제는 '웹에서 데이터 가져오기' 기능을 사용해 보세요. 데이터를 가져올 웹 사이트의 주소만 입력하면 곧바로 데이터만 가져올 수 있습니다. 이제 끊임없이 반복했던 복사 & 붙여넣기에서 해방될 수 있어요.

다음은 수시로 달라지는 '금융 정보'와 '코로나 확진자'와 관련된 웹 자료인데, 코로나 확진자 정보를 엑셀로 옮기는 방법에 대해 알아보겠습니다.

▲ 네이버 금융(https://finance.naver.com)　　▲ 질병관리청의 코로나 시도별 발생 현황(http://ncov.mohw.go.kr)

웹에서 데이터 가져오기 ① 엑셀 2016 이상 버전

'크롤링(crawling)'은 웹에 있는 데이터를 수집하는 방법 중 하나입니다. 이번에는 웹에 게시된 데이터를 엑셀로 가져올 수 있는 '데이터 가져오기' 기능에 대해 알아보겠습니다.

◆ TIP — 엑셀 2016 이하 버전에서 웹 데이터를 가져오는 방법에 대한 자세한 내용은 99쪽을 참고하세요.

1 우선 엑셀로 가져올 웹 데이터가 있는 웹 사이트의 웹 주소를 복사합니다. 여기서는 코로나 시도별 발생 동향 사이트의 웹 주소(http://ncov.mohw.go.kr/bdBoardList_Real.do?brdId=1&brdGubun=13)를 복사했습니다.

2 엑셀을 실행하고 [데이터] 탭-[데이터 가져오기 및 변환] 그룹-[웹]을 클릭합니다.

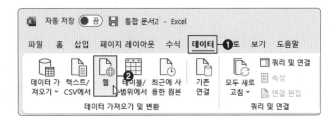

3 [웹에서] 창이 표시되면 'URL'에 복사한 주소를 붙여넣고 [확인]을 클릭합니다

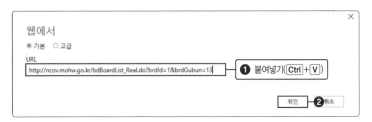

4 탐색 창에서는 불러올 수 있는 데이터 항목을 선택할 수 있습니다. 왼쪽 창에서 원하는 항목을 선택하고 [로드]를 클릭합니다. 여기서는 왼쪽 창 가장 아래에 있는 '**코로나-19 시도별 발생 현황표**'를 선택하세요.

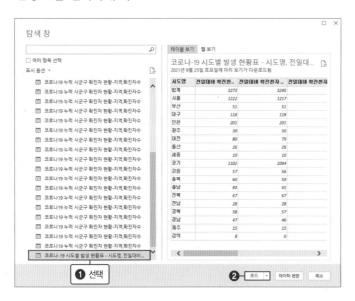

5 웹 데이터가 곧바로 시트에 삽입됩니다. 데이터 영역에서 마우스 오른쪽 버튼을 클릭한 다음 [새로 고침]을 선택하면 업데이트된 데이터를 다시 불러올 수 있습니다. 이렇게 엑셀로 불러온 자료는 따로 해당 사이트에 접속하지 않아도 업데이트해 정보를 확인할 수 있습니다. 뿐만 아니라 수식과 함수, 피벗 테이블 등도 마음껏 활용할 수 있습니다.

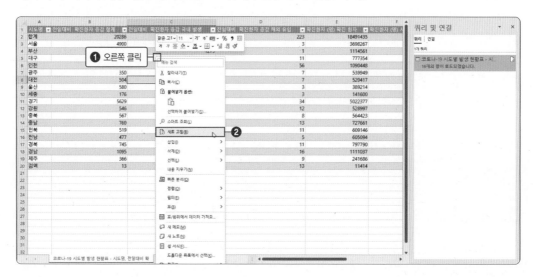

웹에서 데이터 가져오기 ② 엑셀 2016 이하 버전

엑셀 2016 이하 버전에서도 '데이터 가져오기' 기능을 사용할 수 있습니다.

TIP ─ 엑셀 2016 이상 버전에서 웹 데이터를 가져오는 방법에 대한 자세한 내용은 97쪽을 참고하세요.

1 엑셀로 가져올 웹 데이터가 있는 웹 사이트의 웹 주소를 복사합니다. 여기서는 코로나 시도별 발생 동향 사이트의 웹 주소(http://ncov.mohw.go.kr/bdBoardList_Real.do?brdId=1&brdGubun=13)를 복사했습니다.

2 엑셀을 실행한 다음 [데이터] 탭-[데이터 가져오기 및 변환] 그룹-[웹]을 클릭합니다. [새 웹 쿼리] 대화상자가 표시되면 복사한 웹 사이트 주소를 붙여넣고 [이동]을 클릭합니다.

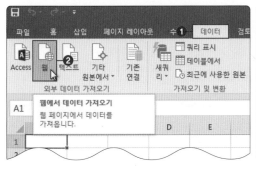
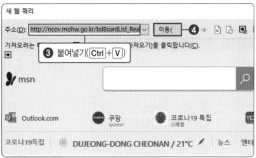

3 [새 웹 쿼리] 대화상자에 붙여넣은 웹페이지가 표시되면 화면의 ➡ 버튼을 클릭해서 데이터를 가져올 수 있습니다.

💠 **TIP** ── 웹페이지에 따라 데이터가 제대로 표시되지 않는 경우도 있습니다. 이것은 웹 사이트 개발 언어나 보안 설정으로 데이터가 제대로 표시되지 않는 것으로, ➡ 버튼이 활성화되지 않으면 [새 웹 쿼리] 대화상자에서 [가져오기]를 클릭하세요.

4 [데이터 가져오기] 대화상자가 표시되면 데이터를 가져올 셀을 선택하고 [확인]을 클릭하세요.

5 웹페이지의 모든 데이터가 표시됩니다. 데이터를 가져오는 방식은 엑셀 버전에 따라 다르지만, 버전과 상관없이 [모두 새로 고침]을 클릭해 항상 최신 데이터를 가져와서 데이터를 활용할 수 있습니다.

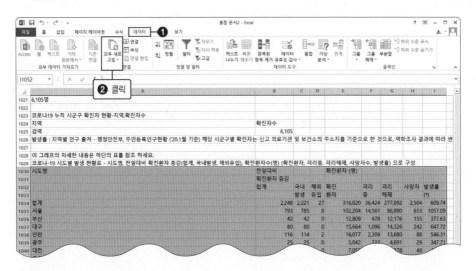

SECTION 11 ⭐

정렬, 틀 고정

'보기 좋은 떡이 먹기도 좋다'라는 속담은 엑셀에서도 통합니다. 보기 좋게 정리된 자료가 활용하기도 좋죠. 이번에는 데이터를 보기 좋게 정리할 수 있는 '정렬'과 '틀 고정' 기능에 대해 알아보겠습니다.

〉 데이터를 보기 좋게 정렬하는 방법 〈

지금까지 행, 열, 시트와 데이터 유형, 데이터 유형에 맞게 데이터를 입력하는 방법뿐만 아니라 표시 형식을 지정해서 데이터를 마음대로 표현하는 방법을 살펴보았습니다. 이번에는 이렇게 입력한 데이터를 제대로 활용하는 방법을 알아보겠습니다. '정렬'과 '틀 고정'은 아주 간단한 기능이지만, 데이터를 보기 좋게 정리하는 데 꼭 필요한 매우 유용한 기능입니다.

〽 **실습 파일 11** | 정렬, 틀 고정

특정 열을 기준으로 정렬하기

엑셀에서 가장 기본적인 정렬 방법은 특정 열을 기준으로 데이터를 정렬하는 것입니다.

1 [정렬, 틀 고정1] 시트에는 전국 상가업소의 영업 내역이 정리되어 있습니다. '정렬' 기능은 [데이터] 탭-[정렬 및 필터] 그룹에서 선택할 수 있습니다.

2 [A] 열의 '광역시도'를 정렬하기 위해 **[A]** 열의 아무 셀이나 선택한 다음 [데이터] 탭–[정렬 및 필터] 그룹–[텍스트 오름차순 정렬](🔼)을 클릭하면 전체 데이터가 **[A]** 열의 데이터의 'ㄱ~ ㅎ'의 순서로 정렬됩니다. 그리고 [텍스트 내림차순 정렬](🔽)을 클릭하면 'ㅎ~ㄱ'의 내림차순으로 정렬됩니다. 전체 데이터를 두 가지 이상의 기준으로 정렬하려면 [데이터] 탭–[정렬 및 필터] 그룹–[정렬]을 클릭합니다.

3 [정렬] 대화상자에서는 [기준 추가]를 클릭해 원하는 기준을 추가해 데이터를 정렬할 수 있습니다. 다음의 그림과 같이 기준을 추가하고 [확인]을 클릭합니다.

4 [정렬] 대화상자에서 지정한 기준에 맞추어 전체 데이터가 정렬됩니다.

	A	B	C	D	E	F	G	H	I	J
1	광역시도	시군구	업종대분류	업종중분류	1년미만	1-2년	2-3년	3-5년	5년 이상	
2	강원도	강릉시	관광/여가/오락	PC/오락/당구/볼링등	11	10	62	54	59	
3	강원도	강릉시	관광/여가/오락	경마/경륜/성인오락	0	0	21	5	2	
4	강원도	강릉시	관광/여가/오락	놀이/여가/취미	0	1	8	1	18	
5	강원도	강릉시	관광/여가/오락	무도/유흥/가무	3	2	47	53	73	
6	강원도	강릉시	관광/여가/오락	스포츠/운동	0	3	0	0	1	
7	강원도	강릉시	관광/여가/오락	연극/영화/극장	1	0	5	6	5	
8	강원도	강릉시	관광/여가/오락	요가/단전/마사지	1	1	20	11	9	
9	강원도	강릉시	관광/여가/오락	전시/관람	1	0	9	8	20	
10	강원도	강릉시	부동산	부동산관련서비스	0	1	2	4	120	
11	강원도	강릉시	부동산	부동산임대	2	1	6	7	11	
12	강원도	강릉시	부동산	부동산중개	12	3	62	33	86	
13	강원도	강릉시	부동산	분양	0	0	10	2	2	
14	강원도	강릉시	부동산	평가/개발/관리	1	1	9	1	39	
15	강원도	강릉시	생활서비스	개인/가정용품수리	12	1	48	23	48	
16	강원도	강릉시	생활서비스	개인서비스	4	0	7	2	18	
17	강원도	강릉시	생활서비스	광고/인쇄	3	2	18	4	33	
18	강원도	강릉시	생활서비스	기타서비스업	0	2	5	3	7	
19	강원도	강릉시	생활서비스	대중목욕탕/휴게	11	0	7	9	23	
20	강원도	강릉시	생활서비스	대행업	0	1	2	0	7	
21	강원도	강릉시	생활서비스	물품기기대여	0	3	16	24	23	
22	강원도	강릉시	생활서비스	법무세무회계	16	1	23	30	75	
23	강원도	강릉시	생활서비스	사진	2	2	6	16	31	
24	강원도	강릉시	생활서비스	세탁/가사서비스	35	18	46	54	155	
25	강원도	강릉시	생활서비스	예식/의례/관혼상제	7	0	7	7	12	
26	강원도	강릉시	생활서비스	운송/배달/택배	23	0	14	17	94	
27	강원도	강릉시	생활서비스	이/미용/건강	95	92	160	283	549	
28	강원도	강릉시	생활서비스	인력/고용/용역알선	4	2	22	6	25	
29	강원도	강릉시	생활서비스	자동차/이륜차	0	6	58	139	187	

정렬,틀고정1   틀고정2   ⊕

기준 1   기준 2   기준 3   기준 4

[정렬] 대화상자 더 알아보기

❶ **기준 추가**: 새 기준을 추가합니다.

❷ **기준 삭제**: 선택한 기준을 삭제합니다.

❸ **기준 복사**: 선택한 기준을 복사합니다.

❹ ∧, ∨: 기준 순서를 변경할 수 있습니다.

❺ **옵션**: 영문자의 대소문자를 구분하거나 정렬 방향을 설정할 수 있습니다.

• 대/소문자 구분에 체크 표시하면 소문자 → 대문자의 순서로 정렬합니다.

• 위쪽에서 아래쪽을 선택하면 열을 기준으로 행을 정렬합니다.

• 왼쪽에서 오른쪽을 선택하면 행을 기준으로 열을 정렬합니다.

❻ **내 데이터에 머리글 표시**: 체크 표시하면 열 이름이 정렬 기준이 되고, 체크 표시를 해제하면 열 전체가 정렬 범위로 선택됩니다.

❼ **세로 막대형**: 기준을 설정할 열을 선택할 수 있습니다.

❽ **정렬 기준**: [셀 값], [셀 색], [글꼴 색], [셀 아이콘] 중 하나를 정렬 기준으로 선택할 수 있습니다

❾ **정렬**: 지정한 기준에 맞추어 데이터를 [오름차순], [내림차순]으로 정렬할 수 있습니다. [사용자 지정 목록]을 추가해 정렬하는 방법은 105쪽의 [따라하기]에서 정렬 기준 설정하기, 사용자 지정 목록을 참고하세요.

사용자 지정 목록 추가해 정렬하기

[정렬] 대화상자에서는 기본적으로 'ㄱ~ㅎ', '0~9', 'A~Z' 등의 데이터를 기준으로 정렬할 수 있지만, 사용자가 원하는 정렬 기준을 만들어 데이터를 정렬할 수도 있습니다. 여기서는 '광역시도'의 데이터를 사용자가 지정한 기준에 맞추어 정렬하는 방법에 대해 알아보겠습니다.

1 [정렬,틀고정1] 시트에서 원하는 정렬 기준을 추가하려면 [정렬] 대화상자의 '정렬'에서 [사용자 지정 목록]을 선택하세요.

2 [사용자 지정 목록] 대화상자가 표시되면 원하는 기준을 입력하고 [추가]를 클릭하세요. '목록 항목'에 원하는 기준을 모두 입력했으면 [확인]을 클릭합니다. 목록의 각 항목은 Enter 를 눌러 구분할 수 있습니다.

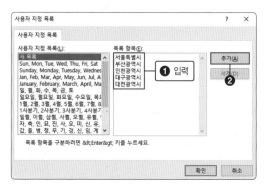
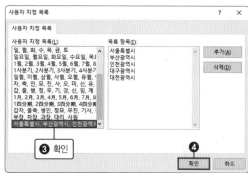

3 [정렬] 대화상자의 '정렬'에서 **2**에서 추가한 목록이 표시되었는지 확인하고 [확인]을 클릭합니다.

4 추가한 정렬 기준에 맞추어 데이터가 정렬되었는지 확인합니다. 이렇게 원하는 정렬 기준 목록을 추가하면 '정렬' 기능을 더욱 효과적으로 사용할 수 있습니다. 이 기능은 실무 활용도가 높으므로 잘 기억해야 합니다.

	A	B	C	D	E	F	G	H	I	J
1	광역시도	시군구	업종대분류	업종중분류	1년미만	1-2년	2-3년	3-5년	5년 이상	
2	서울특별시	강남구	관광/여가/오락	PC/오락/당구/볼링등	15	12	56	250	97	
3	서울특별시	강남구	관광/여가/오락	경마/경륜/성인오락	5	9	7	3	4	
4	서울특별시	강남구	관광/여가/오락	놀이/여가/취미	1	0	5	4	5	
5	서울특별시	강남구	관광/여가/오락	무도/유흥/가무	16	16	30	199	78	
6	서울특별시	강남구	관광/여가/오락	스포츠/운동	0	0	1	1	0	
7	서울특별시	강남구	관광/여가/오락	연극/영화/극장	1	1	39	52	39	
8	서울특별시	강남구	관광/여가/오락	요가/단전/마사지	8	7	30	127	61	
9	서울특별시	강남구	관광/여가/오락	전시/관람	3	2	15	24	20	
10	서울특별시	강남구	부동산	부동산관련서비스	0	0	2	6	110	
11	서울특별시	강남구	부동산	부동산임대	6	5	68	79	168	
12	서울특별시	강남구 [확인]	부동산	부동산중개	68	63	473	368	702	
13	서울특별시	강남구	부동산	분양	1	2	207	44	97	
14	서울특별시	강남구	부동산	평가/개발/관리	13	10	74	250	680	
15	서울특별시	강남구	생활서비스	개인/가정용품수리	25	18	51	95	77	
16	서울특별시	강남구	생활서비스	개인서비스	1	1	32	49	36	
17	서울특별시	강남구	생활서비스	광고/인쇄	8	10	48	61	155	
18	서울특별시	강남구	생활서비스	기타서비스업	20	15	421	194	356	
19	서울특별시	강남구	생활서비스	대중목욕탕/휴게	12	19	13	30	44	
20	서울특별시	강남구	생활서비스	대행업	0	3	29	75	77	
21	서울특별시	강남구	생활서비스	물품기기대여	8	1	33	36	51	
	서울특별시	강남구	생활서비스	법무세무회계	42	66		496		

실습 파일 11 | 정렬

서식으로 정렬하기

엑셀에 데이터를 입력하고 특별한 기준이나 구분을 표시하기 위해 셀 배경 색상이나 글꼴 색상을 적용합니다. 이렇게 설정한 서식을 기준으로 데이터를 정렬할 수도 있습니다.

	A	B	C	D	E	F	G	H	I	J
1	광역시도	시군구	업종대분류	업종중분류	1년미만	1-2년	2-3년	3-5년	5년 이상	
2	서울특별시	강남구	관광/여가/오락	PC/오락/당구/볼링등	15	12	56	250	97	
3	서울특별시	강남구	관광/여가/오락	경마/경륜/성인오락	5	9	7	3	4	
4	서울특별시	강남구	관광/여가/오락	놀이/여가/취미	1	0	5	4	5	
5	서울특별시	강남구	관광/여가/오락	무도/유흥/가무	16	16	30	199	78	
6	서울특별시	강남구	관광/여가/오락	스포츠/운동	0	0	1	1	0	
7	서울특별시	강남구	관광/여가/오락	연극/영화/극장	1	1	39	52	39	
8	서울특별시	강남구	관광/여가/오락	요가/단전/마사지	8	7	30	127	61	
9	서울특별시	강남구	관광/여가/오락	전시/관람	3	2	15	24	20	
10	서울특별시	강남구	부동산	부동산관련서비스	0	0	2	6	110	
11	서울특별시	강남구	부동산	부동산임대	6	5	68	79	168	
12	서울특별시	강남구	부동산	부동산중개	68	63	473	368	702	
13	서울특별시	강남구	부동산	분양	1	2	207	44	97	
14	서울특별시	강남구	부동산	평가/개발/관리	13	10	74	250	680	
15	서울특별시	강남구	생활서비스	개인/가정용품수리	25	18	51	95	77	
16	서울특별시	강남구	생활서비스	개인서비스	1	1	32	49	36	
17	서울특별시	강남구	생활서비스	광고/인쇄	8	10	48	61	155	
18	서울특별시	강남구	생활서비스	기타서비스업	20	15	421	194	356	
19	서울특별시	강남구	생활서비스	대중목욕탕/휴게	12	19	13	30	44	
20	서울특별시	강남구	생활서비스	대행업	0	3	29	75	77	
21	서울특별시	강남구	생활서비스	물품기기대여	8	1	33	36	51	

정렬,틀고정1 | 틀고정2

1 [정렬,틀 고정1] 시트에서 [데이터] 탭-[정렬 및 필터] 그룹-[정렬]을 클릭하면 [정렬] 대화 상자가 표시됩니다. 우선 첫 번째 기준에서 '정렬 기준'은 [셀 색], [주황]을 지정하고 [기준 추가] 를 클릭합니다. 두 번째 기준이 추가되면 '정렬 기준'은 [글꼴 색], [빨강]을 추가하고 [확인]을 클릭합니다.

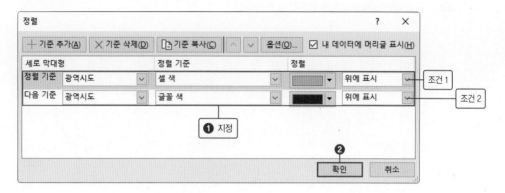

2 지정한 기준에 맞추어 데이터가 정렬됩니다.

틀 고정

엑셀에 데이터를 입력할 때 첫 번째 열/행에 가장 중요한 항목을 입력합니다. 하지만 입력한 데이터가 많아 첫 번째 열/행이 표시되지 않으면 어떤 항목인지 확인할 수 없어 답답할 수 있습니다. 이런 경우에는 '틀 고정' 기능을 사용하면 원하는 열/행이 고정되어 전체 데이터를 편리하게 확인할 수 있습니다.

1 다음의 그림과 같이 입력한 데이터가 많으면 첫 번째 제목 행이 표시되지 않아 어떤 데이터인지 구분할 수 없어서 불편합니다. 이 경우 [정렬,틀 고정1] 시트에서 [보기] 탭-[창] 그룹-[틀 고정]을 클릭하고 [첫 행 고정]을 선택하세요.

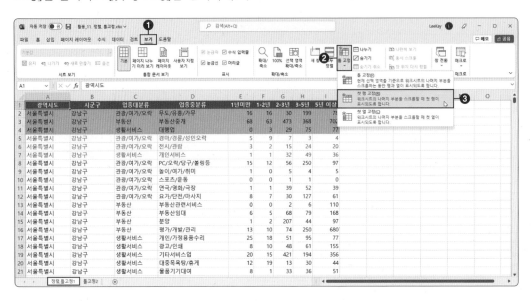

2 첫 번째 행이 항상 화면에 표시되므로 입력한 데이터가 많아도 어떤 항목에 해당하는 데이터인지 확인할 수 있습니다

	A	B	C	D	E	F	G	H	I
1	광역시도	시군구	업종대분류	업종중분류	1년미만	1-2년	2-3년	3-5년	5년 이상
9450	경기도	오산시	생활서비스	물품기기대여	2	1	1	5	25
9451	경기도	오산시	생활서비스	법무	5	0	1	14	30
9452	경기도	오산시	생활서비스	사진	4	0	2	8	9
9453	경기도	오산시	생활서비스	세탁/가사서비스	12	19	12	75	105
9454	경기도	오산시	생활서비스	예식/의례/관혼상제	1	0	0	1	3
9455	경기도	오산시	생활서비스	운송/배달/택배	6	3	6	61	67
9456	경기도	오산시	생활서비스	이/미용/건강	74	75	78	366	155
9457	경기도	오산시	생활서비스	인력/고용/용역알선	4	1	13	14	23
9458	경기도	오산시	생활서비스	자동차/이륜차	3	5	18	139	116
9459	경기도	오산시	생활서비스	장례/묘지	3	1	0	4	10
9460	경기도	오산시	생활서비스	주유소/충전소	0	0	3	24	18
9461	경기도	오산시	생활서비스	주택수리	4	1	7	20	74
9462	경기도	오산시	생활서비스	행사/이벤트	1	0	0	1	4
9463	경기도	오산시	소매	가구소매	3	3	3	36	10
9464	경기도	오산시	소매	가방/신발/액세서리	6	4	11	76	18
			소매	가전제	6	2		24	

3 이번에는 [틀고정2] 시트에서 **[1:6]** 행만 고정해 보겠습니다. 행만 고정할 것이므로 **[A7]** 셀을 선택하고 [보기] 탭–[창] 그룹–[틀 고정]을 클릭한 다음 [틀 고정]을 선택합니다.

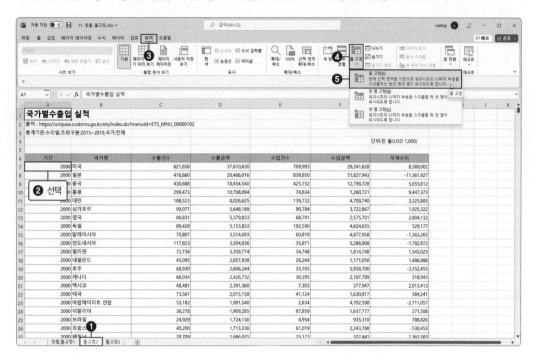

4 행 고정은 복잡하고 어려운 기능이 아니지만 항상 헷갈릴 수 있습니다. 원하는 행이나 여러 행/열을 고정하려면 어떻게 해야 할까요? 이제 이것만 기억하면 됩니다.

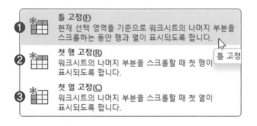

❶ **틀 고정**: 선택한 셀의 위쪽 행과 왼쪽 열 고정

❷ **첫 행 고정**: 선택한 시트의 첫 행 고정

❸ **첫 열 고정**: 선택한 시트의 첫 열 고정

5 화면을 스크롤해 보면 **[1:6]** 행이 화면의 위쪽에 고정된 것을 확인할 수 있습니다.

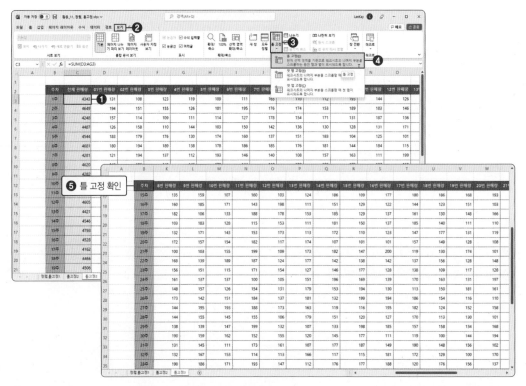

6 이번에는 여러 행과 열을 고정해 보겠습니다. [틀고정3] 시트에서 **[C3]** 셀을 선택하고 [보기] 탭-[창] 그룹-[틀 고정]을 클릭한 다음 [틀 고정]을 선택하면 **[1:2]** 행과 **[A:B]** 열이 틀 고정된 것을 확인할 수 있어요.

⭐ **TIP** ── 틀 고정을 해제하거나 다른 행/열을 고정하려면 [보기] 탭-[창] 그룹-[틀 고정]을 클릭하고 [틀 고정 취소]를 선택한 다음 원하는 행/열을 선택한 상태에서 [틀 고정]을 선택하세요.

SECTION 12 ★

필터, 와일드카드 연산자

'정렬'과 '틀 고정' 기능을 사용하면 전체 데이터를 보기 좋게 설정할 수 있지만, 수많은 데이터 중에서 원하는 데이터만 선택해서 확인할 수는 없습니다. 만약 방대한 데이터에서 원하는 항목만 추출해서 확인하려면 '필터' 기능을 사용해 보세요. 이번에는 실무에서 꼭 필요한 기능 중 하나인 필터에 대해 알아보겠습니다.

〉 깔때기=필터 〈

초등학교 과학시간에 흙탕물을 거름종이가 깔린 깔때기에 걸러 깨끗한 물을 '추출'하는 실험을 해 보았을 것입니다. 엑셀에도 깔때기처럼 원하는 데이터만 깨끗하게 추출하는 '필터'라는 기능이 있습니다. 아이콘도 깔때기 모양이죠. '필터' 기능을 사용하기 전에 '정렬' 기능으로 데이터를 정렬하면 원하는 데이터를 좀 더 쉽게 추출할 수 있어요.

TIP ― 정렬에 대한 자세한 내용은 101쪽을 참고하세요.

∕ **실습 파일 12** | 필터, 와일드카드 연산자

체크 박스 활용해 필터링하기

필터의 가장 기본적인 사용 방법은 체크 박스에서 원하는 항목을 선택하는 것입니다.

1 [Sheet1] 시트에서 데이터 영역에 있는 하나의 셀을 선택하고 [데이터] 탭-[정렬 및 필터] 그룹-[필터]를 클릭하면 제목 행에 필터 버튼(▼)이 표시됩니다. 이제 이 필터 버튼을 클릭하면 필터 기능을 사용할 수 있어요.

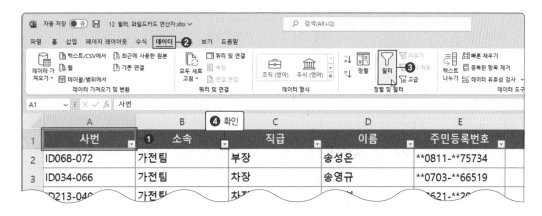

2 '소속' 항목의 필터 버튼(▼)을 클릭하고 [(모두 선택)]의 체크 표시를 해제한 다음 [경영관리팀], [교육팀], [영업팀]에만 체크 표시하고 [확인]을 클릭합니다.

3 체크 표시한 [경영관리팀], [교육팀], [영업팀]에 해당하는 데이터만 표시됩니다. 필터를 적용하면 수많은 데이터 중 원하는 데이터만 추출해서 확인할 수 있는데, 이렇게 원하는 데이터만 추출하는 것을 '필터링(filtering)'이라고 합니다.

	사번	소속	직급	이름	주민등록번호	입사일	연봉
11	ID647-073	경영관리팀	부장	김경수	**1216-**60150	2014-05-23	77,000,000
12	ID066-030	경영관리팀	과장	이용환	**0908-**06376	2018-05-18	57,000,000
13	ID428-059	경영관리팀	대리	서정석	**1105-**24403	2012-05-12	48,000,000
14	ID542-050	경영관리팀	대리	정은우	**0322-**53434	2010-01-25	45,000,000
15	ID917-003	경영관리팀	대리	진상철	**0904-**01789	2012-12-14	42,000,000
22	ID521-049	교육팀	차장	황선호	**0620-**48133	2009-12-31	63,000,000
23	ID993-041	교육팀	과장	이관호	**1005-**61816	2020-06-08	53,000,000
24	ID863-014	교육팀	대리	이철성	**1123-**47858	2015-04-15	48,000,000
25	ID071-027	교육팀	사원	배도명	**0317-**22144	2017-12-26	32,000,000
26	ID472-071	교육팀	사원	안명선	**1112-**20432	2014-01-27	31,000,000
35	ID074-064	영업팀	부장	심준영	**0202-**78978	2012-12-30	79,000,000
36	ID077-055	영업팀	부장	진은미	**1206-**48256	2011-05-18	71,000,000
37	ID059-046	영업팀	과장	권명원	**1003-**52498	2009-09-26	55,000,000
38	ID152-015	영업팀	과장	오범균	**0213-**99313	2015-12-12	51,000,000
39	ID608-013	영업팀	대리	구미래	**0505-**60271	2015-02-02	46,000,000
40	ID674-072	영업팀	대리	오범균	**0118-**37551	2014-02-27	48,000,000
41	ID527-048	영업팀	대리	유정미	**1205-**19284	2009-10-27	43,000,000
42	ID293-063	영업팀	사원	서동일	**0905-**71834	2012-10-26	32,000,000

4 이와 같은 방법으로 '직급' 항목에서 [대리]만 필터링해 보세요.

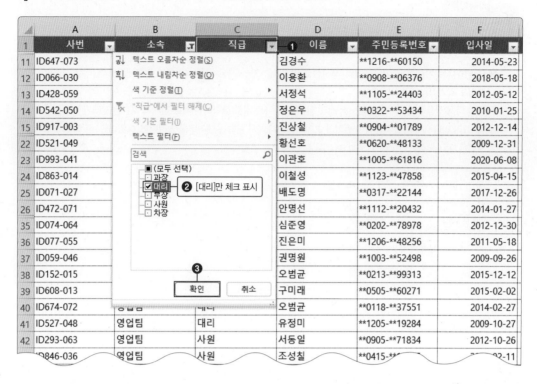

5 몇 번의 클릭만으로 '소속'이 [경영관리팀], [교육팀], [영업팀]이고 '직급'이 [대리]인 데이터만 필터링할 수 있습니다.

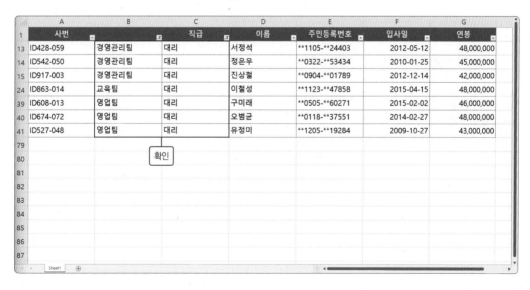

전문가의 조언 적용된 필터를 초기화하는 방법

데이터를 필터링하면 원하는 데이터만 확인할 수 있지만, 다른 데이터를 필터링하려면 어떻게 해야 할까요? 각 행의 필터를 일일이 초기화하는 것은 매우 비효율적이겠죠? 이번에는 필터를 간단히 초기화하는 두 가지 방법을 소개합니다.

❶ [필터]-[지우기] 클릭하기: [데이터] 탭-[정렬 및 필터] 그룹-[지우기]를 클릭하면 전체 필터와 필터로 설정한 정렬도 초기화됩니다.

❷ 필터 다시 적용하기: [데이터] 탭-[정렬 및 필터] 그룹-[필터]를 클릭하면 시트 전체에 지정된 필터가 해제됩니다. 그리고 다시 필터를 적용하면 필터가 초기화된 상태에서 원하는 데이터를 필터링할 수 있어요. 좀 더 간단한 방법은 필터 단축키인 [Ctrl]+[Shift]+[L]을 두 번 누르는 것입니다.

따라 하기

실습 파일 12 | 필터, 와일드카드 연산자

텍스트 단어 입력하기

필터 버튼(▼)을 클릭하면 표시되는 드롭다운 메뉴에서 원하는 데이터에 체크 표시하면 해당 행의 데이터 중 원하는 데이터만 필터링할 수 있습니다. 하지만 필터링할 행의 데이터가 많으면 한 화면에 모든 데이터가 표시되지 않으므로 전체 데이터 중 원하는 항목을 하나씩 선택하는 방법은 비효율적일 수 있습니다. 이 경우 필터 검색 입력 상자에 원하는 항목을 직접 입력해서 필터링할 수 있어요.

1 [Sheet1] 시트에서 필터가 적용된 상태에서 '소속' 항목의 필터 버튼(▼)을 클릭합니다. 필터 드롭다운 메뉴가 표시되면 필터 검색 입력 상자에 **'홍보'**를 입력하고 [확인]을 클릭합니다.

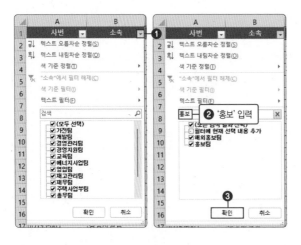

114

2 '소속' 행의 데이터 중 '홍보'라는 단어가 포함된 데이터만 필터링되었습니다.

3 이와 같은 방법으로 '사번' 행의 필터 검색 입력 상자에 **'ID4'**를 입력해서 필터링해 보세요. 수많은 사번 데이터 중 'ID4'가 포함된 사번만 필터링해서 확인할 수 있습니다.

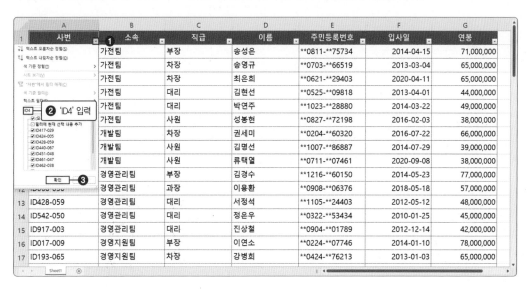

와일드카드 활용하기

필터 검색 입력 상자에 원하는 항목을 입력하여 검색하면 간단하게 원하는 데이터만 필터링할 수 있지만, 일일이 기억할 수 없을 만큼 방대한 데이터라면 어떻게 해야 할까요? 이 경우에는 와일드카드 연산자를 활용해 보세요. 와일드카드의 연산자는 *, ?의 두 가지로, 다음과 같은 의미를 가집니다.

- *: 모든 것

- ?: 자릿수

필터를 초기화한 후 이름 행의 필터 검색 입력 상자에 '신'을 입력해 필터링하면 이름에 '신'이 포함되는 모든 항목이 표시됩니다. 이때 '신*'을 입력하면 '신'으로 시작하는 모든 데이터가 표시됩니다.

▲ '신'을 입력한 경우

▲ '신*'을 입력한 경우

'신?' 또는 '신??'라고 입력하면 성이 '신'인 항목 중 입력한 '?'의 개수에 따라 필터링 결과가 달라집니다.

▲ '신?'를 입력한 경우

▲ '신??'를 입력한 경우

▲ '??신'을 입력한 경우

데이터 중 와일드카드 연산자인 *, ?가 포함되어 있으면 ~ 연산자로 와일드카드 기능을 해제할 수 있습니다. 오른쪽 그림과 같이 주민등록번호에 '**9'가 포함된 데이터를 필터링하려면 필터 검색 입력 상자에 '~'를 포함시켜 '~**9'라고 검색하면 됩니다. 와일드카드 연산자는 필터뿐만 아니라 함수, 수식, 조건부 서식, 찾아 바꾸기 등의 기능에도 활용할 수 있으므로 와일드카드 연산자에 대해 확실하게 이해해야 합니다.

▲ '~**9'를 입력한 경우

숫자, 날짜, 색상 필터

데이터 유형이 숫자/날짜 형식이면 숫자/날짜 형식의 필터를 적용할 수 있습니다.

1 [Sheet1] 시트에서 필터를 설정하고 '연봉' 항목의 필터 버튼(▼)을 클릭한 다음 [숫자 필터]-[크거나 같음]을 선택합니다.

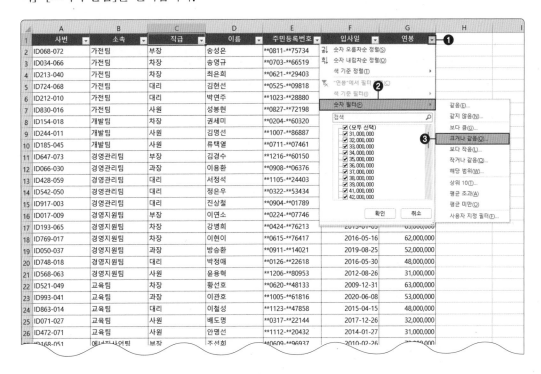

2 [사용자 지정 자동 필터] 대화상자가 표시되면 '**70000000**'을 입력하고 [확인]을 클릭합니다.

3 연봉이 7천만 원이거나 7천만 원 이상인 데이터만 필터링됐습니다.

	A 사번	B 소속	C 직급	D 이름	E 주민등록번호	F 입사일	G 연봉
2	ID068-072	가전팀	부장	송성은	**0811-**75734	2014-04-15	71,000,000
11	ID647-073	경영관리팀	부장	김경수	**1216-**60150	2014-05-23	77,000,000
16	ID017-009	경영지원팀	부장	이연소	**0224-**07746	2014-01-10	78,000,000
27	ID168-051	에너지사업팀	부장	조선희	**0609-**96937	2010-02-26	72,000,000
35	ID074-064	영업팀	부장	심준영	**0202-**78978	2012-12-30	79,000,000
36	ID077-055	영업팀	부장	진은미	**1206-**48256	20 확인 18	71,000,000
63	ID304-008	총무팀	부장	박순란	**0816-**48326	20 03	75,000,000
68	ID893-070	해외홍보팀	부장	장경희	**1017-**54061	2013-12-19	78,000,000
69	ID461-047	해외홍보팀	부장	정미숙	**0418-**56977	2009-10-24	71,000,000
71	ID739-026	홍보팀	부장	김우석	**0408-**17831	2017-06-11	72,000,000
72	ID451-048	홍보팀	부장	서한범	**0307-**65145	2009-12-03	78,000,000
73	ID424-005	홍보팀	부장	진명섭	**0421-**59156	2013-04-23	73,000,000

4 필터 드롭다운 메뉴의 숫자 필터를 활용하면 더욱 다양한 조건으로 데이터를 필터링할 수 있습니다. 이번에는 연봉이 상위 TOP 3인 데이터만 확인하기 위해 '연봉' 항목의 필터 버튼(▼)을 클릭하고 [숫자 필터]-[상위 10]을 선택합니다.

5 [상위 10 자동 필터] 대화상자가 표시되면 '표시'에서 [상위], [3], [항목]을 지정하고 [확인]을 클릭합니다.

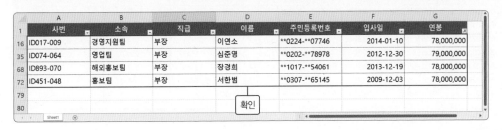

6 연봉이 상위 TOP 3인 데이터만 표시됩니다. 표시할 데이터를 '3'으로 지정했지만, '이연소', '장경희', '서한범'의 연봉이 같기 때문에 결과적으로 네 개의 데이터가 표시됩니다.

	A	B	C	D	E	F	G
	사번	소속	직급	이름	주민등록번호	입사일	연봉
16	ID017-009	경영지원팀	부장	이연소	**0224-**07746	2014-01-10	78,000,000
35	ID074-064	영업팀	부장	심준영	**0202-**78978	2012-12-30	79,000,000
68	ID893-070	해외홍보팀	부장	장경희	**1017-**54061	2013-12-19	78,000,000
72	ID451-048	홍보팀	부장	서한범	**0307-**65145	2009-12-03	78,000,000
79							
80				확인			

7 날짜 유형의 데이터이면 필터 드롭다운 메뉴에 [날짜 필터]가 표시됩니다. '입사일' 항목의 필터 버튼(▼)을 클릭하고 [날짜 필터]를 선택하면 날짜를 기준으로 필터링할 수 있습니다. 다양한 날짜 필터 중 실무에 유용한 필터는 [해당 기간의 모든 날짜]인데, 이것을 선택하면 데이터를 분기별, 원하는 월로 필터링할 수 있습니다. [날짜 필터]-[해당 기간의 모든 날짜]-[1분기]를 선택하세요.

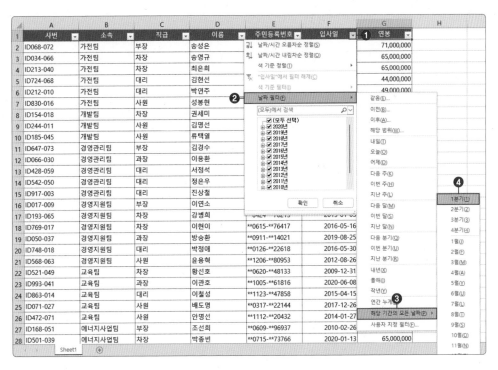

8 전체 데이터 중 1분기(1~3월)에 해당하는 데이터만 필터링된 것을 확인할 수 있습니다.

	A	B	C	D	E	F	G
1	사번	소속	직급	이름	주민등록번호	입사일	연봉
3	ID034-066	가전팀	차장	송영규	**0703-**66519	2013-03-04	65,000,000
6	ID212-010	가전팀	대리	박연주	**1023-**28880	2014-03-22	49,000,000
7	ID830-016	가전팀	사원	성봉현	**0827-**72198	2016-02-03	38,000,000
14	ID542-050	경영관리팀	대리	정은우	**0322-**53434	2010-01-25	45,000,000
16	ID017-009	경영지원팀	부장	이연소	**0224-**07746	2014-01-10	78,000,000
17	ID193-065	경영지원팀	차장	강병희	**0424-**76213	2013-01-03	65,000,000
26	ID472-071	교육팀	사원	안명선	**1112-**20432	2014-01-27	31,000,000
27	ID168-051	에너지사업팀	부장	조선희	**0609-*	2010-02-26	72,000,000
28	ID501-039	에너지사업팀	차장	박종빈	**0715-*	2020-01-13	65,000,000
33	ID075-009	에너지사업팀	대리	도용호	**0803-**32285	2014-02-02	49,000,000
39	ID608-013	영업팀	대리	구미래	**0505-**60271	2015-02-02	46,000,000
40	ID674-072	영업팀	대리	오범균	**0118-**37551	2014-02-27	48,000,000
43	ID846-036	영업팀	사원	조성칠	**0415-**11845	2019-02-11	35,000,000
45	ID577-024	재고관리팀	과장	신두식	**0809-**12268	2017-01-22	51,000,000
48	ID417-029	재고관리팀	대리	도경환	**1208-**86966	2018-01-27	42,000,000
49	ID465-054	재고관리팀	대리	안세윤	**0904-**27847	2011-03-19	43,000,000

확인

Sheet1

◆ **TIP** ─ 이 밖에도 서식이 적용되어 있으면 필터 드롭다운 메뉴에 [색 기준 정렬], [색 기준 필터]가 표시되므로 서식이 지정된 데이터만 필터링할 수 있습니다.

SECTION 13

'붙여넣기 옵션' 활용하기

엑셀 작업 중 정해진 디자인 서식을 매번 적용하는 것은 생각보다 귀찮은 작업입니다. 게다가 '붙여넣기' 기능을 사용할 경우 기존 서식에 영향을 미치기 때문에 변경된 디자인 서식을 다시 수정하는 것도 굉장히 번거롭죠. 하지만 '붙여넣기 옵션'을 활용하면 이런 불편함을 해결할 수 있습니다.

〉 엑셀에 붙여넣기의 종류는 매우 많습니다 〈

Ctrl + C 를 눌러 셀을 복사하고 붙여넣을 셀에서 마우스 오른쪽 버튼을 클릭하면 다양한 붙여 넣기 기능이 표시됩니다. 그리고 [선택하여 붙여넣기]를 클릭하면 더 많은 기능이 표시됩니다. 이번에는 [선택하여 붙여넣기] 대화상자에 표시되는 다양한 붙여넣기 기능을 활용하는 방법에 대해 알아보겠습니다.

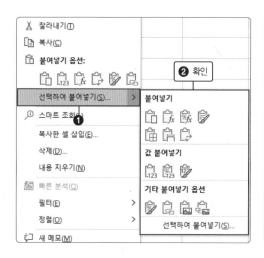

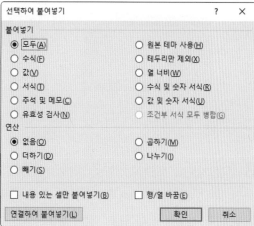

다양한 붙여넣기 실습 ① 붙여넣기

가장 기본적인 붙여넣기 기능에 대해 알아보겠습니다.

1 [Sheet1] 시트에서 **[B3]** 셀을 선택하고 Ctrl + A 와 Ctrl + C 를 차례로 눌러 전체 데이터 영역을 복사합니다.

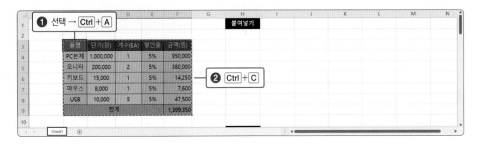

2 **[H3]** 셀에서 마우스 오른쪽 버튼을 클릭하고 '붙여넣기 옵션'에서 [붙여넣기]( )를 클릭합니다.

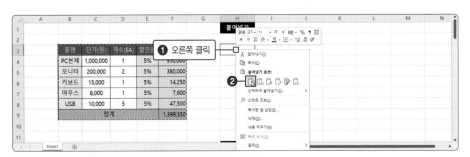

3 Ctrl + V 를 눌러 붙여넣은 것처럼 복사한 내용이 그대로 표시됩니다. 이렇게 붙여넣기를 하면 셀 값, 셀 서식, 수식 및 함수 등 모든 내용이 붙여넣기가 되고, 셀 참조는 자동 채우기로 채웠을 때 설정한 상대 참조, 절대 참조, 혼합 참조에 따라 달라집니다. 이 방법은 간편하지만 특정 값만 복사할 때, 셀 서식만 복사할 때, 수식/함수만 복사할 때 등 특정 상황에서는 오히려 불편하므로 이 경우에는 '선택하여 붙여넣기' 기능을 활용해 보세요.

다양한 붙여넣기 실습 ② 값

서식이나 수식, 함수를 제외한 값만 붙여넣을 수 있습니다.

1 [Sheet1] 시트에서 **[B14]** 셀을 선택하고 Ctrl + A 와 Ctrl + C 를 차례대로 눌러 전체 데이터 영역을 복사합니다.

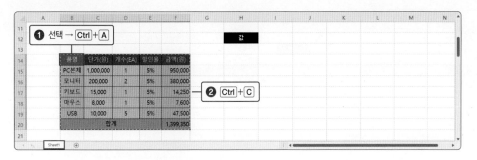

2 **[H14]** 셀에서 마우스 오른쪽 버튼을 클릭하고 '붙여넣기 옵션'에서 [값](🗒)을 클릭합니다.

3 복사한 데이터 영역의 값만 붙여넣기가 실행됩니다. 이때 데이터 표시 형식이 붙여넣을 셀의 표시 형식에 따라 표현됩니다. '붙여넣기 옵션'의 [값](🗒)은 붙여넣기를 실행한 영역의 셀 서식을 유지한 상태에서 값을 붙여넣거나 셀 참조, 수식, 함수를 제외하고 데이터 값만 붙여넣을 때 활용해 보세요.

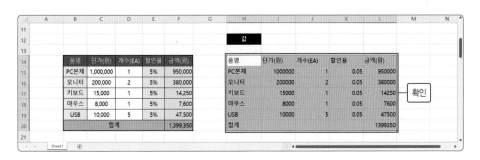

다양한 붙여넣기 실습 ③ 수식

함수와 수식을 붙여넣을 수 있습니다.

1 [Sheet1] 시트에서 **[L26]** 셀을 선택하고 수식 입력줄을 살펴보면 수식이나 함수 없이 숫자 값만 입력된 것을 확인할 수 있습니다.

2 **[F26:F31]** 영역을 드래그해 선택하고 Ctrl + C 를 눌러 복사합니다.

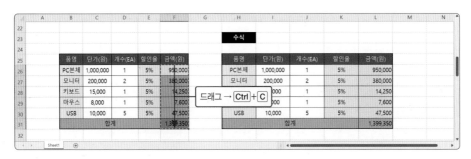

3 **[L26]** 셀에서 마우스 오른쪽 버튼을 클릭하고 '붙여넣기 옵션'에서 [수식](📋)을 클릭합니다.

4 다시 **[L26]** 셀을 선택하고 수식 입력줄을 살펴보면 수식으로 값이 계산된 것을 확인할 수 있어요. '붙여넣기 옵션'의 [수식]([이미지])은 특정 수식이나 함수를 동일하게 적용하고 싶을 때 자주 활용하는 기능입니다.

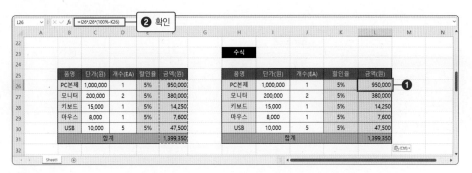

✎ **실습 파일 13** | 붙여넣기 옵션의 활용

다양한 붙여넣기 실습 ④ 행/열 바꿈

행 또는 열의 위치를 바꿔 붙여넣을 수 있습니다.

1 [Sheet1] 시트에서 **[B37:B41]** 영역을 드래그해 선택하고 Ctrl + C 를 눌러 복사합니다.

2 **[H36]** 셀에서 마우스 오른쪽 버튼을 클릭하고 '붙여넣기 옵션'에서 [행/열 바꿈]([이미지])을 클릭합니다.

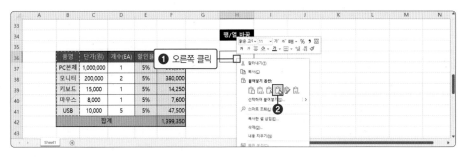

💠 **TIP** — [행/열 바꿈]은 엑셀 2013 이하 버전에서는 [바꾸기]로 표시됩니다. 버전에 따라 명칭만 다르고 기능은 같습니다.

3 행을 기준으로 입력된 품명이 열을 기준으로 붙여넣기된 것을 확인할 수 있습니다. [행/열 바꿈]은 행으로 입력된 데이터는 열로, 또는 열로 입력된 데이터는 행으로 변경할 때 유용하게 활용할 수 있어요.

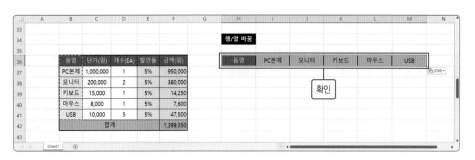

✒ **실습 파일 13** | 붙여넣기 옵션의 활용

다양한 붙여넣기 실습 ⑤ 서식

디자인 서식만 붙여넣을 수 있습니다.

1 [Sheet1] 시트에서 **[L48]** 셀을 선택하면 수식은 적용되어 있지만, 셀 색과 테두리, 색 채우기, 표시 형식 등의 셀 서식은 적용되어 있지 않은 상태입니다.

2 **[B47]** 셀을 선택하고 Ctrl + A 와 Ctrl + C 를 차례대로 눌러 전체 데이터 영역을 복사합니다.

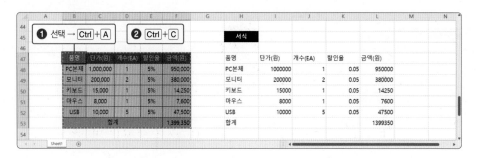

3 **[H47]** 셀에서 마우스 오른쪽 버튼을 클릭하고 '붙여넣기 옵션'에서 [서식](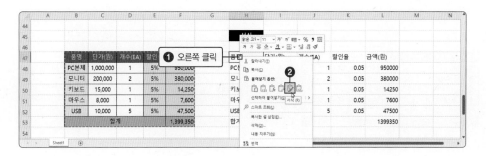)을 클릭합니다.

4 복사한 영역의 셀 색, 테두리, 색 채우기, 표시 형식 등의 셀 서식이 모두 적용됩니다. 이때 **[L48]** 셀에는 수식이 적용되지 않는데, 이렇게 기존 셀 값은 유지하면서 셀 서식을 빠르게 적용할 때 '붙여넣기 옵션'의 [서식]()은 매우 유용합니다. 또한 빈 셀에 새로운 데이터나 수식/함수를 입력하고 기존 서식과 같은 서식을 적용할 때도 편리하게 활용할 수 있어요.

✎ **실습 파일 13** | 붙여넣기 옵션의 활용

다양한 붙여넣기 실습 ⑥ 연결하여 붙여넣기

원본 데이터의 값을 셀 참조해 붙여넣을 수 있습니다.

1 [Sheet1] 시트에서 **[B58]** 셀을 선택하고 Ctrl + A 와 Ctrl + C 를 차례대로 눌러 전체 데이터 영역을 복사합니다.

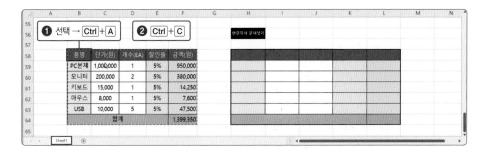

2 **[H58]** 셀에서 마우스 오른쪽 버튼을 클릭하고 '붙여넣기 옵션'에서 [연결하여 붙여넣기](🔗)를 클릭합니다.

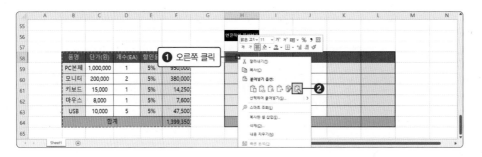

3 **[H58]** 셀을 선택하고 수식 입력줄을 확인하면 모든 값이 셀 참조로 붙여넣기된 것을 확인할 수 있습니다. [연결하여 붙여넣기]는 특정 범위의 셀 값을 참조할 때 유용하게 활용할 수 있습니다.

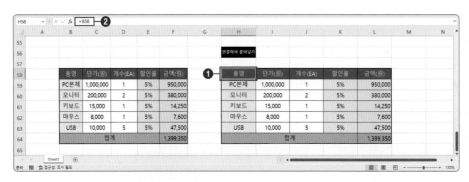

⭐ **TIP** — 셀 참조에 대한 자세한 내용은 142쪽을 참고하세요.

전문가의 조언 **[선택하여 붙여넣기] 대화상자**

'붙여넣기 옵션' 중 [선택하여 붙여넣기]를 선택하면 [선택하여 붙여넣기] 대화상자가 표시되므로 더 많은 '붙여넣기' 기능을 사용할 수 있습니다. 특히 '연산'에 표시되는 옵션은 숫자 데이터를 복사한 다음 곱하기, 더하기, 나누기, 빼기 등의 사칙연산을 적용해 계산된 값을 붙여넣을 수 있는 기능입니다. '연산'이 활용된 사례는 138쪽을 참고하세요.

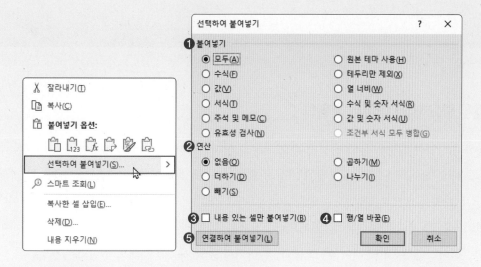

❶ **붙여넣기**

· 모두: 모든 셀 내용과 셀 서식을 모두 붙여넣기합니다.

· 수식: 수식만 붙여넣기합니다.

· 값: 셀에 표시된 값만 붙여넣기합니다.

· 서식: 셀 서식(글꼴, 정렬, 셀 색, 테두리, 표시 형식 등)만 붙여넣기합니다.

· 주석 및 메모: 주석과 메모만 붙여넣기합니다.

· 유효성 검사: 값을 제외한 데이터 유효성 검사 항목만 붙여넣기합니다.

· 원본 테마 사용: 엑셀 문서 기본 테마 서식으로 셀 내용을 붙여넣기하지만, 실무 활용도가 낮은 기능입니다.

· 테두리만 제외: 테두리를 제외한 모든 셀 내용과 셀 서식 모두를 붙여넣기하지만, 실무 활용도가 낮은 기능입니다.

· 열 너비: 복사한 열의 너비로 변경해 붙여넣기합니다.

· 수식 및 숫자 서식: 수식과 모든 숫자 서식 옵션만 붙여넣기하지만, 실무 활용도가 낮은 기능입니다.

· 값 및 숫자 서식: 값 및 모든 숫자 서식 옵션만 붙여넣기하지만, 실무 활용도가 낮은 기능입니다.

· 조건부 서식 모두 병합: 복사한 셀과 붙여넣을 셀에 모두 조건부 서식이 있는 경우 양쪽 서식을 모두 병합하여 조건부 서식을 유지합니다.

❷ **연산**

· 없음: 붙여넣기의 기본값으로, 붙여넣기에 연산을 적용하지 않습니다.

· 곱하기, 더하기, 나누기, 빼기: 복사한 셀의 값으로 해당 연산된 값을 붙여넣기합니다.

❸ **내용 있는 셀만 붙여넣기**: 복사 영역에 데이터가 없을 경우 붙여넣기할 영역에 공백 데이터를 붙여넣기하지 않고 내용이 있는 셀만 붙여넣기합니다. 하지만 실무 활용도가 낮은 기능입니다.

❹ **행/열 바꿈**: 행/열을 바꾸어 붙여넣기합니다.

❺ **연결하여 붙여넣기**: 셀 참조로 붙여넣기합니다.

SECTION 14

데이터 유효성 검사 활용한 데이터 정형화 스킬

엑셀의 다양한 기능을 제대로 구현하려면 정형화된 데이터의 집합인 데이터베이스가 구성되어 있어야 합니다.
이번에는 올바른 데이터베이스 구축에 필수 기능인 '유효성 검사'에 대해 알아보겠습니다.

⟩ 매우 중요해요! 데이터 정형화 ⟨

지금까지 다양한 실습을 통해 엑셀의 주요 기능을 살펴보았지만, 이런 기능을 제대로 구현할 수 있는 형태로 데이터를 입력하는 것이 가장 중요합니다. 엑셀 데이터는 '텍스트', '숫자', '논리'와 같이 세 가지 유형으로 구분할 수 있습니다. 그리고 각 데이터가 유형에 맞게 입력되어 있어야 엑셀의 기능을 제대로 구현할 수 있어요. 즉 날짜와 시간 데이터를 입력 방법에 맞게 입력해야 '정렬', '필터', '함수', '피벗 테이블', '그룹화', 슬라이서 등의 기능이 제대로 구현되는 것입니다.

만약 데이터 유형의 중요성에 대해 모르는 다른 사용자가 입력한 데이터를 가공해야 한다면 어떻게 해야 할까요? 일일이 데이터 유형에 대해 설명할 수도 없는 상황에서 유용한 기능이 바로 '데이터 유효성 검사'입니다. '데이터 유효성 검사'는 사용자가 미리 설정한 대로 데이터를 입력할 수 있도록 돕는 기능으로, [데이터 도구] 탭-[데이터] 그룹-[데이터 유효성 검사]를 클릭하면 사용할 수 있습니다.

[데이터 유효성] 대화상자가 표시되면 [설정] 탭에서 '제한 대상'의 항목 중 원하는 항목을 선택해 보세요. 그러면 미리 지정한 형식에 맞지 않는 데이터가 입력되는 것을 제한할 수 있습니다.

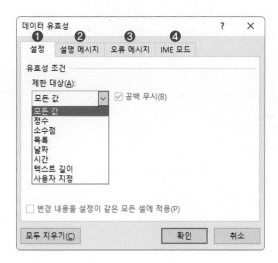

❶ **[설정] 탭**: 유효성 조건을 설정합니다.

- **모든 값**: 기본값으로, 입력값을 제한하지 않습니다.

- **정수**: 특정 범위의 숫자만 입력되도록 제한합니다.

- **소수점**: 특정 범위의 소수점 자릿수만 입력되도록 제한합니다.

- **목록**: 특정 범위 또는 특정 값만 입력되도록 제한합니다.

- **날짜**: 특정 날짜 사이의 값만 입력되도록 제한합니다.

- **시간**: 특정 시간대의 값만 입력되도록 제한합니다.

- **텍스트 길이**: 특정 길이의 텍스트만 입력되도록 제한합니다.

- **사용자 지정**: 수식을 활용하여 입력할 수 있도록 제한합니다.

❷ **[설명 메시지] 탭**: 유효성 검사가 적용된 셀에 표시할 안내 메시지를 설정합니다. 안내 메시지는 유효성 검사가 적용된 셀에 마우스 커서를 올리면 표시됩니다.

❸ **[오류 메시지] 탭**: 사용자가 설정하지 않은 유형의 데이터가 입력되었을 때 표시할 오류 메시지를 설정합니다.

❹ **[IME 모드] 탭**: 유효성 검사가 적용된 셀의 기본 입력기를 설정합니다. '영문'으로 설정하면 한글 모드에서 입력해도 영문이 입력됩니다.

목록 활용해 데이터 입력 제한하기

'데이터 유효성 검사'는 사용자가 설정한 항목 이외의 입력을 제한하는 기능입니다. 이번에는 '데이터 유효성 검사' 기능으로 사용자가 설정한 항목만 입력할 수 있도록 목록을 삽입하는 방법에 대해 알아보겠습니다.

1 [데이터 유효성 검사] 시트에서 **[D]** 열을 선택하고 [데이터] 탭-[데이터 도구] 그룹-[데이터 유효성 검사]를 클릭합니다.

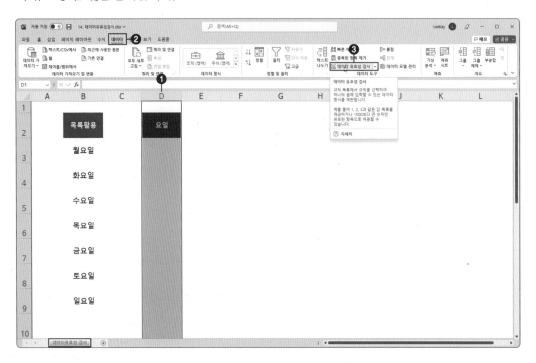

2 [데이터 유효성] 대화상자가 표시되면 [설정] 탭의 '제한 대상'에서 [목록]을 선택합니다. '원본' 입력 상자를 클릭해 커서를 올려놓고 요일 데이터가 입력된 **[B3:B9]** 영역을 드래그해 선택한 다음 [확인]을 클릭하세요.

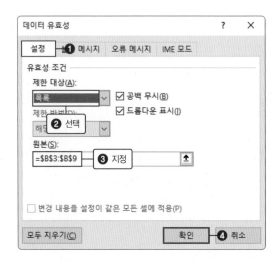

3 [D] 열에 있는 하나의 셀을 선택하면 목록 버튼(▼)이 표시되는데, 목록 버튼 (▼) 을 클릭하면 원본 범위([B3: B9]) 의 데이터가 목록으로 표시됩니다. 목록 의 데이터를 직접 입력할 수도 있지만, 목록에서 원하는 데이터를 선택하면 해 당 데이터가 입력됩니다.

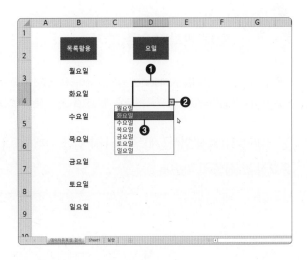

4 [B3:B9] 영역의 원본 범위에 없는 데이터를 입력하면 오른쪽 그림과 같은 오류 메시지가 출력되어 다른 데이터를 입력할 수 없습니다.

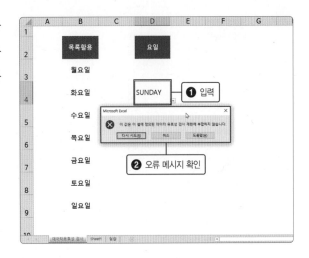

5 원본 범위에 원하는 데이터(항목)를 직접 추가할 수도 있어요. [데이터 유효성] 대화상 자의 [설정] 탭에서 '원본' 입력 상자에 항목 을 직접 입력하면 됩니다. 만약 여러 항목을 추가하려면 각 항목을 쉼표(,)로 구분해야 합 니다.

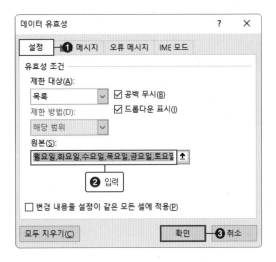

오류 메시지 입력하기

'데이터 유효성 검사' 기능을 이용하면 원하는 데이터만 입력해 데이터를 정형화할 수 있습니다. 이번에는 정형화되지 않은 데이터가 입력되었을 때 원하는 오류 메시지를 표시하는 방법을 알아보겠습니다.

1 [데이터유효성 검사] 시트에서 **[D]** 열을 선택하고 [데이터] 탭–[데이터 도구] 그룹–[데이터 유효성 검사]를 클릭합니다.

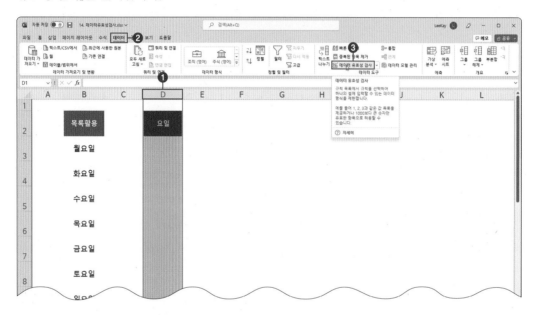

2 [데이터 유효성] 대화상자가 표시되면 [오류 메시지] 탭을 선택합니다. '스타일'에서는 오류 메시지 창에 표시할 아이콘을 선택할 수 있고 '제목'과 '오류 메시지'에서는 오류 메시지 창의 제목과 메시지를 입력할 수 있습니다. 각 항목에 원하는 내용을 입력하고 [확인]을 클릭하세요.

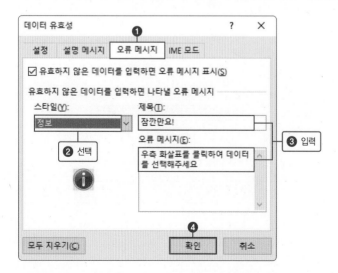

3 유형에 맞지 않는 데이터를 입력하면 [오류 메시지] 탭에서 설정한 대로 오류 메시지가 표시됩니다.

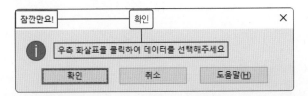

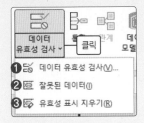

'데이터 유효성 검사'의 추가 메뉴 살펴보기

[데이터] 탭-[데이터 도구] 그룹-[데이터 유효성 검사]를 클릭하면 [데이터 유효성] 대화상자가 표시됩니다. 그리고 [데이터 유효성 검사]의 아래쪽에 있는 데이터 유효성 검사 ᴗ 를 클릭하면 추가 메뉴가 표시되므로 더 많은 항목을 선택할 수 있습니다.

❶ 데이터 유효성 검사: [데이터 유효성] 대화상자를 표시합니다.

❷ 잘못된 데이터: 기존 입력된 데이터에 데이터 유효성 검사를 적용할 경우 유효하지 않는 데이터에 빨간색 동그라미를 표시해 유효하지 않은 데이터를 곧바로 확인할 수 있습니다.

❸ 유효성 표시 지우기: [잘못된 데이터]를 활성화해 표시된 빨간색 동그라미를 지울 수 있습니다.

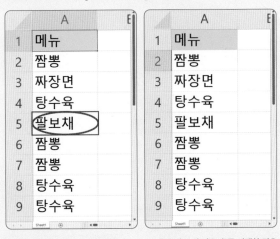

▲ [잘못된 데이터]를 선택한 경우　　▲ [유효성 표시 지우기]를 선택한 경우

CHAPTER 4

생존 엑셀을 위한
데이터 관리의 기술

엑셀의 수식이나 함수를 활용해 업무를 자동화하려면 연산자와 셀 참조를 이해해야 합니다.

지금까지 데이터베이스의 새 데이터 때문에 매번 수식이나 함수를 수정했다면 이 챕터에 업무

자동화의 해답이 있습니다. 매번 업데이트되는 동적 데이터 관리 방법에 대해 알아보겠습니다.

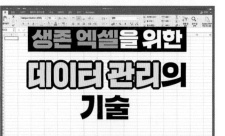

생존 엑셀을 위한
데이터 관리의
기술

셀 참조 –
상대 참조, 혼합 참조,
절대 참조

구조적 참조 활용해
자동 반응형 보고서 작성하기

연산자의 종류와 활용

엑셀의 수식과 함수를 제대로 잘 활용하면 업무의 효율성을 극대화하고 자동화까지 쉽게 구현할 수 있어요. 이렇게 수식과 함수를 자유자재로 활용하려면 연산자의 종류와 활용법을 정확히 알고 있어야 합니다. 이번에는 수식과 함수를 제대로 사용하기 위한 기본기를 다져보겠습니다.

> 연산자의 종류 <

엑셀 연산자는 데이터 유형과 같이 굉장히 많을 것 같지만, 사실 종류가 많지 않습니다. 수식과 함수까지 연계되는 각 유형별 연산자는 산술 연산자, 비교 연산자, 연결 연산자, 참조 연산자와 같이 모두 네 가지입니다. 그렇다면 연산자란 무엇일까요? 연산자의 사전적인 의미는 '프로그램을 짤 때 변수나 값의 연산을 위해 사용하는 부호'인데, 엑셀에서는 여러 연산자를 활용해 수식이나 함수를 직접 완성할 수 있습니다. 자, 그러면 실무 엑셀에 활용하기 위해서 각 연산자의 사용법을 알아보겠습니다.

수식에 연산자를 활용한 예제

워드	파워포인트	엑셀	합계	평균
45	58	55	158	=(C3+D3+E3)/3

▲ 덧셈(+), 나눗셈(/) 산술 연산자를 활용해 평균을 구하는 수식

IF 함수에 연산자를 활용한 예제

평균	합격여부 (80점 이상)
52.7	=IF(G3>=80,"합격","")

▲ >= 비교 연산자를 활용한 함수

＞ 산술 연산자의 결괏값은 숫자입니다 ＜

엑셀에서 덧셈, 뺄셈, 곱셈, 나눗셈 등의 사칙연산 결괏값은 항상 숫자입니다. 산술 연산자는 이러한 사칙연산이라고 이해하면 됩니다. 그래서 계산과 관련된 수식을 사용할 때는 산술 연산자를 중심으로 활용할 수 있어요. 이때 키보드에 없는 연산자는 곱셈의 경우에는 ［*］를, 나눗셈은 ［/］를, 거듭제곱은 ［^］을 활용하면 됩니다.

산술 연산자	비고	입력값	결괏값
+	덧셈	=10+5	15
-	뺄셈	=10-5	5
*	곱셈	=10*5	50
/	나눗셈	=10/5	2
^	거듭제곱	=10^5	100000

＞ 비교 연산자의 결괏값은 논리값입니다 ＜

산술 연산의 결괏값은 숫자이지만, 비교 연산자의 결과는 논리값입니다. 즉 '크다(〉)', '작다(〈)', '같다(=)' 등의 비교에 대한 결괏값을 '참(TRUE)'과 '거짓(FALSE)'으로 출력하는 것이죠. 그래서 숫자를 계산하는 산술 연산자와는 달리 논리값을 활용하는 IF 함수, SUMIF 함수, COUNTIF 함수, VLOOKUP 함수와 같은 함수나 조건부 서식의 수식 등에 활용됩니다. 일반 비교 연산자는 흔히 보았던 연산자이지만, 다르다는 〈〉를 사용합니다. 이때 비교 연산자의 결괏값은 논리값으로 출력된다는 것이 가장 중요합니다.

비교 연산자	비고	입력값	결괏값
=	같다	=10=5	FALSE
>	크다	=10>5	TRUE
<	작다	=10<5	FALSE
>=	크거나 같다	=10>=5	TRUE
<=	작거나 같다	=10<=5	FALSE
<>	다르다(같지 않다)	=10<>5	TRUE

⟩ 연결 연산자는 셀 값이나 문자열을 연결합니다 ⟨

연결 연산자는 서로 떨어진 셀의 값을 연결해 문자열을 생성하거나 특정 셀의 값에 문자열을 추가할 때 사용하는데, 엑셀에서 문자열을 출력하거나 활용할 때는 큰따옴표를 사용해야 합니다. 다음의 그림과 같이 '가전팀부장송성은'이라는 문자열 출력에 공백을 삽입하려면 " "와 같이 공백을 큰따옴표(" ")로 묶어주어야 합니다. 이와 같은 방법으로 문자열 '입니다'를 큰따옴표로 연결할 수도 있습니다. 이런 문자열 출력은 문자 함수나 인수로 문자를 사용하는 함수에 활용되므로 문자열 출력에 큰따옴표를 사용한다는 것을 꼭 기억하세요!

✦ **TIP** — 직접 따라하면 더 쉽게 이해할 수 있습니다. 실습 파일 15 · 연결 연산자, 참조 연산자를 활용해 주세요.

	A	B	C	D	E
1	소속	직급	이름	연봉	연결연산자
2	가전팀	부장	송성은	71,000,000	가전팀부장송성은

연결 연산자	비고	입력값	결괏값
&	값의 연결	=A2&B2&C2	가전팀부장송성은
		=A2&" "B2&" "C2&"입니다"	가전팀 부장 송성은입니다

⟩ 범위를 참조할 때는 참조 연산자 ⟨

아직 함수를 다루기 전이지만, 함수를 활용할 때 범위 참조는 굉장히 중요한 요소입니다. 범위는 단순히 셀뿐만 아니라 시트나 다른 엑셀 파일 참조에도 쓰이므로 참조 연산자에 대해 알고 있어야 마우스 드래그로 선택할 수 없는 범위를 입력해서 참조할 수 있어요.

✦ **TIP** — SUM 함수에 대한 자세한 내용은 168쪽을 참고하세요.

연산자	비고	입력값	결괏값
:	연속 범위 참조	=SUM(F20:H20)	15
,	비연속 범위 참조	=SUM(G19,F20,H20,G21)	20

두 범위 참조 중 연속 범위를 참조해 보겠습니다. [F23] 셀에 '=SUM('을 입력하고 [F19] 셀부터 [H21] 셀까지 드래그해 선택합니다. 그러면 연속 범위 참조 연산이 자동으로 적용된 것을 확인할 수 있습니다. 이 상태에서 Enter 를 누르면 마지막에 닫는 소괄호인 ')'를 입력하지 않아도 함수가 완성됩니다.

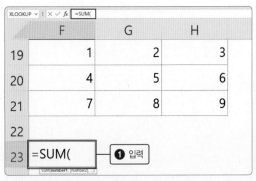 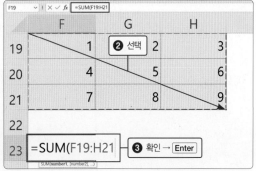

이번에는 비연속적인 범위를 참조해 보겠습니다. 이와 같은 방법으로 [H23] 셀이나 빈 셀을 선택하고 '=SUM('을 입력하세요. 비연속적인 범위를 참조하려면 [Ctrl]을 누른 상태에서 참조할 셀을 선택하면 됩니다. 이와 같이 [Ctrl]을 누른 상태에서 [G19] 셀, [F20] 셀, [H20] 셀, [G21] 셀을 차례대로 클릭하면 비연속적인 범위를 참조하는 쉼표(,)가 자동으로 입력되는 것을 확인할 수 있습니다.

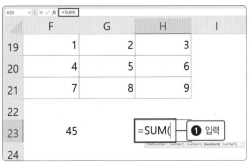 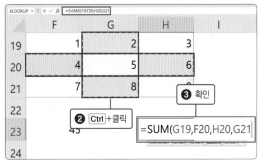

연속적인 범위 참조와 동일하게 이 상태에서 [Enter]를 누르면 함수식의 마지막에 닫는 소괄호인 ')'를 입력하지 않아도 함수가 완성됩니다. 이러한 범위 참조는 단순한 것 같지만, 실무에서 다른 범위나 다른 시트를 참조할 때, 좀 더 나아가 다른 파일을 참조할 때 제대로 이해해야 하는 연산자이므로 꼭 기억해 두세요!

SECTION 16 ★

셀 참조 - 상대 참조, 혼합 참조, 절대 참조

혼자서 엑셀을 독학할 때 셀 참조 부분에서 포기하는 경우가 많습니다. 이것은 셀 참조가 어려워서가 아니라 글로만 이해하려고 하기 때문이죠. 이번에는 실습을 통해 수식이나 함수 사용에 필수 요소인 셀 참조를 제대로 알아보겠습니다.

❯ 셀 참조를 대충 이해하면 엑셀이 평생 헷갈립니다 ❮

'셀 참조'는 말 그대로 특정 셀의 값을 참조해 활용하는 것을 말합니다. 즉 다른 셀의 데이터를 참조하여 수식이나 함수에 활용하는 것이죠. 셀 참조에는 '상대 참조', '절대 참조', '혼합 참조'와 같이 세 가지가 있습니다. 이들 셀 참조 유형은 절대로 각각의 이름이나 명칭을 외우려고 하지 말고 해당 특징을 이해해야 합니다.

엑셀의 행과 열을 두 다리, 즉 왼발은 '열', 오른발은 '행'이라고 가정해 보겠습니다. 보통 이 두 다리를 이용하면 자유롭게 움직일 수 있습니다. 왼발(열)을 이용하면 왼쪽이나 오른쪽으로, 오른발(행)을 이용하면 위아래로 자유롭게 움직일 수 있죠. 하지만 엑셀에는 움직임을 제한하는 '$'라는 요소가 있는데, 왼발(열)이나 오른발(행)에 $ 기호를 붙이면 해당 방향으로는 움직일 수 없습니다. 마치 다리에 족쇄를 단 것처럼 말이죠. 다음의 그림과 표, 실습을 통해 좀 더 자세히 알아보겠습니다.

구분	열 이동(왼발)	행 이동(오른발)	특징	입력 예
상대 참조	○	○	행, 열 이동이 자유로움	=A1
절대 참조	×	×	행, 열 이동 불가능, 고정값	=$A$1
혼합 참조(행 고정)	○	×	열 이동 가능, 행 이동 불가능	=A$1
혼합 참조(열 고정)	×	○	열 이동 불가능, 행 이동 가능	=$A1

실습 파일 16 | 셀참조

상대 참조

상대 참조는 엑셀에서 가장 기본적인 참조입니다.

1 [셀참조] 시트에서 **[K2]** 셀에 '**=**'를 입력하고 **[B2]** 셀을 선택합니다. **[K2]** 셀에 '**=B2**'가 표시되면 Enter 를 누르세요.

2 **[B2]** 셀에 입력된 '**8월**'이 그대로 **[K2]** 셀에 표시됩니다.

3 [K2] 셀을 선택한 상태에서 [R2] 셀까지 자동 채우기를 실행합니다.

	A	B	C	D	E	F	G	H	I	J	K	L	M	N	O	P	Q	R	S
1														상대참조					
2		8월	일	월	화	수	목	금	토		8월	일	월	화	수	목	금	토	
3		1주	1	2	3	4	5	6	7										
4		2주	8	9	10	11	12	13	14										
5		3주	15	16	17	18	19	20	21										
6		4주	22	23	24	25	26	27	28										
7		5주	29	30	31														
8																			

4 [K2] 셀부터 [R2] 셀을 선택한 상태에서 7행까지 자동 채우기를 실행하세요.

	A	B	C	D	E	F	G	H	I	J	K	L	M	N	O	P	Q	R	S
1														상대참조					
2		8월	일	월	화	수	목	금	토		8월	일	월	화	수	목	금	토	
3		1주	1	2	3	4	5	6	7		1주	1	2	3	4	5	6	7	
4		2주	8	9	10	11	12	13	14		2주	8	9	10	11	12	13	14	
5		3주	15	16	17	18	19	20	21		3주	15	16	17	18			21	
6		4주	22	23	24	25	26	27	28		4주	22	23	24	25	26	27	28	
7		5주	29	30	31						5주	29	30	31	0	0	0	0	
8																			

여기까지 특별한 것은 없지만, 셀 참조를 따로 설정하지 않으면 상대 참조가 적용되는 것을 알아야 합니다. 자동 채우기를 실행하면 이동이 자유로운 상대 참조이므로 열/행이 참조된 것이죠.

TIP — 빈 셀을 참조하면 '0' 값으로 참조됩니다. '0' 값이 보기 불편하다면 '0' 값을 생략하는 숫자 표시 형식 # 기호를 활용하거나 [Excel 옵션] 창의 [고급] 탭에서 [0 값이 있는 셀에 0 표시]의 체크 박스를 해제하세요.

절대 참조

절대 참조는 열과 행에 $ 기호를 붙여서 셀 이동을 제한한 참조입니다. $ 기호는 행과 열의 이동을 제한하는 족쇄인 것이죠. 절대 참조도 실습해 보겠습니다.

1 [셀참조] 시트에서 **[K12]** 셀에 '**=**'를 입력하고 **[B12]** 셀을 선택합니다.

2 **[K12]** 셀에 '**=B12**'가 표시된 상태에서 F4 를 누르면 '**=$B$12**'와 같이 열과 행 앞에 $ 기호가 표시됩니다. 절대 참조로 변경된 것을 확인하고 Enter 를 누릅니다.

3 **[B12]** 셀에 입력된 '**8월**'이 그대로 **[K12]** 셀에 표시됩니다.

off

4 **[K12]** 셀을 선택한 상태에서 **[R12]** 셀까지 자동 채우기를 실행합니다.

	A	B	C	D	E	F	G	H	I	J	K	L	M	N	O	P	Q	R	S
11											절대참조								
12	8월	일	월	화	수	목	금	토			8월	8월	8월	8월	8월	8월	8월	8월	
13	1주	1	2	3	4	5	6	7											
14	2주	8	9	10	11	12	13	14						자동 채우기					
15	3주	15	16	17	18	19	20	21											
16	4주	22	23	24	25	26	27	28											
17	5주	29	30	31															
18																			

5 **[K12]** 셀부터 **[R12]** 셀을 선택한 상태에서 12행까지 자동 채우기를 실행합니다.

	A	B	C	D	E	F	G	H	I	J	K	L	M	N	O	P	Q	R	S
11											절대참조								
12	8월	일	월	화	수	목	금	토			8월	8월	8월	8월	8월	8월	8월	8월	
13	1주	1	2	3	4	5	6	7			8월	8월	8월	8월	8월	8월	8월	8월	
14	2주	8	9	10	11	12	13	14			8월	8월	8월	8월	8월	8월	8월	8월	
15	3주	15	16	17	18	19	20	21			8월	8월	8월	8월	8월	자동 채우기	8월	8월	
16	4주	22	23	24	25	26	27	28			8월	8월	8월	8월	8월	8월	8월	8월	
17	5주	29	30	31							8월	8월	8월	8월	8월	8월	8월	8월	
18																			

절대 참조는 참조된 셀을 고정한 상태로 자동 채우기가 실행됩니다. 기준으로 삼을 셀을 고정해서 계산하거나 셀의 특정 범위만 참조해서 함수를 활용할 때 절대 참조를 많이 사용합니다.

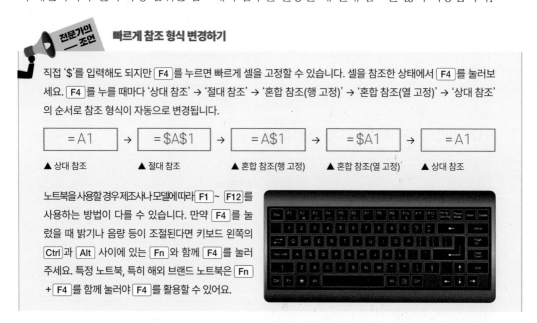

전문가의 조언 빠르게 참조 형식 변경하기

직접 '$'를 입력해도 되지만 F4 를 누르면 빠르게 셀을 고정할 수 있습니다. 셀을 참조한 상태에서 F4 를 눌러보세요. F4 를 누를 때마다 '상대 참조' → '절대 참조' → '혼합 참조(행 고정)' → '혼합 참조(열 고정)' → '상대 참조'의 순서로 참조 형식이 자동으로 변경됩니다.

= A1	→	= \$A\$1	→	= A\$1	→	= \$A1	→	= A1
▲ 상대 참조		▲ 절대 참조		▲ 혼합 참조(행 고정)		▲ 혼합 참조(열 고정)		▲ 상대 참조

노트북을 사용할 경우 제조사나 모델에 따라 F1 ~ F12 를 사용하는 방법이 다를 수 있습니다. 만약 F4 를 눌렀을 때 밝기나 음량 등이 조절된다면 키보드 왼쪽의 Ctrl 과 Alt 사이에 있는 Fn 와 함께 F4 를 눌러 주세요. 특정 노트북, 특히 해외 브랜드 노트북은 Fn + F4 를 함께 눌러야 F4 를 활용할 수 있어요.

혼합 참조

많은 사람들이 어려워하는 혼합 참조이지만, 혼합 참조의 특징만 이해하면 됩니다. 우선 행 고정 혼합 참조부터 실습해 보겠습니다.

1 [셀참조] 시트에서 **[K22]** 셀에 '**=**'를 입력하고 **[B22]** 셀을 선택합니다. **[K22]** 셀에 '**=B22**' 가 표시된 상태에서 F4 를 두 번 누르면 행 앞에만 '**$**' 기호가 표시됩니다. 혼합 참조(행 고정) 로 변경된 것을 확인하고 Enter 를 누르세요.

2 **[B22]** 셀에 입력된 '**8월**'이 그대로 **[K22]** 셀에 표시됩니다.

3 **[K22]** 셀을 선택한 상태에서 **[R22]** 셀까지 자동 채우기를 실행합니다.

4 [K22] 셀부터 [R22] 셀을 선택한 상태에서 27행까지 자동 채우기를 실행합니다. 이때 좌우 열은 참조가 달라지지만 행은 고정된 상태로, 특정 행을 고정하여 참조할 때 많이 활용합니다.

5 이번에는 열 고정 혼합 참조를 실습해 보겠습니다. [K32] 셀에 '='를 입력하고 [B32] 셀을 선택합니다. [K32] 셀에 '=B32'가 표시된 상태에서 F4를 세 번 누르면 열 앞에만 '$'가 표시 됩니다. 혼합 참조(열 고정)로 변경된 것을 확인하고 Enter를 누르세요.

6 [B32] 셀에 입력된 '8월'이 그대로 [K32] 셀에 표시됩니다.

7 [K32] 셀이 선택된 상태에서 [R32] 셀까지 자동 채우기를 실행합니다. 열이 고정된 상태이므로 값이 변하지 않고 고정된 것을 알 수 있어요.

8 [K32] 셀부터 [R32] 셀까지 선택한 상태에서 37열까지 자동 채우기를 실행하면 행 단위로 셀 참조가 되는 것을 확인할 수 있습니다.

9 열 고정 혼합 참조와 행 고정 혼합 참조는 특정 열이나 행을 기준으로 고정할 때 많이 활용됩니다.

▲ 특정 열이 고정된 열 고정(행 이동) 혼합 참조

8월	일	월	화	수	목	금	토
1주	1	2	3	4	5	6	7
2주	8	9	10	11	12	13	14
3주	15	16	17	18	19	20	21
4주	22	23	24	25	26	27	28
5주	29	30	31				

혼합참조 **(행고정)**

8월	일	월	화	수	목	금	토
8월	일	월	화	수	목	금	토
8월	일	월	화	수	목	금	토
8월	일	월	화	수	목	금	토
8월	일	월	화	수	목	금	토
8월	일	월	화	수	목	금	토

▲ 특정 행이 고정된 행 고정(열 이동) 혼합 참조

이제 셀 참조에 대해 확실하게 이해했나요? 실습 내용은 간단하지만, 실제로 함수를 입력해 수식이 길어지면 소괄호나 콤마(,), 콜론(:), $ 등의 기호나 위치가 헷갈리는 경우가 많습니다. 하지만 셀 참조를 정확하게 이해하면 어느 부분에 실수가 있는지 곧바로 알 수 있죠. 셀 참조는 간단한 것 같지만, 제대로 이해하지 못하면 엑셀을 사용하면서 스트레스를 많이 받습니다. 그러므로 아직 셀 참조가 이해되지 않는다면 복습해서 완벽하게 이해해야 합니다.

데이터 범위의 동적 데이터화

데이터 범위는 간단한 수식과 함수부터 차트, 피벗 테이블, 데이터 유효성 검사 등을 진행할 때 꼭 필요한 엑셀 필수 요소입니다. 지금까지 데이터 범위를 드래그해 선택하는 것이 불편했다면 여기서 데이터 관리의 신세계가 펼쳐질 것입니다.

수식이나 함수에서 데이터 범위, 즉 데이터 영역을 참조할 때 드래그해 선택했다면 많이 불편했을 것입니다. 우선 데이터를 추가하면 데이터 범위를 다시 지정해야 하고, 참조한 데이터의 위치가 변경되면 '#REF!'라는 참조 오류가 표시되어 참조 범위를 다시 수정해야 합니다. 이런 오류를 방지하기 위해 '이름' 기능과 OFFSET 함수로 데이터 범위를 자동화할 수 있지만, 엑셀에 대한 이해도가 낮다면 이것도 어렵고 헷갈리기만 할 것입니다.

◆ **TIP** — >#REF! 오류는 수식에서 잘못된 셀을 참조할 때 표시되는 오류입니다. #REF!에서 'REF'는 'REFERENCE(참조)'의 약자로, 참조한 셀이 삭제되면 #REF! 오류가 발생합니다.

동적 데이터의 특징은 다음과 같습니다. 구체적인 내용과 활용은 앞으로 차근차근 다룰 테니 여기서는 특징만 알아두세요.

🏷 데이터 범위	구분	✛ 동적 데이터
-	생성	[삽입] 탭-[표] 그룹-[표]
✕	추가 데이터의 자동 반영	○
✕	차트 자동 반영	○
✕	슬라이서	○
✕	필터 자동 생성	○
✕	표 스타일	○
=SUM(셀 범위)	사용 예	=SUM(정의된 표 이름[열 이름])

◆ **TIP** — 이 책에서 자세히 다룰 수 없는 구조적 참조에 대한 자세한 내용은 공식 문서 링크에서 확인해 보세요.
https://support.microsoft.com/ko-kr/office/excel-표에-구조적-참조-사용-f5ed2452-2337-4f71-bed3-c8ae6d2b276e

데이터 범위 활용의 한계

동적 데이터에 대해 알아보기 전에 데이터 범위를 사용하면 어떤 한계가 있고 무엇이 불편한지 알아보겠습니다.

1 [데이터(범위)] 시트에서 데이터 범위인 워드, 파워포인트, 엑셀 점수의 합계를 계산해 보겠습니다. SUM 함수를 이용해 **[C2]** 셀에 **'=SUM(C5:C12)'**를 입력하여 셀에 워드 점수의 합계를 계산합니다.

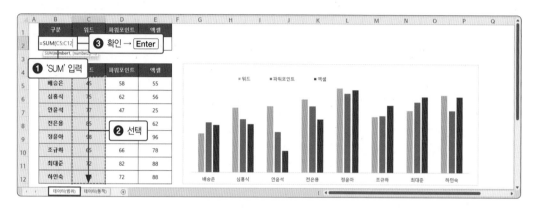

2 **[C2]** 셀에 워드 점수의 합계를 구했으면 자동 채우기로 다른 과목의 점수 합계를 구합니다.

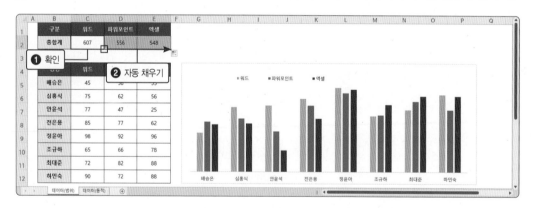

3 데이터 범위는 직접 영역을 선택하거나 입력하는 방법으로 활용하지만, 여기서 '이름 정의' 기능을 활용해 보겠습니다. 점수 합계를 계산한 영역을 모두 삭제하고 **'워드'** 점수인 **[C5:C12]** 영역을 선택합니다. 수식 입력줄의 가장 왼쪽에 있는 이름 상자에 **'워드'**를 입력하고 Enter 를 누르면 **[C5:C12]** 영역이 **'워드'**라고 이름 정의됩니다.

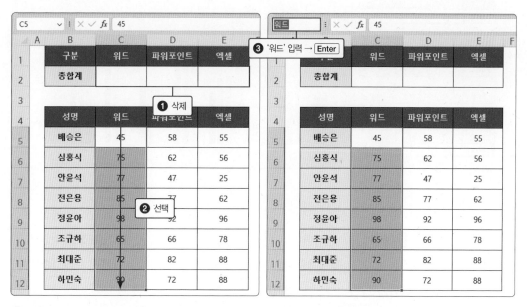

◆ **TIP** — '이름 정의'는 셀이나 범위를 텍스트한 이름으로 지정해 활용하는 기능입니다.

4 이와 같은 방법으로 **[D5:D12]** 영역은 **'파워포인트'**로, **[E5:E12]** 영역은 **'엑셀'**로 이름을 정의합니다.

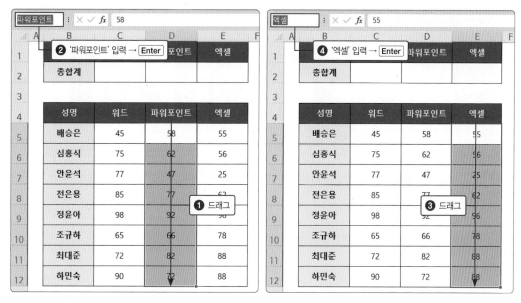

◆ **TIP** — 사용자가 정의한 이름은 [수식] 탭-[정의된 이름] 그룹-[이름 관리자]에서 확인하고 관리할 수 있습니다.

5 달라진 것이 없는 것 같지만, 정의한 이름으로 각 과목의 합계를 구할 수 있습니다. **[C2]** 셀에는 '**=SUM(워드)**'를, **[D2]** 셀에는 '**=SUM(파워포인트)**'를, **[E2]** 셀에는 '**=SUM(엑셀)**'을 입력해 보세요.

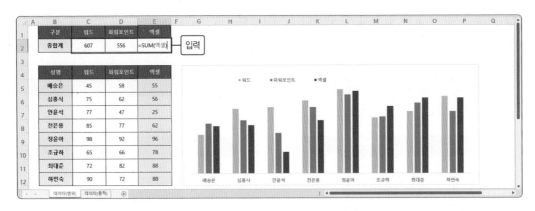

6 각 과목의 합계가 제대로 표시됩니다. 이렇게 '이름 정의'는 특정 셀이나 범위에 이름을 지정하는 기능으로, 함수를 사용할 때 편리하지만 단점도 있습니다. 이번에는 **[B13:E13]** 영역에 임의의 데이터를 입력해 보세요. 새로운 데이터를 입력했지만 SUM 함수로 합계를 구한 **[C2:E2]** 영역의 데이터에는 변화가 없습니다. 일반적인 범위 참조나 이름 정의한 영역에 데이터를 추가하면 함수나 이름 정의를 수정해야 합니다. 이 기능은 추가할 데이터가 없으면 편리하지만, 수시로 데이터를 추가해야 한다면 굉장히 불편하죠.

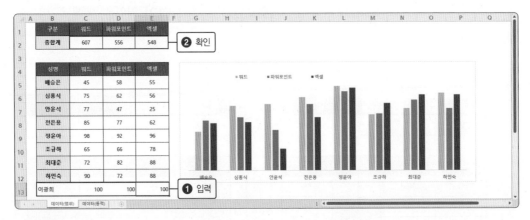

🔹 **TIP** — 데이터 범위에 대한 자세한 내용은 151쪽을, 이름 상자와 동적 데이터의 차이에 대한 자세한 내용은 155쪽을 참고하세요.

기존 데이터를 동적 데이터로 변환하기

앞에서 알아본 이름 정의 단점을 보완할 수 있는 것이 바로 동적 데이터입니다. 이번에는 기존 데이터를 동적 데이터로 변환하는 방법에 대해 알아보겠습니다.

1 [데이터(동적)] 시트의 데이터 영역에서 하나의 셀을 선택한 다음 [삽입] 탭–[표] 그룹–[표]를 클릭합니다. [표 만들기] 대화상자가 표시되면 표로 지정할 영역을 확인하고 [확인]을 클릭합니다.

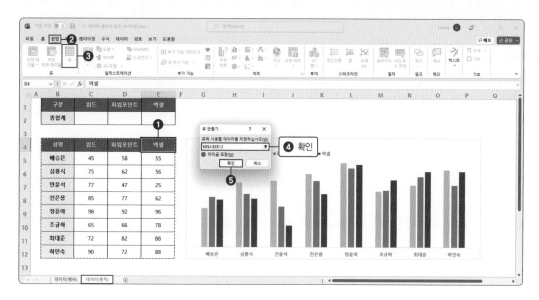

[표 만들기] 대화상자의 '머리글 포함' 항목

데이터 영역을 표로 변환하면 구조적 참조를 활용할 수 있습니다. 구조적 참조에는 열 이름이 활용되므로 반드시 열 이름이 필요합니다. [표 만들기] 대화상자의 [머리글 포함]에 체크 표시하면 열 이름이 있는 첫 행으로, 체크 표시하지 않으면 데이터 영역에 '열1', '열2', '열3' 등의 이름으로 새로운 행이 추가됩니다. 구조적 참조에 대한 자세한 내용은 161쪽, 158쪽을 참고하세요.

열1 ▼	열2 ▼	열3 ▼	열4 ▼	[머리글 포함]에 체크 표시 하지 않은 경우
성명	워드	파워포인트	엑셀	[머리글 포함]에 체크 표시 한 경우
배승은	45	58	55	
심홍식	75	62	56	
안윤석	77	47	25	
전은용	85	77	62	

2 선택한 영역이 표로 변환되고 필터가 적용됩니다.

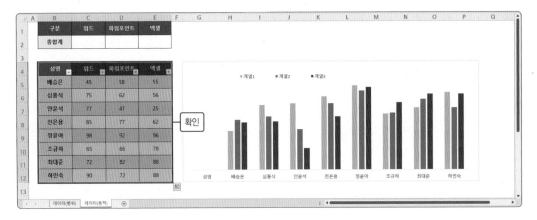

3 표 스타일을 변경하려면 표가 선택된 상태에서 [테이블 디자인] 탭-[표 스타일] 그룹에서 선택하면 됩니다. [표 스타일 옵션] 중 원하는 항목에 체크 표시를 하면 더 다양한 스타일로 표를 꾸밀 수 있습니다. 또한 표 도구의 '표 이름'에 원하는 표 이름을 입력해 수정할 수도 있습니다.

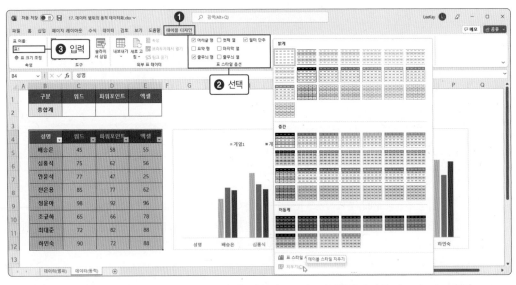

⭐ **TIP** ── 기존의 서식의 유지하려면 [테이블 디자인] 탭-[표 스타일] 그룹-[자세히](⌄)를 클릭하고 [지우기]를 선택하세요.

4 이제 본격적으로 동적 데이터를 활용해 보겠습니다. **[C2]** 셀에 **'=SUM(표1'**을 입력하면 자동으로 표 영역이 선택됩니다.

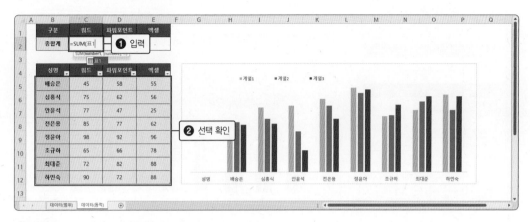

◆ **TIP** — 표 이름을 수정했다면 수정한 표 이름을 입력하세요.

5 표 영역이 선택된 상태에서 〔[〕를 누르면 표의 각 열 제목이 목록으로 표시됩니다. 목록 중 '워드'를 더블클릭하거나 〔Tab〕을 누르면 목록의 '워드'가 선택되는데, 이 상태에서 〔]〕와 〔Enter〕를 차례대로 눌러 함수 입력을 완료합니다. 동적 데이터는 데이터 영역을 '[', ']'로 구분합니다.

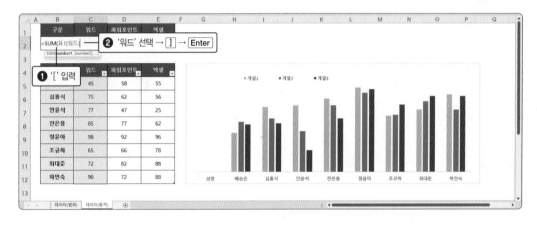

6 **5**와 같은 방법으로 **[D2]** 셀과 **[E2]** 셀도 동적 데이터를 활용해 합계를 계산합니다.

- **[D2] 셀**: =SUM(표1[파워포인트])
- **[E2] 설**: =SUM(표1[엑셀])

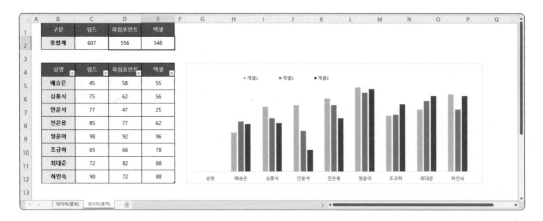

7 이제 [13] 행에 새 데이터를 입력해 보세요. **[B2:D2]** 영역의 함수식을 수정하지 않아도 각 과목의 합계에 반영됩니다. 이렇게 동적 데이터로 변환된 데이터는 수식과 함수 등의 범위와 차트에 자동으로 반영되므로 데이터를 효율적으로 관리할 수 있습니다.

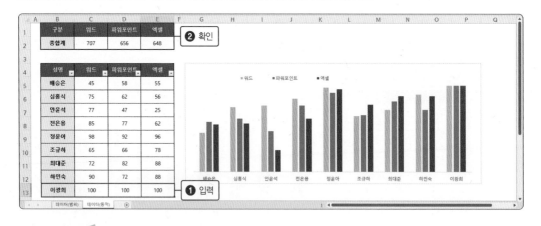

전문가의 조언   구조적 참조 이해하기

=SUM(A2:A10)은 일반적인 참조로, '명시적 참조'라고도 합니다. 이와 다르게 표로 변환한 데이터는 '구조적 참조'를 사용할 수 있으며 열 데이터의 제목에 이름이 할당되죠. 실습 예제의 '워드', '파워포인트', '엑셀'이 명시적 참조에 해당하며 '표 이름', [열 제목] 등을 조합해 데이터 범위로 활용할 수 있습니다. 이렇게 '표 이름'과 [열 제목]을 데이터 범위로 참조하는 것을 '구조적 참조'라고 합니다.

구조적 참조에서 사용하는 항목 지정자	참조 대상
#모두	전체 표
#데이터	열 이름을 제외한 데이터 행
#머리글	열 이름만 = 머리글 행만
#요약	요약 행만. 요약 행이 없을 경우 'Null' 반환
[@열 이름]	같은 행의 데이터만 참조

- =표1[워드]: '표1'에서 '워드' 열 이름이 제외된 데이터 범위만 참조합니다.

- =표1[#모두]: '표1'의 전체 범위를 참조합니다.

- =표1[[#모두],[워드]]: '표1'의 '워드' 열에서 열 이름과 데이터 범위를 모두 참조합니다.

- =표1[[#머리글],[워드]]: '표1'에서 '워드' 열의 열 이름 부분만 참조합니다.

- =SUM([@워드],[@파워포인트],[@엑셀]): [@열 이름]은 해당 열의 데이터 중 현재 셀 위치와 같은 행의 데이터를 참조합니다.

- =SUM(표1[[#요약],[합계]]): '합계' 열의 '요약' 행을 참조합니다. 표 요약을 사용하려면 [테이블 디자인] 탭-[표 스타일 옵션]-그룹-[요약 행]에 체크 표시해야 합니다.

구분	워드	파워포인트	엑셀	합계
총합계	707	656	648	=SUM(표1[[#요약],[합계]])

성명	워드	파워포인트	엑셀	합계
배승은	45	58	55	158
심홍식	75	62	56	193
안윤석	77	47	25	149
전은용	85	77	62	224
정윤아	98	92	96	286
조규하	65	66	78	209
최대준	72	82	88	242
하민숙	90	72	88	250
이광희	100	100	100	300
요약				2011

데이터(범위) 데이터(동적)

SECTION 18 ⭐

구조적 참조 활용해
자동 반응형 보고서 작성하기

표로 변환한 동적 데이터는 구조적 참조가 가능합니다. 그리고 이것을 활용하면 기존의 방식으로는 구현할 수 없었던 자동 반응형 보고서를 작성할 수 있습니다.

✎ **실습 파일 18** ┃ 동적 데이터 자동 반응형 보고서

동적 데이터 활용해 자동 반응형 보고서 작성하기

실습 예제는 [모금액DB] 시트와 [모금액 함수] 시트로 구성되어 있습니다. 우선 [모금액DB] 시트의 데이터베이스를 표로 변환해 보겠습니다.

1 [모금액DB] 시트에서 데이터 영역에 있는 하나의 셀을 선택하고 [삽입] 탭-[표] 그룹-[표]를 클릭합니다. [표 만들기] 대화상자가 표시되면 표로 지정할 영역을 확인하고 [확인]을 클릭하세요.

	A	B	C	D	E	F	G
1	학번	학과	이름	전화번호	금액(원)		
2	2096	**❶ 선택 → [삽입] 탭-[표] 그룹-[표] 클릭** O랑		010-OOOO-2455	10,000		
3	209309	경영학과	이O롬	010-OOOO-0134	5,000		
4	201169	경영학과		-OOOO-2455	10,000		
5	206315	경영학과		-OOOO-3615	5,000		
6	200758	경영학부		-OOOO-0972	5,000		
7	203586	경찰행정학과	서O연	010-OOOO-1224	5,000		
8	202886	경찰행정학과	김O영	010-OOOO-1627	10,000		
9	200852	경찰행정학과	박O혜	010-OOOO-4223	15,000		
10	208663	경찰행정학과	강O선	010-OOOO-2006	10,000		
11	204708	기초의과학부	오O종	010-OOOO-1753	5,000		
12	203718	기초의과학부	장O준	010-OOOO-7602	5,000		
13	201637	기초의과학부	김O양	010-OOOO-9414	5,000		
14	201842	기초의과학부	양O훈	010-OOOO-9486	30,000		

표 만들기 대화상자: 표에 사용할 데이터의 ❷ 확인 $A$1:$E$13 머리글 포함(M) [확인] [취소]

모금액DB 모금액 함수

2 표가 선택된 상태에서 리본 메뉴의 [테이블 디자인] 탭을 선택하면 [표 스타일] 그룹과 [표 스타일 옵션] 그룹이 표시되므로 표 서식을 변경할 수 있습니다. 여기서는 [테이블 디자인] 탭-[표 스타일] 그룹-[자세히](⊙)-[지우기]를 선택하여 표 서식을 삭제하세요.

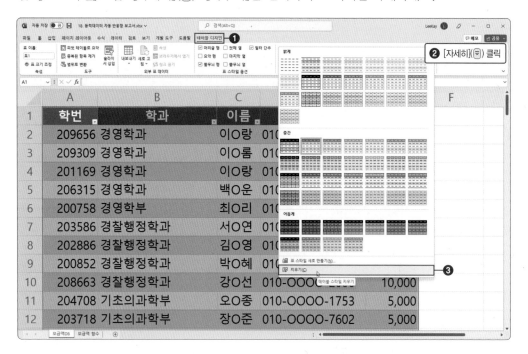

3 [테이블 디자인] 탭-[속성] 그룹에서는 표 이름을 변경할 수 있습니다. 여기서는 '표 이름'을 '**모금액DB**'로 수정하세요.

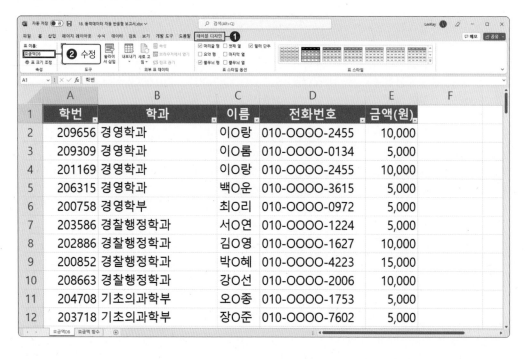

4 이제 [모금액 함수] 시트로 이동해 동적 데이터를 활용한 자동 반응형 보고서를 만들어보겠습니다. **[D3]** 셀에 **'=SUM(모금액DB['**를 입력하면 표의 열 제목이 목록으로 표시됩니다. 목록에서 **'금액(원)'**을 선택하고 **']'**를 입력하면 열 제목이 '금액(원)'인 데이터 영역이 지정됩니다.

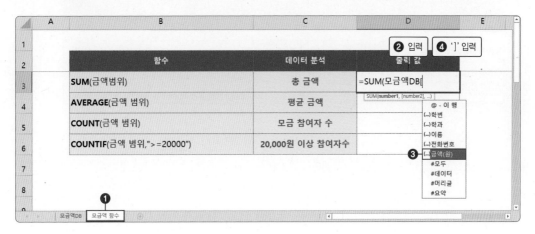

5 Enter를 눌러 함수 입력을 완료하면 해당 범위의 합계가 표시됩니다.

6 이와 같은 방법으로 다음의 그림을 참고하여 나머지 함수식도 완성해 보세요.

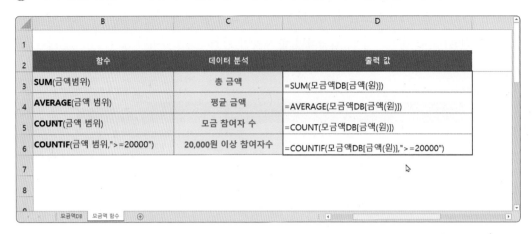

함수	데이터 분석	출력 값
SUM(금액범위)	총 금액	=SUM(모금액DB[금액(원)])
AVERAGE(금액 범위)	평균 금액	=AVERAGE(모금액DB[금액(원)])
COUNT(금액 범위)	모금 참여자 수	=COUNT(모금액DB[금액(원)])
COUNTIF(금액 범위,">=20000")	20,000원 이상 참여자수	=COUNTIF(모금액DB[금액(원)],">=20000")

7 금액이 표시되는 **[D3]** 셀과 **[D4]** 셀은 **'#,0원'**으로, 참여자가 표시되는 **[D5]** 셀과 **[D6]** 셀은 **'#,0명'**으로 표시 형식을 지정합니다.

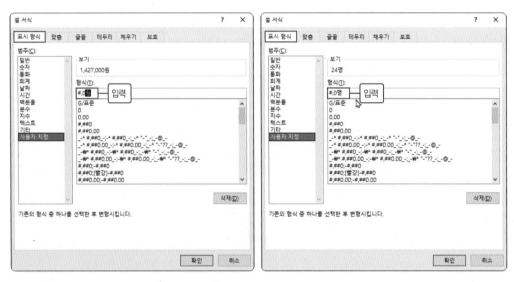

TIP — 표시 형식에 대한 자세한 내용은 **71쪽**을 참고하세요

8 [모금액DB] 시트에 새 데이터를 입력해 보세요. [모금액DB] 시트에 입력한 값이 [모금액 함수] 시트에 자동으로 반영되는 자동 반응형 보고서를 만들 수 있습니다. 구조적 참조를 활용하면 항상 최신 자료를 쉽게 관리할 수 있습니다.

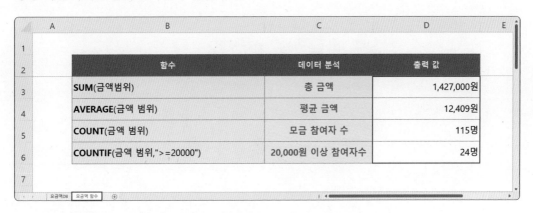

함수	데이터 분석	출력 값
SUM(금액범위)	총 금액	1,427,000원
AVERAGE(금액 범위)	평균 금액	12,409원
COUNT(금액 범위)	모금 참여자 수	115명
COUNTIF(금액 범위,">=20000")	20,000원 이상 참여자수	24명

전문가의 조언 — 표로 변환된 데이터를 다시 일반 데이터 범위로 변경하고 싶어요

표로 변환된 동적 데이터를 일반 데이터 범위로 변경하려면 표로 변환된 데이터 영역에 있는 하나의 셀을 선택하고 [테이블 디자인] 탭-[도구] 그룹-[범위로 변환]을 클릭하세요.

표를 정상 범위로 변환하겠는지 묻는 메시지 창이 표시되면 [예]를 클릭해 일반적인 데이터 범위로 되돌릴 수 있습니다. 이때 구조적 참조로 적용된 수식은 명시적 참조로 자동 변경됩니다.

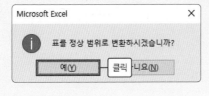

CHAPTER 5

실무 함수
정복하기

이제 엑셀과 조금 친해졌나요? 기본기를 제대로 다졌으니 본격적으로 수식과 함수를 활용해 진

짜 엑셀을 다루어보겠습니다. 이번 장부터는 엑셀이 왜 실무의 꽃인지, 그리고 엑셀을 어떻게 활

용해야 업무의 효율성을 극대화할 수 있는지 살펴보겠습니다. 다양한 엑셀 함수를 많이 아는 것

보다 실무에 꼭 필요한 함수를 제대로 이해하고 활용하는 것이 더 중요합니다.

실무 함수 정복하기 ①
논리 함수

실무 함수 정복하기 ②
LOOKUP 함수

함수, 이것만은 꼭 이해하세요

엑셀에서 정말 없어서는 안 될 필수 요소는 바로 '함수(function)'입니다. 함수는 너무 많이 활용되지만, 제대로 활용법을 모른다면 어렵게 느껴지거나 불편하게 사용하게 됩니다. 이번에는 함수가 무엇인지 제대로 알아보고 어떻게 활용하는지 기초부터 차근차근 다져보겠습니다.

〉함수가 무엇인가요 〈

함수는 사전 설정된 공식으로 특정한 계산이나 작업을 수행하기 위한 것입니다. 우선 간단한 SUM 함수의 사용법을 살펴보겠습니다.

> =SUM(인수1, 인수2, 인수3, …)

하나씩 살펴본다면 함수는 우선 '='로 시작합니다. '='가 빠지면 단순한 텍스트로 인식되므로 반드시 '='를 함수식의 맨 앞에 입력해야 합니다. 그 다음에 나오는 'SUM'은 함수의 명칭, 즉 이름입니다. 해당 함수명에 따라 계산되는 작업이 달라지죠. SUM 함수는 합계를, AVERAGE 함수는 평균을 구하는 함수이고 COUNT 함수는 숫자 유형의 데이터 개수를 세어주는 함수입니다. 이와 같이 함수명에 따라 원하는 계산이나 작업을 할 수 있죠. 그 다음에 나오는 소괄호 안에는 함수의 인수가 들어가는데, 인수는 직접 입력하는 데이터나 수식과 함수, 셀 참조 등이 활용됩니다. 함수를 좀 더 쉽게 이해할 수 있도록 요리를 예로 들어보면 다음과 같이 표현할 수 있어요.

> =밥(쌀)   =계란간장밥(밥, 계란, 간장)   =김밥(김, 계란, 단무지, 당근, 햄)

요리명은 함수명으로, 각 요리마다 재료가 다른 것은 각 함수마다 인수가 다른 것으로 이해할 수 있습니다. 단 재료의 순서과 가짓수, 즉 인수의 순서와 인수의 종류는 엑셀이 미리 정해준 양식에 따라 활용해야 합니다. 이 부분만 잘 이해하면 함수는 결코 어렵지 않습니다. 엑셀의 함수가 복잡해 보이는 것은 함수마다 인수의 개수나 적용 방법이 다르기 때문이지만, 함수를 몇 번 활용하다 보면 금방 쉽게 사용할 수 있습니다.

함수 마법사 활용해 함수 입력하기

함수를 입력하는 방법에는 함수 마법사를 활용하거나, 함수와 인수를 직접 입력하는 방법이 있습니다. 정해진 방법이 있는 것은 아니지만, 처음 사용하는 함수이면 함수 마법사로 정확한 함수명과 인수 사용의 안내문을 확인하면서 작성하는 것이 좋습니다.

1 엑셀을 실행하고 [Sheet1] 시트에서 빈 셀이나 **[A1]** 셀을 선택한 다음 수식 입력줄에서 [함수 삽입] 버튼(𝑓x)을 클릭하세요.

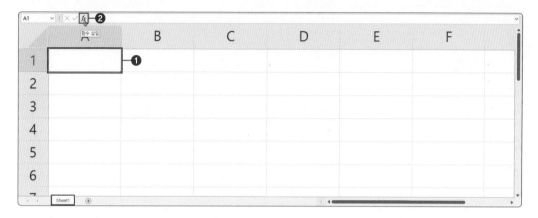

2 [함수 마법사] 대화상자가 표시되면 '함수 선택'에서 [SUM]을 선택하고 [확인]을 클릭합니다.

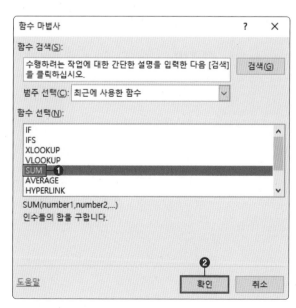

➕ **TIP** — '함수 선택' 목록에 SUM 함수가 보이지 않으면 '함수 검색'에서 직접 SUM 함수를 검색해 보세요.

3 [함수 인수] 대화상자에서는 사용할 함수의 인수를 입력하는 입력 상자와 선택한 함수의 설명을 확인할 수 있습니다. 처음 사용하는 함수이면 아래의 설명을 확인하면서 쉽게 함수를 적용할 수 있어요.

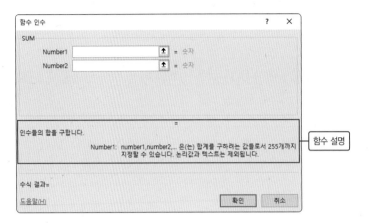

4 각 인수에 '**1**', '**23**', '**456**'을 차례대로 입력하고 [확인]을 클릭합니다.

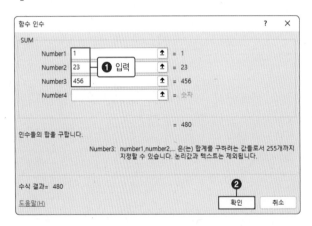

⭐ **TIP** — Tab 을 누르면 인수를 차례대로 추가할 수 있습니다.

5 SUM 함수는 합계를 계산하는 함수이므로 [함수 인수] 대화상자에 입력한 '1', '23', '456'의 합계인 '480'이 출력된 것을 확인할 수 있어요. 수식 입력줄에는 함수 마법사로 입력한 함수의 이름과 인수가 표시됩니다.

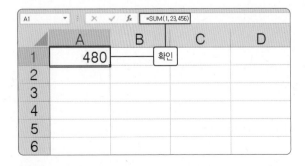

함수 마법사는 함수를 쉽게 사용할 수 있도록 인수 입력 상자와 친절한 설명을 제공합니다. 따라서 처음 사용하는 함수이거나 각 인수에 어떤 값을 입력해야 하는지 모를 때, 또는 복잡한 수식이나 중첩 함수를 사용할 때 함수 마법사는 매우 유용합니다.

직접 함수 입력하기

이번에는 함수 마법사의 도움 없이 직접 함수와 인수를 입력해 보겠습니다. 이미 알고 있거나 익숙한 함수라면 원하는 값을 출력할 셀이나 수식 표시줄에 직접 함수를 입력하는 것이 빠릅니다.

1 [Sheet1] 시트에서 **[A2]** 셀에 '**=SUM(1,23,456)**'을 입력하고 Enter 를 누릅니다. 함수를 입력할 때는 영문자의 대소문자를 구별하지 않아도 되지만, 소문자로 입력한 함수명은 값을 출력한 다음 수식 입력줄에는 대문자로 표시됩니다.

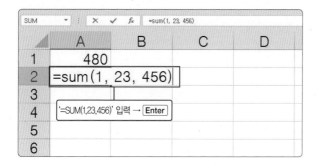

2 함수 마법사를 사용한 것과 같은 결괏값이 출력됩니다.

SECTION 20

기초 함수 정복하기

본격적으로 엑셀의 주요 함수에 대해 알아보겠습니다. 함수는 종류가 많고 함수마다 사용법이 다르기 때문에 여기에서는 가장 기본적인 함수부터 하나씩 살펴보겠습니다.

〉실무 필수 함수, 다섯 가지만 알아두세요 〈

마이크로소프트에서 제공하는 엑셀 함수는 480여 개입니다. 엑셀을 잘 사용하려면 이 모든 함수의 사용법을 알아야 할까요? 아닙니다! 이 많은 함수 중 다섯 가지 함수만 제대로 활용할 수 있으면 큰 문제 없이 실무를 할 수 있습니다. 여기에서는 엑셀 필수 함수인 SUM, AVERAGE, COUNT, IF, VLOOKUP 함수에 대해 알아보겠습니다.

 TIP — 엑셀 공식 함수 사전은 'https://support.microsoft.com/ko-kr/office/excel-함수-사전순-b3944572-255d-4efb-bb96-c6d90033e188'이나 다음의 QR 코드를 스캔해서 확인할 수 있습니다.

✎ **실습 파일 20** | 기초 함수 정복하기

SUM 함수로 합계 구하고 AVERAGE 함수로 평균 구하기

각 함수마다 인수가 다르므로 복잡한 것 같지만, 실무 활용도가 높은 SUM 함수와 AVERAGE 함수의 사용법만 제대로 이해하면 다른 함수를 사용하는 데 큰 어려움은 없습니다.

모든 엑셀 함수는 '=함수 이름(인수, 인수, 인수)'로 구성되어 있습니다.

> • **=SUM(인수1, 인수2, …): 인수의 합계**
> • **=AVERAGE(인수1, 인수2, …): 인수의 평균**

1 [합계, 평균] 시트에서 **[F3]** 셀에 '='를 입력하고 'su'를 입력하면 함수 이름이 'SU'로 시작하는 함수 목록이 표시됩니다. 나머지 함수 이름을 직접 입력해도 되지만, 여기에서는 ⬇를 눌러 [SUM] 함수를 선택하세요.

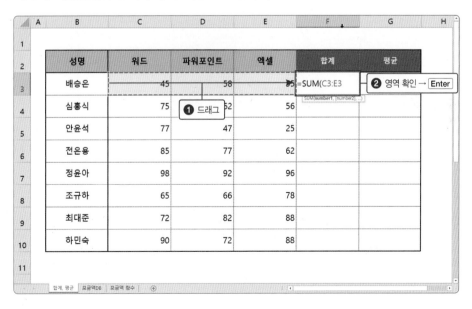

2 함수 목록에서 [SUM]이 선택된 상태에서 Tab 을 누르면 **[F3]** 셀에 '=SUM('이 입력되므로 곧바로 인수를 입력할 수 있습니다. **[C3]** 셀부터 **[E3]** 셀까지 드래그해 합계를 구할 영역을 지정하고 Enter 를 눌러 함수 입력을 완료합니다.

3 [F3] 셀에 선택한 영역의 합계가 표시되었는지 확인합니다.

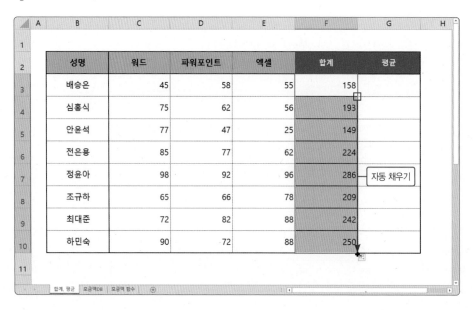

💠 **TIP** — Enter 를 누르면 자동으로 닫는 소괄호 ')'가 입력됩니다.

4 [F3] 셀의 자동 채우기 커서를 [F10] 셀까지 드래그해 자동 채우기를 실행합니다.

5 자동 채우기를 이용하면 서식과 함수를 쉽게 채울 수 있지만, 함수만 채워야 할 경우에는 서식까지 채워지기 때문에 불편합니다. 이 경우에는 [자동 채우기 옵션] 버튼(📋)을 클릭하세요.

			47	25		
6	전은용	85	77	62	224	
7	정윤아	98	92	96	286	
8	조규하	65	66	78	209	
9	최대준	72	82	88	242	
10	하민숙	90	72	88	250	📋 ─ 클릭
11						자동 채우기 옵션

합계, 평균 | 모금액DB | 모금액 함수 | ⊕

6 [자동 채우기 옵션] 버튼(📋)을 클릭하면 자동 채우기 방법을 선택할 수 있습니다. 여기에서는 서식 없이 함수만 채울 것이므로 [서식 없이 채우기]를 선택하세요.

			77	62	224	
7	정윤아	98	92	96	286	
8	조규하	65	66	78	209	
9	최대준	72	82	88	242	◉ 셀 복사(C)
10	하민숙	90	72	88	250	○ 서식만 채우기(F)
						○ 서식 없이 채우기(O) ─ 선택
						○ 빠른 채우기(F)
						📋 ─

합계, 평균 | 모금액DB | 모금액 함수 | ⊕

7 [서식 없이 채우기]를 선택하면 서식을 제외하고 수식과 함수만 채울 수 있습니다.

	A	B	C	D	E	F	G	H
1								
2		성명	워드	파워포인트	엑셀	합계	평균	
3		배승은	45	58	55	158		
4		심홍식	75	62	56	193		
5		안윤석	77	47	25	149		
6		전은용	85	77	62	224	확인	
7		정윤아	98	92	96	286		
8		조규하	65	66	78	209		
9		최대준	72	82	88	242		
10		하민숙	90	72	88	250		
11								

합계, 평균 | 모금액DB | 모금액 함수 | ⊕

8 이와 같은 방법으로 AVERAGE 함수를 이용해 평균값도 구해보겠습니다. **[G3]** 셀을 선택하고 **'=AV'**를 입력한 다음 함수 목록에서 [AVERAGE]를 선택합니다.

9 **[C3:E3]** 영역을 드래그해 선택하고 Enter 를 눌러 함수 입력을 완료합니다.

10 [G3] 셀부터 [G10] 셀까지 자동 채우기를 실행합니다. 자동 채우기를 실행하면 표시되는 [자동 채우기 옵션] 버튼(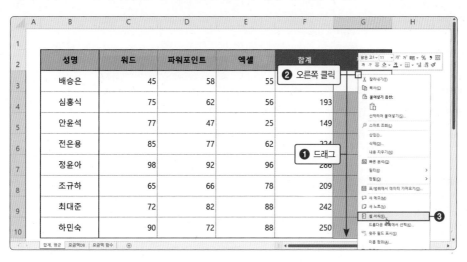)을 클릭하고 [서식 없이 자동 채우기]를 선택합니다.

11 평균값의 소수 자릿수도 통일해 볼게요. [G3:G10] 영역을 드래그해 선택하고 선택 영역에서 마우스 오른쪽 버튼을 클릭한 다음 [셀 서식]을 선택합니다.

💠 **TIP** — 단축키 Ctrl + 1 을 눌러 [셀 서식] 대화상자를 표시할 수 있습니다.

12 [셀 서식] 대화상자가 표시되면 [표시 형식] 탭에서 [숫자] 범주를 선택하고 '소수 자릿수'에 '**1**'을 입력한 다음 [확인]을 클릭하세요.

◆ **TIP** — [사용자 지정] 범주를 선택하고 '형식'에 '0.0'을 입력해도 됩니다.

13 소수점 이하 첫째 자리까지 소수점 자릿수가 통일된 평균값이 출력됩니다.

성명	워드	파워포인트	엑셀	합계	평균
배승은	45	58	55	158	79.0
심홍식	75	62	56	193	96.5
안윤석	77	47	25	149	74.5
전은용	85	77	62	224	112.0
정윤아	98	92	96	286	143.0
조규하	65	66	78	209	104.5
최대준	72	82	88	242	121.0
하민숙	90	72	88	250	125.0

확인

◆ **TIP** — 소수점에는 0 표시 형식을 활용해 주세요. 소수점 표시 형식을 '#,#'으로 표기하면 정수의 0 값이 생략되어 '012', '79.' 등으로 표시됩니다. 표시 형식에 대한 자세한 내용은 71쪽을 참고하세요.

따라
하기

함수식에서 다른 시트 참조하기

[모금액DB] 탭은 데이터만 있는 데이터베이스 시트이고 [모금액 함수] 탭은 보고서 형태의 시트입니다. 이번에는 실무 보고서를 작성하면서 다른 시트를 참조하는 방법을 알아보겠습니다.

1 [모금액 함수] 시트를 선택하고 **[D3]** 셀에 **'=SUM('**을 입력합니다.

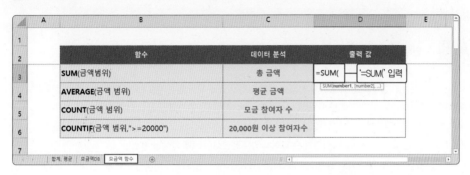

2 모금액 데이터가 있는 [모금액DB] 시트를 선택하고 모금액이 정리된 **[E]** 열 전체를 선택한 다음 Enter 를 누릅니다.

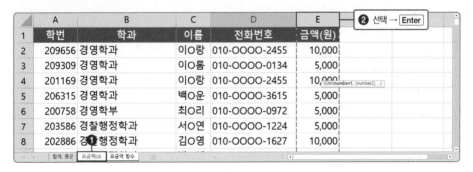

3 함수 입력이 완료되면서 자동으로 [모금액 함수] 시트가 표시됩니다. 만약 Enter 를 누르지 않고 다시 [모금액 함수] 시트를 선택하면 참조 범위가 [모금액 DB] 시트의 **[E]** 열로 지정되므로 반드시 Enter 를 눌러 함수 입력을 완료해야 합니다.

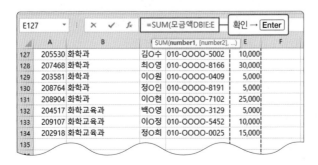

4 이와 같은 방법으로 AVERAGE 함수를 사용해 **[D4]** 셀에 평균 금액도 입력합니다.

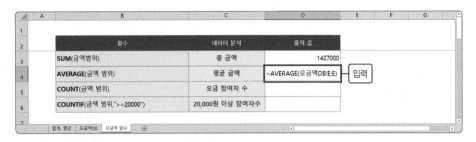

전문가의
─ 조언

인수의 범위 지정하기

SUM 함수나 AVERAGE 함수의 인수 범위를 지정할 때 데이터가 있는 특정 범위([E2:E134])만 지정해도 합계나 평균값을 구할 수 있습니다. 하지만 [E134] 셀의 아래쪽으로 새 데이터가 추가되면 인수 범위를 다시 지정해야 합니다. 특정 범위 대신 열 전체를 인수 범위로 설정하면 새 데이터가 추가되어도 자동으로 함수에 반영되기 때문에 항상 최신 현황에 대한 값을 실시간으로 확인할 수 있어서 업무 생산성이 크게 향상됩니다.

업데이트되는 자료를 보고서로 작성할 경우에는 특정 범위가 아닌 열 단위를 인수 범위로 지정해 수식이나 함수를 구현하거나 데이터를 동적으로 관리할 수 있도록 표로 변환하면 됩니다. 동적 데이터 관리에 대한 자세한 내용은 161쪽을 참고하세요.

▲ 특정 범위를 인수 범위로 설정한 경우

▲ 열 전체를 인수 범위로 설정한 경우

✔ **실습 파일 20** | 기초 함수 정복하기

따라
하기

COUNT 함수와 COUNTIF 함수 활용하기

실무에서 활용도가 높은 COUNT 함수와 COUNTIF 함수의 활용법에 대해 알아보겠습니다.

이번에는 COUNT 함수와 COUNTIF 함수를 활용해 보겠습니다. COUNT 함수는 함수명에서 유추할 수 있듯이 개수를 세어주는 함수입니다. 정확히 말해서 인수 범위 안에 있는 숫자 유형으로 입력된 셀의 개수를 세어줍니다. 즉 우리가 익히 알고 있는 숫자뿐만 아니라 숫자 유형에 해당되는 날짜, 시간에도 COUNT 함수가 적용됩니다.

COUNT 함수에서 파생된 COUNTIF 함수는 인수 범위 안에 있으면서 조건에 맞는 셀의 개수를 반환해 줍니다.

> • **=COUNT(범위): 인수 안의 범위에 있는 '숫자 데이터 유형'의 개수 반환**
> • **=COUNT IF(범위,조건): 인수 안의 범위에 있는 '조건에 맞는 숫자 데이터 유형'의 개수 반환**

먼저 COUNT 함수를 활용해 보겠습니다. 모금 참여자 수는 '모금액' 항목에 숫자가 입력된 셀의 개수와 동일합니다. COUNT 함수는 지정한 범위 안에 있는 숫자가 입력된 셀의 개수를 반환해 주므로 모금에 참여한 사람의 수를 확인하기 위해 COUNT 함수를 활용해 보겠습니다.

1 [모금액 함수] 시트에서 **[D5]** 셀에 **'=COUNT('**를 입력하고 [모금액 DB] 시트에서 **[E]** 열을 선택한 다음 Enter 를 눌러 COUNT 함수를 적용합니다.

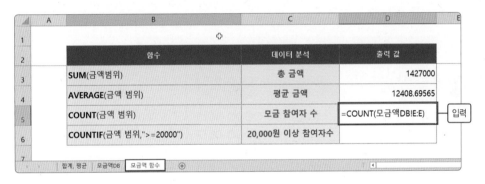

2 [D5] 셀에 [모금액DB] 시트의 '금액(원)' 항목 중에서 숫자 유형의 셀의 개수가 반환됩니다. 숫자 유형만 세어주므로 일반 텍스트나 논리값을 제외한 금액이 입력된 셀의 개수만 셀 수 있습니다. 단 금액에 **'0'**을 입력하면 0 값의 개수도 COUNT 함수의 결괏값에 포함되므로 주의해야 합니다.

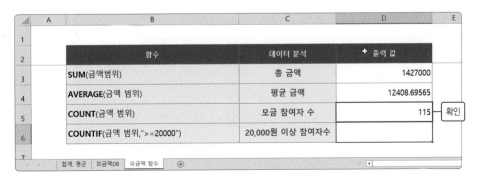

3 COUNTIF 함수의 조건 인수에는 셀뿐만 아니라 문자나 비교 연산자 등도 지정할 수 있습니다. 이때 문자나 비교 연산자는 큰따옴표 안에 입력해야 합니다. 만약 인수를 모두 지정했는데 결괏값에 오류가 있으면 문자나 비교 연산자를 큰따옴표 안에 입력했는지 확인해 보세요. [모금액 함수] 시트의 **[D6]** 셀에 '**=COUNTIF(**'를 입력하세요.

	함수	데이터 분석	출력 값	
3	SUM(금액범위)	총 금액	1427000	
4	AVERAGE(금액 범위)	평균 금액	12408.69565	
5	COUNT(금액 범위)	모금 참여자 수	115	
6	COUNTIF(금액 범위,">=20000")	20,000원 이상 참여자수	=COUNTIF(	입력

COUNTIF(range, criteria)

4 이 상태에서 곧바로 [모금액DB] 시트로 이동한 다음 **[E]** 열을 선택합니다.

E1 ✕ ✓ fx =COUNTIF(모금액DB!E:E

	학번	학과	이름	전화번호	금액(원)	F
2	209656	경영학과	이O랑	010-OOOO-2455	10,000	
3	209309	경영학과	이O롬	010-OOOO-0134	5,000	
4	201169	경영학과	이O랑	010-OOOO-2455	10,000	
5	206315	경영학과	백O운	010-OOOO-3615	5,000	
6	200758	경영학부	최O리	010-OOOO-0972	5,000	
7	203586	경찰행정학과	서O연	010-OOOO-1224	5,000	
8	202886	❶찰행정학과	김O영	010-OOOO-1627	10,00	

COUNTIF(range, criteria)

합계, 평균 | 모금액DB | 모금액 함수

5 이 상태에서 시트를 이동하면 설정한 셀 참조가 변경되므로 '**,**'를 입력하여 조건 인수를 직접 입력하세요. 비교 연산의 조건 인수는 반드시 큰따옴표 안에 입력해야 하고 마지막 닫는 소괄호 '**)**'는 입력하지 않아도 됩니다.

	함수	데이터 분석	출력 값	
2				
3	SUM(금액범위)	총 금액	1427000	
4	AVERAGE(금액 범위)	평균 금액	12408.69565	
5	COUNT(금액 범위)	모금 참여자 수	115	
6	COUNTIF(금액 범위,">=20000")	20,000원 이상 참여자수	=COUNTIF(모금액DB!E:E,">=20000")	

🔷 **TIP** — 셀 참조로 조건 인수를 적용할 경우에는 큰따옴표를 입력하지 않습니다.

6 Enter 를 눌러 결괏값을 확인합니다.

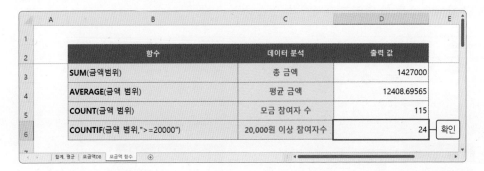

7 마지막으로 표시 형식을 지정하기 위해 모금액의 합계와 평균값이 출력되는 **[D3:D4]** 영역
을 드래그해 셀을 선택하고 Ctrl + 1 을 누릅니다. [셀 서식] 대화상자가 표시되면 다음의 그림
과 같이 설정해 모금액을 원 단위로 표시할 수 있습니다.

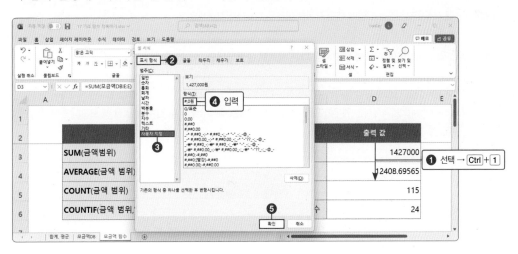

8 참여자 수가 출력되는 **[D5:D6]** 영역을 드래그해 선택하고 다음의 그림과 같이 셀 서식을 설정해 모금 참여자 수를 명 단위로 표시할 수 있습니다.

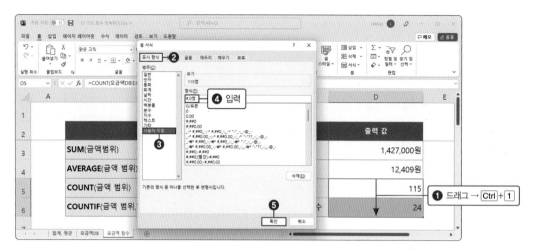

💠 **TIP** — 셀 서식을 설정하는 방법에 대한 자세한 내용은 71쪽을 참고하세요.

전문가의 조언

데이터베이스와 보고서를 다른 시트로 구분하세요

실제 업무에서는 다음 그림과 같이 데이터를 입력하는 데이터베이스(DB) 시트와 보고서 작성을 위한 시트를 구분하지 않고 하나의 시트만 사용하는 경우가 많습니다. 이 경우에는 데이터를 추가, 삭제, 변경할 때 보고서 행에 영향을 줄 수 있습니다.

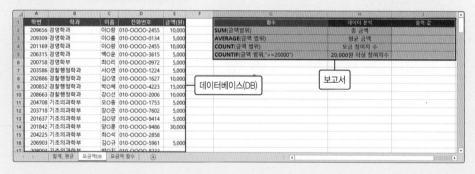

DB 시트와 보고서 시트를 구분해서 작업하면 각 시트를 용도에 맞게 사용할 수 있습니다. DB 시트에는 데이터에 관련된 작업만 하고 데이터의 추가, 삭제, 변경 사항이 보고서 시트에 자동으로 반영되므로 추가 작업을 하지 않아도 됩니다. "현황 보고해 주세요."라는 요청이 있으면 보고서 시트에서 Ctrl + P 를 눌러 인쇄하고 보고하기만 하면 끝이죠. 이렇게 기존 업무 방식에 변화를 주면 엑셀을 활용하는 시야가 훨씬 넓어질 것입니다!

SECTION 21 ⭐

실무 함수 정복하기 ① 논리 함수

엑셀의 함수를 어렵다고 생각하는 이유는 바로 사용자가 비효율적인 방법으로 사용하기 때문입니다. 이번에는
대표적인 논리 함수인 IF 함수를 이용해서 함수를 더욱 쉽고 효율적으로 사용하는 방법에 대해 알아보겠습니다.

〉IF 함수 〈

논리 함수는 엑셀에서 비교 연산자와 논리값을 사용하는 대표적인 함수입니다. 논리 함수를 제
대로 활용하기 위해서 데이터 유형과 논리값을 활용한 조건 분기, 조건 조합을 이해해야 합니
다. 만약 이것을 제대로 이해한다면 IF 함수를 중첩하지 않고 함수식을 작성할 수 있습니다. 비
교 연산자는 '같다(=)', '크다(〉)', '작다(〈)', '다르다(〈〉)' 등이 있고 연산의 결괏값은 'TRUE'나
'FALSE'의 논리값으로 출력됩니다. 이번에는 IF 함수를 이용해 평균값이 80점 이상일 경우 '합
격'이라는 텍스트를 출력하는 방법을 알아보겠습니다.

> **=IF(논리 연산,참일 때의 출력값,거짓일 때의 출력값)**
> - **논리 연산**: 비교 연산자를 활용해 TRUE, FALSE 값으로 출력값을 분기합니다.
> - **참일 때의 출력값**: 첫 번째 인수의 결과가 TRUE일 때의 출력값
> - **거짓일 때의 출력값**: 첫 번째 인수의 결과가 FALSE일 때의 출력값

IF 함수 시작하기

IF 함수의 기본 사용 방법부터 익혀보겠습니다

1 처음 사용하는 함수이면 함수 마법사를 이용해 보세요. [IF( )함수] 시트에서 [H3] 셀을 선택하고 수식 입력줄에서 [함수 삽입] 버튼(*fx*)을 클릭합니다.

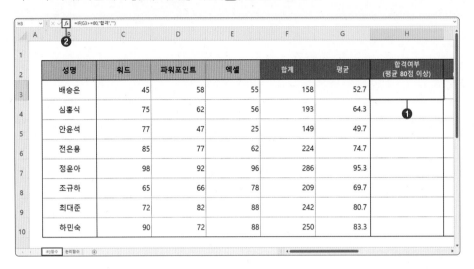

2 [함수 마법사] 대화상자에 함수 목록이 표시되면 원하는 함수를 선택하거나 검색할 수 있습니다. '함수 선택'에서 [IF]를 선택하고 [확인]을 클릭하세요.

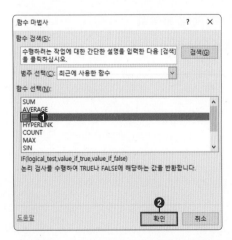

⭐ **TIP** — '함수 검색'의 입력 상자에 'IF'를 입력하고 [검색]을 클릭하면 빠르게 IF 함수를 선택할 수 있습니다.

3 IF 함수의 인수와 관련된 설명이 표시된 [함수 인수] 대화상자가 표시되면 다음의 그림과 같이 인수를 입력하고 [확인]을 클릭합니다. IF 함수를 사용할 때는 출력할 문자열을 큰따옴표(" ") 안에 입력해야 한다는 것에 주의하세요. [함수 인수] 대화상자를 이용할 경우 문자를 입력하면 자동으로 큰따옴표가 입력되지만, 수식 입력줄이나 셀에 함수를 곧바로 입력할 경우에는 반드시 큰따옴표를 입력해야 합니다.

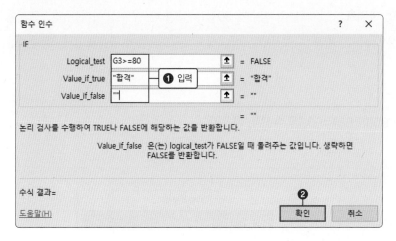

4 함수가 입력된 **[H3]** 셀부터 자동 채우기와 '자동 채우기 옵션 기능'을 이용해 **[H10]** 셀까지 채웁니다. 평균 점수가 80점 이상일 경우 '합격'이라는 텍스트가 표시되는지 확인하세요.

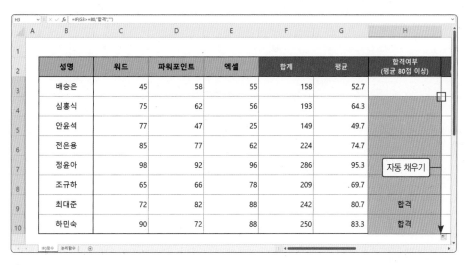

TIP — 자동 채우기에 대한 자세한 내용은 46쪽을, '자동 채우기 옵션'에 대한 자세한 내용은 48쪽을 참고하세요.

⟩ 중첩 IF 함수는 이렇게 입력하지만 추천하지는 않아요 ⟨

실무에서 IF 함수를 중첩해서 많이 사용하지만 제대로 사용하지 못하는 경우가 많습니다. 이번에는 예제를 살펴보면서 중첩 IF 함수에 대해 좀 더 알아보겠습니다.

IF 함수를 중첩 사용해서 모든 과목의 점수가 90점 이상일 경우 '우수상'이라는 텍스트를 출력해 보겠습니다. 다음은 워드, 파워포인트, 엑셀의 점수가 90점 이상일 때 '우수상'이라는 텍스트를 출력하고 그렇지 않은 경우에는 공란으로 표시하는 함수식으로, [I3] 셀에 다음과 같은 함수를 입력해야 합니다.

> IF(C3〉=90,IF(D3〉=90,IF(E3〉=90,"우수상"),""),"")

성명	워드	파워포인트	엑셀	우수상 (전과목 90점 이상)
배승은	45	58	55	=IF(C3〉=90,IF(D3〉=90,IF(E3〉=90,"우수상"),""),"")
심홍식	75	62	56	
안윤석	77	47	25	
전은용	85	77	62	
정윤아	98	92	96	우수상
조규하	65	66	78	
최대준	72	82	88	
하민숙	90	72	88	

함수식이 복잡하므로 각 인수를 색상으로 구분해 보겠습니다.

> =IF(C3〉=90,IF(D3〉=90,IF(E3〉=90,"우수상"),""),"")

많은 사람들이 이렇게 직접 입력하는 방법으로 IF 함수를 중첩해서 사용하지만, 소괄호나 쉼표, 셀 참조 등을 작성할 때 실수하거나 오타가 있을 경우에는 함수가 제대로 구현되지 않습니다. 원하는 결과를 구현할 수 있지만, 실용적인 측면에서 추천하지 않는 방법이죠. 이렇게 직접 입력하기 복잡한 함수는 '함수 마법사'를 활용해 보세요.

함수 마법사로 중첩 IF 함수 구현하기

이번에는 함수 마법사를 활용해 중첩 IF 함수를 좀 더 쉽게 구현하는 방법에 대해 알아보겠습니다.

1 [IF( )함수] 시트에서 **[I3]** 셀에 **'=IF('**를 입력한 후 [함수 삽입] 버튼(𝑓𝑥)을 클릭합니다.

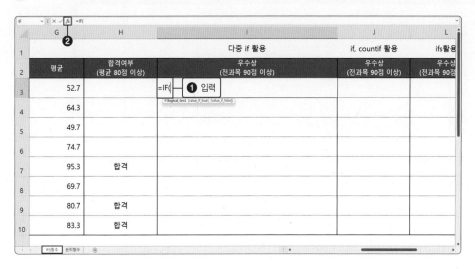

2 IF 함수의 [함수 인수] 대화상자가 표시되면 첫 번째 인수에는 조건인 **'C3>=90'**을, 두 번째 인수에는 **'if()'**를 입력합니다.

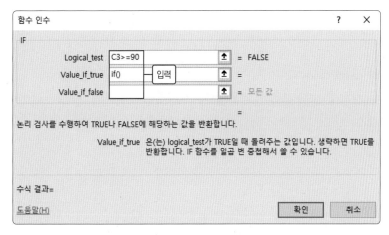

⭐ **TIP** — 값을 출력할 셀에 '=함수명('을 입력한 상태에서 [함수 삽입] 버튼(𝑓𝑥)을 클릭하면 입력한 함수의 [함수 인수] 대화상자를 즉시 표시할 수 있습니다.

3 [함수 인수] 대화상자에 인수를 입력하면 해당 내용이 수식 입력줄에도 표시됩니다. 수식 입력줄에 표시된 함수식에서 두 번째 인수로 입력한 **'if()'**를 클릭합니다.

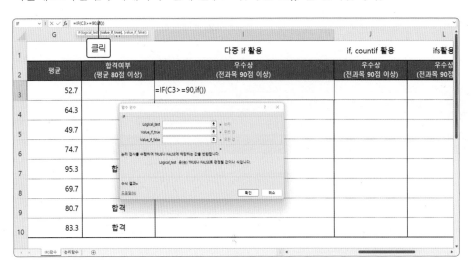

4 [함수 인수] 대화상자가 초기화된 것 같지만, 두 번째 인수로 입력한 IF 함수의 [함수 인수] 대화상자로 이동한 것입니다. 다시 첫 번째 인수에는 조건인 **'D3>=90'**을, 두 번째 인수에는 **'if()'**를 입력하세요.

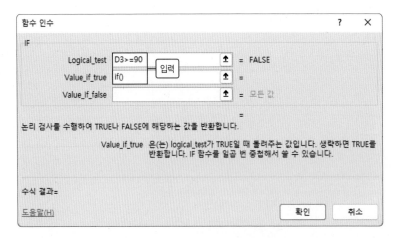

5 **3**과 같이 수식 입력줄의 함수식에서 세 번째 'if()'를 클릭합니다.

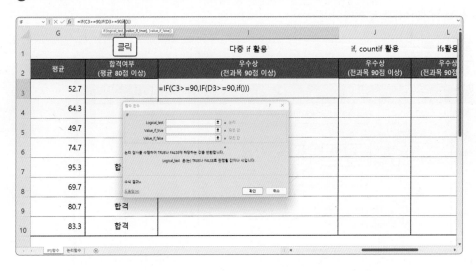

6 [함수 인수] 대화상자에 다음의 그림과 같이 각 인수를 입력합니다.

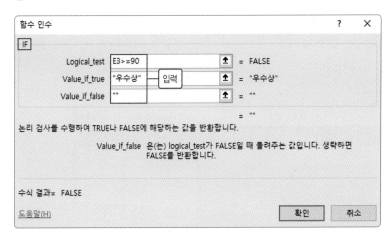

7 수식 표시줄에서 두 번째 '**IF**'를 클릭하고 세 번째 인수를 입력합니다.

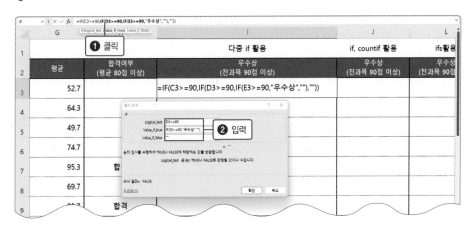

8 마지막으로 수식 입력줄의 함수식에서 첫 번째 **'IF'**를 클릭하고 [함수 인수] 대화상자에 인수를 입력한 다음 [확인]을 클릭합니다.

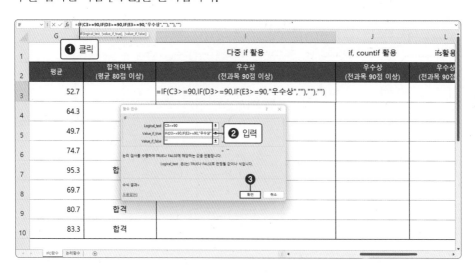

9 [I3] 셀에 결괏값을 구했으면 [I10] 셀까지 자동 채우기를 실행한 다음 [서식 없이 채우기]를 선택합니다. 복잡한 것 같지만 함수 입력 중 발생할 수 있는 오류를 최소화할 수 있는 방법이므로 실무에 활용하면 매우 유용합니다.

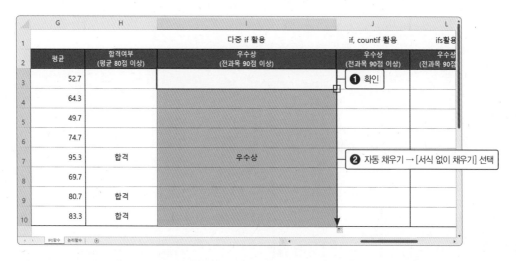

함수식이 길고 복잡하다면 줄 바꿈(⌜Alt⌟+⌜Enter⌟)과 띄어쓰기(⌜Spacebar⌟)를 활용하세요. 수식 입력줄을 클릭한 다음 드래그하면 수식 입력줄을 넓게 사용할 수 있습니다. 또는 수식 입력줄 확장/축소 단축키인 ⌜Ctrl⌟+⌜Shift⌟+⌜U⌟를 눌러도 됩니다.

> ✕ ✓ *fx*　=IF(C3>=90,IF(D3>=90,IF(E3>=90,"우수상"),""),"")
>
> 드래그
>
> ↕

중첩 함수는 줄 바꿈과 띄어쓰기로 구분하면 함수식의 가독성을 높일 수 있습니다. 줄 바꿈과 띄어쓰기는 수식과 함수에 영향을 주지 않으므로 함수식이 길고 복잡한 중첩 함수를 입력하고 확인할 때 유용합니다.

> ✕ ✓ *fx*　=IF(C3>=90,
> 　　　　IF(D3>=90,
> 　　　　　F(E3>=90,"우수상")　　⌜Alt⌟+⌜Enter⌟와 ⌜Spacebar⌟로 구분하기
> 　　　　,"")
> 　　　　,"")

✎ 실습 파일 21 │ 논리 함수

중첩 없이 구현하는 IF 함수 ① IF, COUNTIF 함수

IF 함수와 COUNTIF 함수를 함께 사용하면 간단한 함수식으로도 세 과목의 점수가 90점 이상인 경우에 '우수상'이라는 텍스트를 출력할 수 있습니다. 조건을 90점이 넘는 과목이 세 개일 때로 바꾸는 것이죠.

[J3] 셀에 직접 수식을 입력한 후 자동 채우기로 결괏값을 살펴보면 중첩 IF와 동일한 결괏값을 확인할 수 있습니다.

> - =IF((과목 범위 내 90점 이상의 셀 수)=3),"우수상"," ")
> - =IF((COUNTIF(C3:E3,">=90")=3),"우수상"," ")

1 [IF( )함수] 시트에서 **[J3]** 셀을 선택하고 [함수 삽입] 버튼(𝑓𝑥)을 클릭합니다. [함수 마법사] 대화상자가 표시되면 '함수 선택'에서 [IF]를 선택한 다음 [확인]을 클릭합니다.

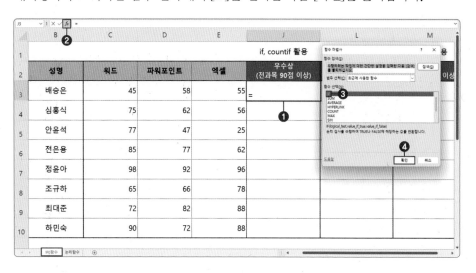

2 IF 함수의 [함수 인수] 대화상자가 표시되면 첫 번째 인수에 **'countif()'**를 입력하고 수식 표시줄에서 **'countif()'**를 클릭합니다.

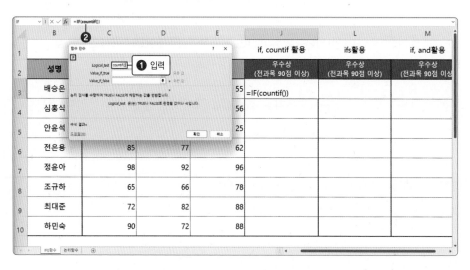

3 COUNTIF 함수의 [함수 인수] 대화상자가 표시되면 다음의 그림과 같이 인수를 입력합니다. 첫 번째 인수는 '워드', '파워포인트', '엑셀' 성적의 범위인 **'C3:E3'**을, 두 번째 인수는 점수가 90점이 넘는 조건으로 큰따옴표와 비교 연산자를 활용해 **'">=90"'**을 입력하세요.

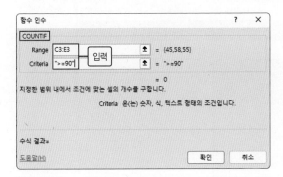

⭐ **TIP** — [C3:E3] 영역을 드래그해서 영역으로 지정할 수도 있습니다.

4 수식 표시줄에서 **'IF'**를 클릭하고 첫 번째 인수의 뒤에 **'=3'**을 입력합니다. COUNTIF 함수는 조건에 맞는 개수를 반환하는데, 과목 범위 내 90점 넘는 개수가 전 과목 개수인 3개와 동일하다는 조건을 적용합니다. 중첩 IF 함수는 각 과목별로 조건을 부여한 것과 달리 더 쉽게 수식을 구현할 수 있습니다. 두 번째 인수에는 첫 번째 조건이 참일 경우에 출력할 **'"우수상"'**을, 세 번째 인수에는 첫 번째 조건이 거짓일 경우에 출력할 공백 **'""'**을 입력하고 [확인]을 클릭합니다.

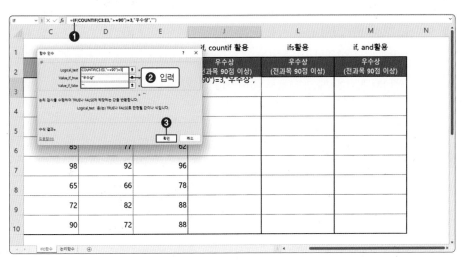

5 [J3] 셀에 결괏값을 구했으면 나머지 셀에 자동 채우기를 실행하고 [자동 채우기 옵션] 버튼
(⊞)을 클릭한 다음 [서식 없이 채우기]를 선택합니다.

B	C	D	E	J	L	M
				if, countif 활용	ifs활용	if, and활용
성명	워드	파워포인트	엑셀	우수상 (전과목 90점 이상)	우수상 (전과목 90점 이상)	우수상 (전과목 90점 이상)
배승은	45	58	55		**①** 확인	
심홍식	75	62	56			
안윤석	77	47	25			
전은용	85	77	62			
정윤아	98	92	96	우수상	**②** 자동 채우기 → [서식 없이 채우기] 선택	
조규하	65	66	78			
최대준	72	82	88			
하민숙	90	72	88			

✎ 실습 파일 21 | 논리 함수

중첩 없이 구현하는 IF 함수 ② IFS 함수

COUNTIF 함수 없이 IFS 함수만 이용하는 방법도 있습니다. IFS 함수는 엑셀 2019, 엑셀 2021, M365(Microsoft 365)에서만 사용할 수 있으므로 버전을 꼭 확인해 주세요.

IFS 함수는 IF 함수를 개선하여 IF의 중첩 사용을 최소화한 함수입니다. IF 함수의 인수 중 하나인 거짓일 때의 출력값에 대한 인수가 없는 것이 특징으로, 참일 때 출력되는 값만 입력하면 됩니다. 각 과목별 점수가 90 미만일 때 공백으로 처리하고 그 외의 조건일 때는 '우수상'을 출력해 보겠습니다.

- =IFS(조건 1,조건 1 참 출력,조건 2,조건 2 참 출력,조건 3,조건 3 참 출력,…)
- =IFS(워드<90," ",파워포인트<90," ",엑셀<90," ",엑셀>=90,"우수상")
- =IFS(C3<90," ",D3<90," ",E3<90," ",E3>=90,"우수상")

196

1 [IF( )함수] 시트에서 **[L3]** 셀을 선택하고 [함수 삽입] 버튼(*fx*)를 클릭합니다. [함수 마법사] 대화상자가 표시되면 '함수 선택'에서 [IFS]를 선택한 다음 [확인]을 클릭합니다.

2 IFS 함수의 [함수 인수] 대화상자가 표시되면 첫 번째 인수는 첫 번째 조건이고 두 번째 인수는 첫 번째 조건이 참일 경우에 출력할 값입니다. 워드 과목이 90점 미만일 경우가 첫 번째 조건이므로 첫 번째 인수에는 '**C3<90**'을, 두 번째 인수에는 공백인 '**" "**'를 입력합니다.

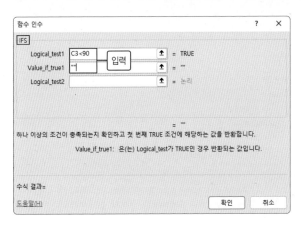

3 세 번째 인수는 두 번째 조건이고
네 번째 인수는 두 번째 조건이 참일 경
우에 출력할 값입니다. 세 번째 인수는
파워포인트 과목이 90점 미만일 경우이
므로 '**D3<90**'을, 네 번째 인수는 공백
인 '**" "**'를 입력합니다.

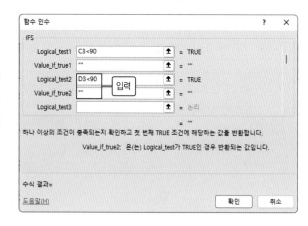

4 이와 같은 방법으로 네 번째 조건과
네 번째 조건이 참일 경우에 출력할 값
을 입력합니다.

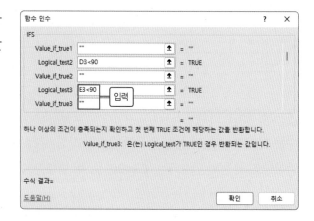

5 마지막 조건은 엑셀 성적이 90점
이상일 경우(E3>=90) 최종적으로 모든
조건이 참이면 '우수상'이라는 텍스트를
출력하기 위해 오른쪽 그림과 같이 인
수를 입력하고 [확인]을 클릭합니다.

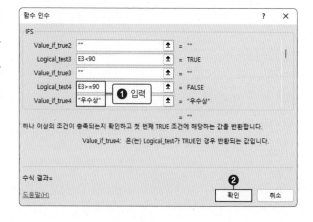

6 [L3] 셀에 결괏값을 구했으면 다른 셀에 자동 채우기를 실행하고 [자동 채우기 옵션] 버튼(🖳)을 클릭한 다음 [서식 없이 채우기]를 선택합니다.

	B	C	D	E		L	M	N	C
1						ifs활용	if, and활용		
2	성명	워드	파워포인트	엑셀		우수상 (전과목 90점 이상)	우수상 (전과목 90점 이상)		
3	배승은	45	58	55			❶ 확인		
4	심홍식	75	62	56					
5	안윤석	77	47	25					
6	전은용	85	77	62					
7	정윤아	98	92	96		우수상	❷ 자동 채우기 → [서식 없이 채우기] 선택		
8	조규하	65	66	78					
9	최대준	72	82	88					
10	하민숙	90	72	88					

L3: =IFS(C3<90,"",D3<90,"",E3<90,"",E3>=90,"우수상")

✏ **실습 파일 21** | 논리 함수, 중첩IF

따라하기 중첩 없이 구현하는 IF 함수 ③ IF, AND 함수

이번에는 IF 함수와 논리 함수인 AND 함수를 이용하는 방법을 살펴보겠습니다. AND, OR 함수 등은 대표적인 논리 함수로, IF 함수와 함께 사용하면 조건식을 대신할 수 있습니다

AND 함수를 이용해 모든 과목이 90점 이상일 경우에는 IF 함수의 조건으로 이용합니다.

- **=AND(인수,인수,인수,⋯):** 모든 인수가 참일 때는 '참'을, 거짓 인수가 하나라도 있으면 '거짓'을 반환
- **=OR(인수,인수,인수,⋯):** 인수가 하나라도 참이면 '참'을 반환

- =IF(AND(워드〉=90,파워포인트〉=90,엑셀〉=90),"우수상","")
- =IF(AND(C3〉=90,D3〉=90,E3〉=90),"우수상","")

1 [IF( )함수] 시트에서 **[M3]** 셀을 선택하고 [함수 삽입] 버튼(*fx*)을 클릭합니다. [함수 마법사] 대화상자가 표시되면 '함수 선택'에서 [IF]를 선택한 다음 [확인]을 클릭합니다.

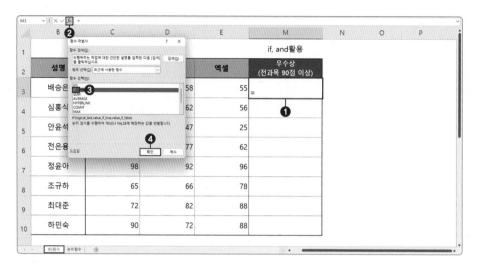

2 IF 함수의 [함수 인수] 대화상자가 표시되면 첫 번째 인수에 **'AND()'**를 입력하고 수식 입력줄의 함수식에서 **'AND'**를 클릭합니다.

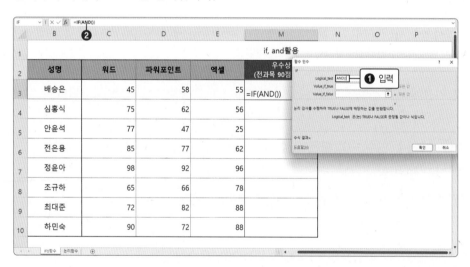

3 AND 함수의 [함수 인수] 대화상자가 표시되면 다음의 그림과 같이 각 과목이 90점 이상인 조건문 **'C3>=90'**, **'D3>=90'**, **'E3>=90'**을 차례대로 입력하고 수식 입력줄의 함수식에서 **'IF'** 를 클릭하세요.

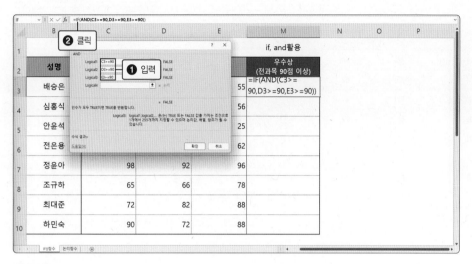

💠 **TIP** ── [함수 인수] 대화상자에서 Tab 을 누르면 인수를 추가할 수 있습니다.

4 IF 함수의 [함수 인수] 대화상자가 표시되면 참일 경우에 출력할 값과 거짓일 경우에 출력할 값을 입력하고 [확인]을 클릭합니다.

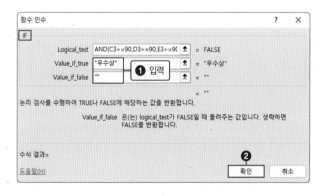

5 [N3] 셀에 결괏값을 구했으면 나머지 다른 셀에 자동 채우기를 실행하고 [자동 채우기 옵션] 버튼(📋)을 클릭한 다음 [서식 없이 채우기]를 선택합니다.

지금까지 함수를 중첩하지 않고 IF 함수를 구현하는 방법에 대해 알아보았습니다. 여기에서 가장 중요한 것은 IF 함수의 사용 방법이지만, 기존 함수를 다양하게 활용할 수 있다는 것도 알아야 합니다. 엑셀과 함수 사용에 정해진 방법은 없으므로 IF 함수의 중첩이나 어려운 함수로만 구현해야 하는 것도 새로운 방법을 시도해서 원하는 결과를 얻을 수 있습니다. 그러므로 실무를 처리하는 데 가장 빠르고 효율적인 방법을 찾아보세요.

전문가의 조언

더 알아두면 좋은 실무 함수

숫자 함수

함수	기능
AVERAGE	인수의 평균
AVERAGEIF	조건에 맞는 인수의 평균
AVERAGEIFS	여러 조건에 맞는 인수의 평균
COUNT	숫자가 입력된 셀의 개수
COUNTA	숫자, 텍스트, 논리값이 입력된 비어있지 않은 셀의 개수
COUNTBLANK	비어있는 셀의 개수
COUNTIF	하나의 조건을 맞는 셀의 개수
COUNTIFS	여러 조건에 맞는 셀의 개수
MAX, MIN	인수 중 최댓값(MAX)/최솟값(MIN)

함수	기능
SUM	인수의 합
SUMIF	조건에 맞는 인수의 합
SUMIFS	여러 조건에 맞는 인수의 합

논리 함수

함수	기능
AND	참조한 셀의 모든 값이 참(TRUE)일 경우에만 참 값 출력
OR	• 참조한 셀의 값 중 하나여도 참(TRUE)일 경우에는 참 값 출력 • 참조한 셀의 모든 값이 거짓(FALSE)일 때만 거짓 값 출력
NOT	인수 하나를 반대로 바꿈(TRUE ↔ FALSE)
IF	한 가지 조건을 비교해 출력값 반환(TRUE, FALSE)
IFS	여러 조건을 비교해 출력값 반환(TRUE, FALSE)

문자 함수

함수	기능
CONCATENATE	문자 연결
LEN	문자의 개수 출력
LEFT	지정한 수만큼 왼쪽 문자 추출
MID	시작 위치부터 지정한 수만큼 문자 추출
RIGHT	지정한 수만큼 오른쪽 문자 추출

찾기 함수

함수	기능
ROW	줄 번호 출력
VLOOKUP	기준값에 맞는 특정 값 출력 =VLOOKUP(기준값,데이터 범위,열 번호,논리값)

날짜 함수

함수	기능
HOUR	현재 시간 반환
MINUTE	현재 분 반환
SECOND	현재 초 반환
NOW	현재 시간 반환
TODAY	오늘 날짜 반환

실무 함수 정복하기 ② LOOKUP 함수

엑셀 초보자가 IF 함수만큼 어렵게 생각하는 함수는 바로 VLOOKUP 함수입니다. 하지만 VLOOKUP 함수의 특성을 이해한다면 쉽게 이용할 수 있어요. 이번에는 VLOOKUP 함수를 제대로 이해한 다음 쉽게 이용하는 방법에 대해 알아보겠습니다.

〉 VLOOKUP 함수 이해하기 〈

VLOOKUP 함수는 실무에서 활용도가 높은 함수입니다. 사실 VLOOKUP 함수를 제대로 이용한다는 것은 셀 참조, 데이터 유형, 데이터베이스의 구조, 논리값 등을 정확하게 이해하고 있다는 것이므로 더 이상 엑셀 초보자라고 할 수 없습니다. 하지만 엑셀 중급 사용자도 VLOOKUP 함수가 어렵다고 생각하는 이유는, VLOOKUP 함수의 특징을 제대로 이해하지 못한 채 MATCH 함수, INDEX 함수, OFFSET 함수 등 다른 찾기/참조 함수를 중첩해서 사용하기 때문입니다.

=VLOOKUP(기준값, 데이터 범위, 열 번호, 논리값)

기준값을 기준으로 데이터 범위에서
열 번호 만큼 떨어진 데이터를 찾는 함수

- ✔ 기준값을 기준으로 오른쪽만 검색 가능
- ✔ 마지막 논리값이 **TRUE**이면 유사값 반환
- ✔ 기준값은 중복되지 않는 고유키 값 필요
  (중복 시 첫 번째 기준값으로 검색)

=VLOOKUP(기준값,데이터 범위,열 번호,논리값)

- **기준값**: 중복되지 않는 고윳값(중복값이 있으면 가장 먼저 찾은 값)
- **데이터 범위**: 기준값의 오른쪽 범위
- **열 번호**: 기준값으로부터 떨어진 열 번호
- **논리값**: FALSE=0(정확한 값 반환), TURE=0 이외의 값(유사한 값 반환)

VLOOKUP 함수를 이용할 때 가장 중요한 것은 기준값의 오른쪽 범위만 검색한다는 것입니다. VLOOKUP은 '수직'을 뜻하는 'vertical'과 '조사', '검색'을 뜻하는 'lookup'의 합성어입니다. 따라서 VLOOKUP 함수는 데이터 범위에서 기준값을 수직 방향으로 찾은 다음 오른쪽 방향의 데이터를 검색하는 찾기 함수입니다. 이때 데이터를 검색하는 방향은 기준값의 '오른쪽'이라는 것을 반드시 기억하세요.

VLOOKUP 함수는 기준값의 '오른쪽' 방향의 데이터만 검색합니다.

이러한 VLOOKUP 함수의 특징 때문에 기준값의 왼쪽 방향에 있는 데이터를 찾기 위해 MATCH 함수, INDEX 함수, OFFSET 함수 등 다른 찾기 함수를 중첩해서 사용합니다. 하지만 데이터베이스를 제대로 구축한다면 VLOOKUP 함수 하나만으로도 충분히 원하는 데이터를 찾을 수 있어요.

실습 파일 22 | VLOOKUP, XLOOKUP

VLOOKUP 함수 활용하기

실습예제는 왼쪽의 데이터베이스 영역과 오른쪽의 찾기 영역으로 구분되어 있습니다. 찾기 영역은 **VLOOKUP** 함수로 원하는 데이터를 가져올 영역입니다. 데이터베이스 영역에서 중복되지 않는 고윳값은 학번과 전화번호입니다. 하지만 학번이 가장 왼쪽 열에 있기 때문에 **VLOOKUP** 함수를 이용하려면 학번을 기준값으로 사용해야 합니다. 이번 예제에서는 학번을 기준값으로 사용해서 오른쪽 방향에 정리된 학과, 이름, 전화번호, 금액을 가져와보겠습니다.

1 [VLookup] 시트에서 **[H2]** 셀을 선택하고 수식 입력줄에서 [함수 삽입] 버튼(*fx*)을 클릭합니다.

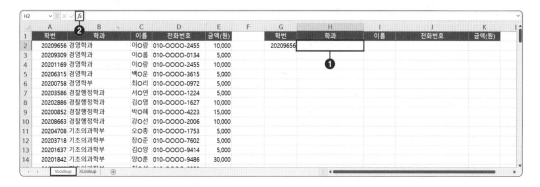

2 [함수 마법사] 대화상자가 표시되면 '함수 선택'에서 [VLOOKUP]을 선택하고 [확인]을 클릭합니다.

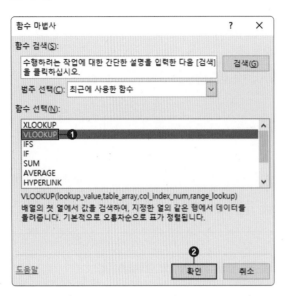

✦ **TIP** ── 목록에 VLOOKUP 함수가 보이지 않으면 '함수 검색'에 'VLOOKUP'을 직접 입력하여 검색하세요.

3 VLOOKUP 함수의 [함수 인수] 대화상자가 표시되면 첫 번째 인수는 기준값(찾을 값)으로, 고윳값이 입력되어 있는 **[G2]** 셀을 선택합니다. **[G2]** 셀에 입력된 함수식을 자동 채우기에 이용할 것이므로 참조 형식이 변경되지 않도록 **F4** 를 눌러 절대 참조로 변경하세요.

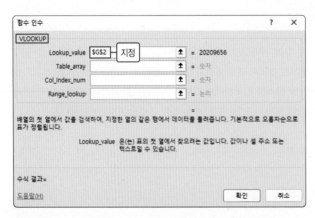

✦ **TIP** ── 절대 참조에 대한 자세한 내용은 142쪽을 참고하세요.

4 두 번째 인수는 테이블 범위(찾을 범위)로, 기준값을 검색할 [A:E] 열을 드래그해 선택합니다. 테이블 범위도 F4 를 눌러 절대 참조로 변경하세요.

5 세 번째 인수는 가져올 데이터가 있는 열 번호입니다. '학과' 데이터가 기준값인 '학번'을 기준으로 두 번째에 있으므로 **'2'**를 입력합니다.

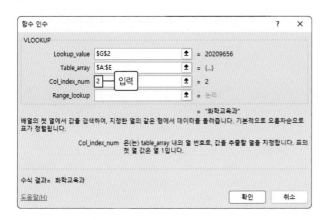

6 네 번째 인수는 논리값입니다. 정확한 값을 가져올 것이므로 **'FALSE'**나 **'0'**을 입력하고 [확인]을 클릭합니다.

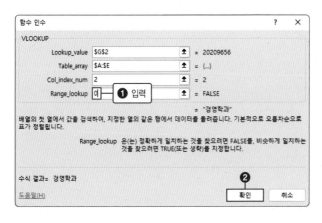

⭐ **TIP** — 논리값(Range_lookup)에 'TRUE'나 '0' 이외의 모든 값을 입력하면 유사값을 반환합니다. 유사값 반환에 대한 자세한 내용은 204쪽과 212쪽을 참고하세요.

7 기준값인 학번 '20209656'의 오른쪽 두 번째 데이터인 '경영학과'를 가져온 것을 확인할 수 있습니다.

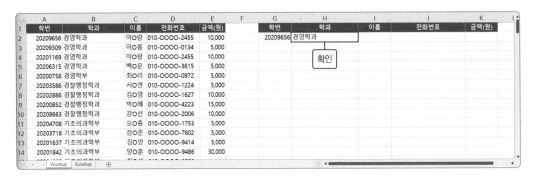

8 이제 자동 채우기로 다른 셀에 함수식을 채우고 열 번호만 수정하면 '이름', '전화번호', '금액(원)'을 가져올 수 있습니다.

- **[H2]:** =VLOOKUP($G$2,$A:$E,2,0)
- **[I2]:** =VLOOKUP($G$2,$A:$E,3,0)
- **[J2]:** =VLOOKUP($G$2,$A:$E,4,0)
- **[K2]:** =VLOOKUP($G$2,$A:$E,5,0)

XLOOKUP 함수 활용하기

VLOOKUP 함수는 기준값의 오른쪽 방향에 있는 값만 검색하기 때문에 MATCH 함수, INDEX 함수, OFFSET 함수 등을 중첩해서 왼쪽 방향을 검색할 수 있습니다. 하지만 엑셀 2021 이상, M365 버전부터는 XLOOKUP 함수를 제공하므로 왼쪽 방향도 검색할 수 있어요. XLOOKUP 함수는 VLOOKUP 함수를 보완한 함수로, 사용이 쉽고 직관적입니다.

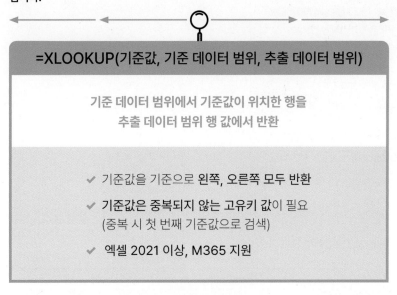

=XLOOKUP(기준값, 기준 데이터 범위, 추출 데이터 범위)

기준 데이터 범위에서 기준값이 위치한 행을
추출 데이터 범위 행 값에서 반환

✔ 기준값을 기준으로 왼쪽, 오른쪽 모두 반환
✔ 기준값은 중복되지 않는 고유키 값이 필요
  (중복 시 첫 번째 기준값으로 검색)
✔ 엑셀 2021 이상, M365 지원

=XLOOKUP(기준값,기준 데이터 범위,추출 데이터 범위)
- **기준값**: 중복되지 않는 고윳값(중복값이 있으면 가장 먼저 찾은 값)
- **기준 데이터 범위**: 기준값이 포함된 열 데이터
- **추출 데이터 범위**: 가져올 열 데이터

1 [XLookup] 시트에서 **[H2]** 셀을 선택하고 [함수 삽입] 버튼(𝑓𝑥)을 클릭합니다.

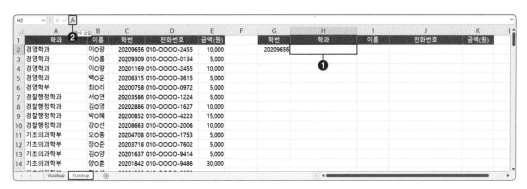

2 [함수 마법사] 대화상자에서 [XLOOKUP] 함수를 선택하거나 검색하여 [확인]을 클릭합니다.

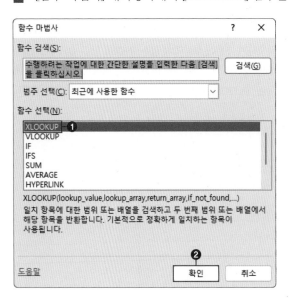

3 XLOOKUP 함수의 [함수 인수] 대화상자가 표시되면 첫 번째 인수에는 기준값인 **[G2]** 셀을 선택하고 **F4**를 눌러 절대 참조로 변경합니다.

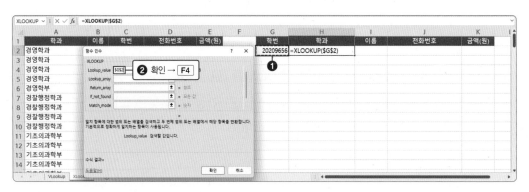

4 두 번째 인수에는 기준값이 포함된 **[C]** 열을 선택하고 참조 범위가 변하지 않도록 **F4**를 눌러 절대 참조로 변경합니다.

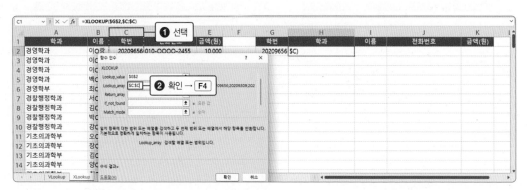

5 세 번째 인수에는 가져올 값이 포함된 [A] 열을 선택합니다. 나머지 인수는 선택 사항이므로 그대로 두고 [확인]을 클릭하세요.

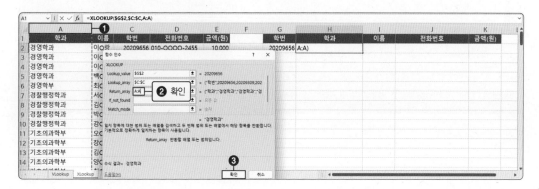

6 함수식을 모두 입력했으면 자동 채우기로 나머지 셀에 함수식을 채우고 세 번째 인수인 가져올 열만 수정합니다. 이 예제에서는 값을 순서대로 가져오므로 참조할 열을 지정하지 않아도 자동 채우기를 실행하면 상대 참조가 적용됩니다.

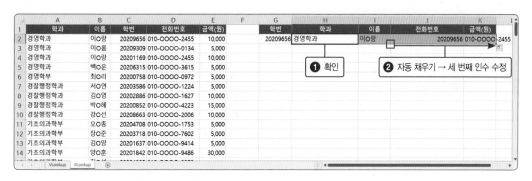

- **[H2]:** =XLOOKUP($G$2,$C:$C,A:A)
- **[I2]:** =XLOOKUP($G$2,$C:$C,B:B)
- **[J2]:** =XLOOKUP($G$2,$C:$C,D:D)
- **[K2]:** =XLOOKUP($G$2,$C:$C,E:E)

◆ **TIP** — XLOOKUP 함수를 지원하지 않는 엑셀 하위 버전에서는 XLOOKUP 함수로 구현한 값은 확인할 수 있지만, 함수식은 수정할 수 없습니다.

VLOOKUP 함수의 TRUE 인수

VLOOKUP 함수의 마지막 인수는 논리값으로, 정확한 값을 반환하려면 'FALSE'나 '0'을 입력해야 합니다. 이번에는 유사값을 반환하는 논리값이 'TRUE'인 경우와 활용법에 대해 알아보겠습니다.

VLOOKUP 함수의 마지막 인수는 논리값입니다. 논리값 TRUE는 같은 값일 때는 FALSE와 같이 정확한 값을 반환합니다. 하지만 같은 값이 다르면 사용자가 지정한 값 중에서 유사한 값을 반환하고 유사한 값 중에서 기준값보다 작은 값을 반환합니다.

- **False = 0: 정확한 값**
- **TRUE = 0 이외의 값: 유사값**

VLOOKUP 함수를 참조하는 두 번째 인수의 데이터 범위는 오름차순으로 정렬되어 있어야 합니다. 내림차순일 경우 기준값 중 가장 작은 값이 반환되므로 반드시 데이터 값의 정렬 상태를 확인해 주세요.

실습 파일 23 | VLOOKUP 함수의 TRUE 인수

VLOOKUP 함수의 논리값 TRUE 활용하기

VLOOKUP 함수의 마지막 인수는 0이나 FALSE가 아닌 TRUE가 사용되기도 합니다. 이번에는 TRUE를 언제 사용하는지 알아보겠습니다.

1 [금액] 시트의 **[C2]** 셀에 **'=VLOOKUP(B2,$E:$F,2,0)'**을 입력하면 정확하게 일치하는 값을 찾을 수 없어서 #N/A 오류가 표시됩니다. 이것은 VLOOKUP 함수의 마지막 인수인 논리값에 '0'을 입력해 정확하게 일치하는 값을 찾으려고 했기 때문입니다. 즉 [B] 열의 값 중에서 [E] 열에 '정확하게 일치하는 값'이 없기 때문에 #N/A 오류가 발생하는 것입니다.

	A	B	C	D	E	F	C
1	NO	금액	금액대		금액	금액대	
2	1	974,200	=VLOOKUP(B2,$E:$F,2,0)	❶ 입력	0	10만원 이하	

	A	B	C	D	E	F	C
1	NO	금액	금액대		금액	금액대	
2	1	974,200	#N/A		0	10만원 이하	
3	2	1,130,090	#N/A		100,000	10만원대	
4	3	412,510	#N/A		200,000	20만원대	
5	4	847,340	#N/A		300,000	30만원대	
6	5	708,620	#N/A		400,000	40만원대	
7	6	1,156,610	#N/A		500,000	50만원대	
8	7	583,850	#N/A	❷ 확인	600,000	60만원대	
9	8	835,380	#N/A		700,000	70만원대	
10	9	53,470	#N/A		800,000	80만원대	
11	10	304,920	#N/A		900,000	90만원대	
12	11	533,620	#N/A		1,000,000	100만원 이상	
13	12	238,040	#N/A				
14	13	949,850	#N/A				

금액 | 연령 | 시간

✦ **TIP** — #N/A는 'Not Available'의 약자입니다.

2 [C2] 셀에 입력한 VLOOKUP 함수의 논리값을 **'TRUE'**나 **'1'**로 변경하면 금액대 값을 잘 가져와서 결괏값이 표시됩니다. TRUE 인수를 활용한 유사값은 기준값보다 작은 값에 해당하는 데이터를 반환하므로 금액, 연령, 시간 등에 활용할 수 있어요.

	A	B	C	D	E	F	C
1	NO	금액	금액대		금액	금액대	
2	1	974,200	=VLOOKUP(B2,$E:$F,2,TRUE)	❶ 수정	0	10만원 이하	

	A	B	C	D	E	F	C
1	NO	금액	금액대		금액	금액대	
2	1	974,200	90만원대		0	10만원 이하	
3	2	1,130,090	100만원 이상		100,000	10만원대	
4	3	412,510	40만원대		200,000	20만원대	
5	4	847,340	80만원대		300,000	30만원대	
6	5	708,620	70만원대		400,000	40만원대	
7	6	1,156,610	100만원 이상		500,000	50만원대	
8	7	583,850	50만원대	❷ 확인	600,000	60만원대	
9	8	835,380	80만원대		700,000	70만원대	
10	9	53,470	10만원 이하		800,000	80만원대	
11	10	304,920	30만원대		900,000	90만원대	
12	11	533,620	50만원대		1,000,000	100만원 이상	
13	12	238,040	20만원대				
14	13	949,850	90만원대				

금액 | 연령 | 시간

3 이와 같은 방법으로 [연령] 시트와 [시간] 시트의 데이터를 이용해 근삿값을 출력할 수 있습니다.

	A	B	C	D	E	F
1	ID	생년	연대		생년	연대
2	*p*cak	1986	=VLOOKUP(B2,$E:$F,2,TRUE)		1960	1960년대
3	*j*134ouk	1980	1980년대		1970	1970년대
4	*h*urk	2004	2000년대		1980	1980년대
5	*j*o221	1992	1990년대		1990	1990년대
6	*k*metes	1986	1980년대		2000	2000년대
7	*g*riass	1980	1980년대		2010	2010년대
8	*r*cia7	2002	2000년대			
9	*s*intp	1989	1980년대			
10	*s*intp	2000	2000년대			
11	*s*intp	1995	1990년대			
12	*n*wttl21	1964	1960년대			
13	*k*c6868	1972	1970년대			
14	*m*nnani05	2010	2010년대			

금액 연령 시간 ⊕

	A	B	C	D	E	F
1	주문일시	주문시간	시간대		주문시간	시간대
2	2015-12-01	00:00	=VLOOKUP(B2,$E:$F,2,TRUE)		00:00	0시
3	2015-12-01	00:00	0시		01:00	1시
4	2015-12-01	00:02	0시		02:00	2시
5	2015-12-01	00:02	0시		03:00	3시
6	2015-12-01	00:03	0시		04:00	4시
7	2015-12-01	00:04	0시		05:00	5시
8	2015-12-01	00:04	0시		06:00	6시
9	2015-12-01	00:04	0시		07:00	7시
10	2015-12-01	00:06	0시		08:00	8시
11	2015-12-01	00:06	0시		09:00	9시
12	2015-12-01	00:06	0시		10:00	10시
13	2015-12-01	00:08	0시		11:00	11시
14	2015-12-01	00:08	0시		12:00	12시

금액 연령 시간 ⊕

SUBTOTAL 함수 활용해 필터에 반응하는 보고서 작성하기

인수로 데이터 영역을 지정하는 SUM, AVERAGE, COUNT, MAX, MIN 등의 함수는 편리하지만, 숨겨진 행/열이나 필터를 제대로 반영하지 않기 때문에 이들 영역을 다시 인수로 지정해야 합니다. 하지만 SUBTOTAL 함수를 사용하면 숨겨진 행/열이나 필터까지 반영해서 원하는 결과를 실시간으로 확인할 수 있어요.

SUBTOTAL 함수 이해하기

SUM 함수, AVERAGE 함수, COUNT 함수는 숨겨진 행/열이나 필터링을 제대로 반영하지 않으므로 다음의 그림과 같이 항상 지정된 범위의 전체 값에 대한 결괏값이 표시됩니다. 그러므로 숨겨진 행/열이 있거나 필터가 적용된 경우에는 SUM 함수로 다시 합계를 구하거나 계산 결과의 합계가 달라지는 실수를 하게 됩니다. 이렇게 숨겨진 행/열을 제외하거나 필터가 적용된 영역의 합계를 구하려면 SUBTOTAL 함수를 사용해 보세요.

	A	B	C	D	E	F	G	H	I	J
1	학번	학과	이름	전화번호	금액(원)		합계	평균	참여자수	
2	209656	경영학과	이○랑	010-○○○○-2455	10,000		1,427,000	12,409	115	
3	209309	경영학과	이○롬	010-○○○○-0134	5,000					
4	201169	경영학과	이○랑	010-○○○○-2455	10,000					
5	206315	경영학과	백○운	010-○○○○-3615	5,000					
6	200758	경영학부	최○리	010-○○○○-0972	5,000					
7	203586	경찰행정학과	서○연	010-○○○○-1224	5,000					
8	202886	경찰행정학과	김○영	010-○○○○-1627	10,000					
9	200852	경찰행정학과	박○혜	010-○○○○-4223	15,000					
10	208663	경찰행정학과	강○선	010-○○○○-2006	10,000					
11	204708	기초의과학부	오○춤	010-○○○○-1753	5,000					

Sheet1 Sheet2 (+)

▲ 원본 데이터의 결괏값

	A	B	C	D	E	F	G	H	I	J
1	학번	학과	이름	전화번호	금액(원)		합계	평균	참여자수	
2	209656	경영학과	이○랑	010-○○○○-2455	10,000		1,427,000	12,409	115	
3	209309	경영학과	이○롬	010-○○○○-0134	5,000					
4	201169	경영학과	이○랑	010-○○○○-2455	10,000					
5	206315	경영학과	백○운	010-○○○○-3615	5,000					
135										
136										
137										
138										
139										
140										

Sheet1 Sheet2 (+)

▲ 행 숨기기를 적용한 상태의 결괏값

▲ 필터를 적용한 데이터의 결괏값

=SUBTOTAL(함수 번호,범위)

• **함수 번호**: SUBTOTAL 함수의 첫 번째 인수는 함수 번호입니다. 다음의 표와 같이 사용할 함수에 따라 두 가지 인수
를 사용할 수 있고 각 함수별 함수 번호는 숨겨진 셀을 무시할지, 포함할지에 따라 선택해서 사용하면 됩니다.

함수	함수 번호(숨겨진 셀 무시)	함수 번호(숨겨진 셀 포함)
AVERAGE	1	101
COUNT	2	102
COUNTA	3	103
MAX	4	104
MIN	5	105
PRODUCT	6	106
STDEV	7	107
STDEVP	8	108
SUM	9	109
VAR	10	110
VARP	11	111

• **범위**: 적용할 셀 또는 데이터 범위

9, 109 인수를 활용해서 차이를 확인하기 위해 [G2] 셀에는 '=SUBTOTAL(9,E:E)'를, [H2] 셀에
는 '=SUBTOTAL(1,E:E)'를, [I2] 셀에는 '=SUBTOTAL(2,E:E)'를 입력해 보세요.

	G	H	I
1	합계	평균	참여자수
2	=SUBTOTAL(9,E:E)	=SUBTOTAL(1,E:E)	=SUBTOTAL(2,E:E)

이때 행 숨기기와 필터를 각각 적용하여 결과를 살펴보면 셀 숨기기는 변화가 없지만, 필터링했을 경우에는 적용된 필터의 값만 결괏값으로 표시된 것을 확인할 수 있습니다.

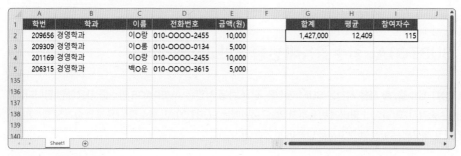

▲ 행 숨기기를 적용한 상태

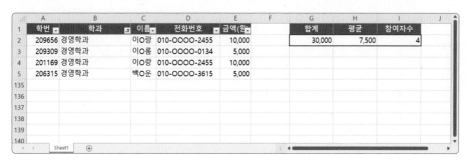

▲ 필터를 적용한 상태

이번에는 [G2] 셀에는 '=SUBTOTAL(109,E:E)'를, [H2] 셀에는 '=SUBTOTAL(101,E:E)'를, [I2] 셀에는 '=SUBTOTAL(102,E:E)'를 입력합니다.

	G	H	I
1	합계	평균	참여자수
2	=SUBTOTAL(109,E:E)	=SUBTOTAL(101,E:E)	=SUBTOTAL(102,E:E)

결과를 살펴보면 행 숨기기와 필터가 적용된 결괏값을 확인할 수 있습니다.

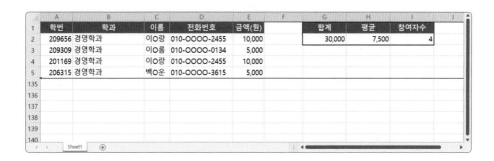

이와 같은 이유로 실무에서는 SUM 함수, AVERAGE 함수, COUNT 함수 등의 기본적인 함수보다 필요에 따라 숨기기와 필터에 모두 반응하는 SUBTOTAL 함수를 활용하는 것을 추천합니다.

SUBTOTAL 함수 활용해 반응형 보고서 작성하기

항목 수는 **COUNT** 함수를, 총 사용 시간은 **SUM** 함수를, 평균 사용 시간은 **AVERAGE** 함수를 사용하면 됩니다. 하지만 이 함수들은 숨겨진 행/열이나 필터에 반응하지 않죠. 이번에는 **SUBTOTAL** 함수를 사용해서 숨겨진 행/열이나 필터가 실시간으로 적용되는 반응형 보고서를 만들어 보겠습니다.

1 사용 시간을 계산하기 위해 **[G4]** 셀에 '**=F4-E4**'를 입력합니다. 시간은 숫자 형식이므로 빼기 수식으로 사용 시간을 계산할 수 있어요.

2 **[G4]** 셀에 사용 시간이 계산되면 **[G4]** 셀의 자동 채우기 커서를 더블클릭해 자동 채우기를 합니다.

3 항목 수인 [J1] 셀에는 '=SUBTOTAL(102,A:A)'를, 총 사용 시간인 [L1] 셀에는 '=SUBTOTAL(109,G:G)'를, 평균 사용 시간인 [M1] 셀에는 '=SUBTOTAL(101,G:G)'를 입력하세요.

[J1] =SUBTOTAL(102,A:A)

- **함수 번호 102**: 행/열 숨기기, 필터에 반응하는 COUNT 함수
- **데이터 범위 [A:A]**: 숫자 유형인 날짜 데이터 범위(시간도 숫자 유형이므로 G열도 활용 가능)

[L1] =SUBTOTAL(109,A:A)

- **함수 번호 109**: 행/열 숨기기, 필터에 반응하는 SUM 함수
- **데이터 범위 [G:G]**: 사용시간 데이터 범위

[M1] =SUBTOTAL(101,A:A)

- **함수 번호 101**: 행/열 숨기기, 필터에 반응하는 AVERAGE 함수
- **데이터 범위 [G:G]**: 사용 시간 데이터 범위

4 각 데이터에 맞는 표시 형식을 설정하기 위해 Ctrl + 1 을 누르거나 마우스 오른쪽 버튼을 클릭하고 [셀 서식]을 선택합니다. [셀 서식] 대화상자가 표시되면 [표시 형식] 탭에서 [사용자 지정] 범주를 선택한 다음 각 셀에 표시 형식을 지정해 주세요.

5 [J1] 셀에는 '**#,0시간**'을, 총 사용 시간인 [L1] 셀에는 '**[HH]시간**'을, 평균 사용 시간인 [N1] 셀에는 '**HH시간**'을 지정합니다.

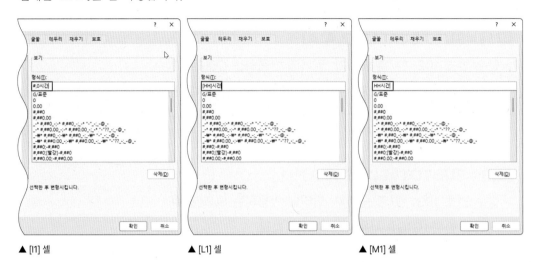

▲ [I1] 셀　　　　　　　　　　▲ [L1] 셀　　　　　　　　　　▲ [M1] 셀

✦ **TIP** — 24시간을 초과하는 시간은 [HH]로 표시합니다. 이와 마찬가지로 60분이 넘는 분은 [MM] 표시 형식을, 60초가 넘는 초는 [SS] 표시 형식을 활용하세요.

6 함수식이 적용된 결과를 데이터베이스와 함께 확인할 수 있도록 지정해 보겠습니다. [I1:N1] 영역을 드래그해 선택하고 Ctrl + C를 눌러 복사하세요.

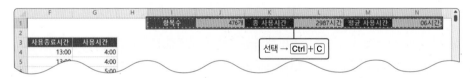

✦ **TIP** — 여기서는 쉽게 이해하기 위해 보고서와 데이터베이스를 같은 시트에 구성했지만, 실무에서는 서로 다른 시트에 구성하는 것이 좋습니다.

7 [A1] 셀에서 마우스 오른쪽 버튼을 클릭하고 [선택하여 붙여넣기]를 선택한 다음 '기타 붙여넣기 옵션'에서 [연결된 그림](📇)을 클릭합니다.

8 복사한 **[I1:N1]** 영역이 **[A1]** 셀부터 그림 형식으로 붙여넣기됩니다.

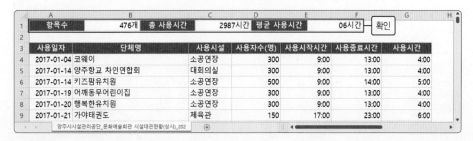

	A	B	C	D	E	F	G	H
1	항목수	476개	총 사용시간	2987시간	평균 사용시간		06시간	─ 확인
2								
3	사용일자	단체명	사용시설	사용자수(명)	사용시작시간	사용종료시간	사용시간	
4	2017-01-04	코웨이	소공연장	300	9:00	13:00	4:00	
5	2017-01-14	양주항교 차인연합회	대회의실	300	9:00	13:00	4:00	
6	2017-01-14	키즈팜유치원	소공연장	500	9:00	14:00	5:00	
7	2017-01-19	어깨동무어린이집	소공연장	300	9:00	13:00	4:00	
8	2017-01-20	행복한유치원	소공연장	300	9:00	13:00	4:00	
9	2017-01-21	가야태권도	체육관	150	17:00	23:00	6:00	

양주시시설관리공단_문화예술회관 시설대관현황(상시)_202

✦ TIP — [연결된 그림]은 엑셀 2007 이하 버전의 '카메라'와 같은 기능으로, 원본 데이터를 수정하면 붙여넣기한 그림 개체의 값이 자동으로 변경됩니다.

9 데이터 영역에 필터를 적용하거나 행/열을 숨기면 현재 화면에 표시된 영역의 결과만 즉시 변경되어 표시되는 반응형 보고서를 완성했습니다.

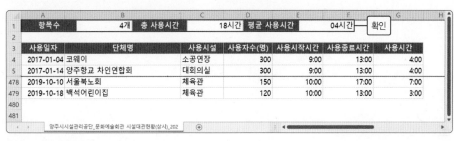

	A	B	C	D	E	F	G	H
1	항목수	4개	총 사용시간	18시간	평균 사용시간		04시간	─ 확인
2								
3	사용일자	단체명	사용시설	사용자수(명)	사용시작시간	사용종료시간	사용시간	
4	2017-01-04	코웨이	소공연장	300	9:00	13:00	4:00	
5	2017-01-14	양주항교 차인연합회	대회의실	300	9:00	13:00	4:00	
478	2019-10-10	서울복노회	체육관	150	10:00	17:00	7:00	
479	2019-10-18	백석어린이집	체육관	120	10:00	13:00	3:00	
480								
481								

양주시시설관리공단_문화예술회관 시설대관현황(상시)_202

▲ 행 숨기기를 적용했을 때의 결괏값

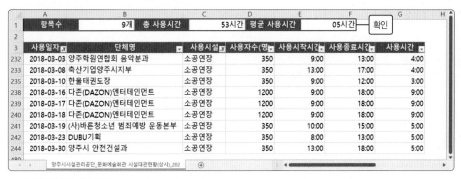

	A	B	C	D	E	F	G	H
1	항목수	9개	총 사용시간	53시간	평균 사용시간		05시간	─ 확인
2								
3	사용일자 ▾	단체명 ▾	사용시설 ▾	사용자수(명 ▾	사용시작시간 ▾	사용종료시간 ▾	사용시간 ▾	
232	2018-03-03	양주학원연합회 음악분과	소공연장	350	9:00	13:00	4:00	
233	2018-03-08	축산기업양주시지부	소공연장	350	13:00	17:00	4:00	
235	2018-03-10	한울태권도장	소공연장	350	9:00	12:00	3:00	
238	2018-03-16	다존(DAZON)엔터테인먼트	소공연장	1200	9:00	18:00	9:00	
239	2018-03-17	다존(DAZON)엔터테인먼트	소공연장	1200	9:00	18:00	9:00	
240	2018-03-18	다존(DAZON)엔터테인먼트	소공연장	1200	9:00	18:00	9:00	
241	2018-03-19	(사)바른청소년 범죄예방 운동본부	소공연장	350	10:00	15:00	5:00	
242	2018-03-23	DUBU기획	소공연장	350	8:00	13:00	5:00	
244	2018-03-30	양주시 안전건설과	소공연장	350	13:00	18:00	5:00	

양주시시설관리공단_문화예술회관 시설대관현황(상시)_202

▲ 필터를 적용했을 때의 결괏값

CHAPTER 6

한눈에 들어오는 차트 작성법

인포그래픽(Infographics)은 정보, 데이터, 지식 등의 정보를 시각적인 이미지로 전달하는 그래픽으로, 정보를 빠르고 효과적으로 전달할 때 사용합니다. 엑셀의 행과 열 데이터를 시각화한 차트도 인포그래픽의 한 요소입니다. 의사 결정자에게 주요 사안을 보고할 때 정보를 시각화하는 것은 실무자가 꼭 갖춰야 할 역량입니다.

차트는 데이터를 빠르고 효과적으로 표현하고 확인할 수 있는 실무 엑셀의 필수 기능입니다. 하지만 시의성이 낮은 기본 차트를 그대로 사용한다면 오히려 정보 전달력이 떨어질 수 있어요. 이번 장에서는 엑셀의 다양한 차트 종류부터 각 차트별로 가독성과 활용도를 높일 수 있는 방법에 대해 알아보겠습니다.

한눈에 들어오는
차트 작성법

▶

실무 차트 완전 정복
– 원형, 막대형, 꺾은선형 차트

혼합 차트,
인포그래픽 차트

SECTION 25 ⭐

실무 차트 완전 정복
- 원형, 막대형, 꺾은선형 차트

엑셀에서 제공하는 차트는 종류가 많고 형태도 매우 다양한데, 엑셀을 잘 사용하려면 이 차트들을 모두 알아야 할까요? 이번에는 실무에 자주 사용하는 차트의 유형과 활용법에 대해 알아보겠습니다.

⟩ 실무에서 차트 활용하기 ⟨

이제 막 사회생활을 시작한 신입사원이라면 직접 차트를 만들기보다는 기존의 자료를 수정하는 경우가 많습니다. 어쩌면 10년 전에 만들어둔 차트 디자인을 그대로 사용하는 곳도 꽤 많을 거예요. 하지만 그동안 데이터의 시각화 경향에 따른 트렌드는 급변했습니다. 이전에는 화려한 3차원 차트가 대세였지만 요즘에는 간결하고 심플한 디자인을 많이 사용합니다.

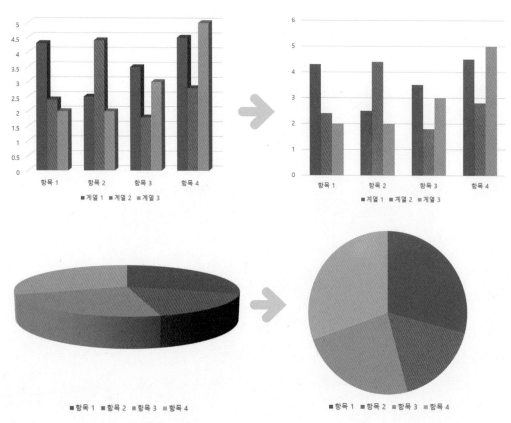

▲ 3차원 차트에서 2차원 차트로의 디자인 트렌드 변화

224

만약 요즘 많이 사용하는 디자인의 차트를 사용한다고 바로 가독성을 높일 수 있을까요? 정말 중요한 것은 차트 디자인보다 목적에 맞는 차트를 사용하는 것입니다. 지금부터 차트의 종류와 가독성, 그리고 활용도까지 높일 수 있는 방법에 대해 알아보겠습니다.

⟩ 실무 차트는 원형, 막대형, 꺾은선형 차트만으로도 충분해요 ⟨

엑셀에서는 크게 17개의 차트 종류를 제공하고 종류별로 7개 이상의 하위 차트를 선택할 수 있습니다. 그렇다고 이 많은 차트를 모두 알아야 필요는 없고 실무에서 주로 사용하는 원형 차트, 막대형 차트, 꺾은선형 차트만 알고 있으면 충분합니다.

원형 차트	막대형 차트 (가로, 세로)	꺾은선형 차트
전체 항목 대비 차지하는 **비율**	**직전, 직후** 데이터의 **변화**	**전체적인** 데이터의 **흐름**

원형 차트는 동그라미 안에 데이터가 표현되므로 5개 이하 항목의 비율을 확인할 때 효율적입니다. 즉 적은 항목의 데이터 크기나 비율을 시각화할 때 적합한 차트입니다.

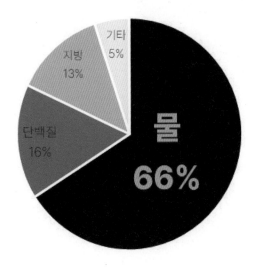

막대형 차트는 데이터 크기의 차이가 명확하게 표현되므로 데이터의 격차를 표현할 때 적합합니다. 특히 많은 항목보다 특정한 몇 개 항목의 데이터 차이를 표현할 경우에는 막대형 차트가 매우 좋습니다.

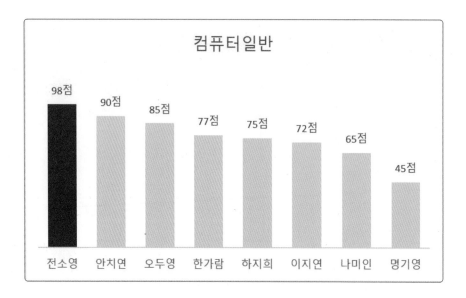

꺾은선형 차트는 많은 항목의 데이터 흐름을 쉽게 파악할 수 있는 차트로, 데이터의 분포나 격차가 아니라 시간에 따른 데이터의 변화를 표현할 때 적합합니다.

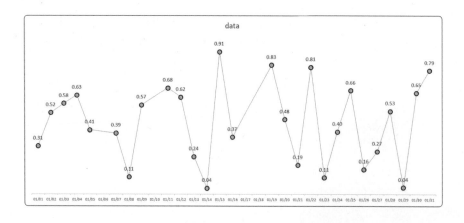

원형 차트

원형 차트는 각 요소의 분포와 비율을 표현하기 좋은 차트입니다. 이번에는 원형 차트를 이용해서 작은 원 안에 데이터를 효과적으로 표현하는 방법에 대해 알아보겠습니다.

1 [원형차트] 시트에서 **[A3]** 셀을 선택하고 [삽입] 탭– [차트] 그룹–[원형 또는 도넛형 차트 삽입]을 클릭한 다음 '2차원 원형'에서 [원형]을 클릭하면 원형 차트가 삽입됩니다.

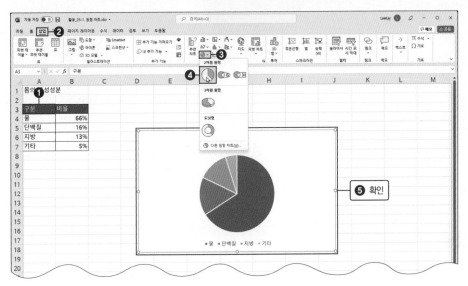

⭐ **TIP** ── 여기서는 [A3] 셀을 선택했지만, 데이터 영역에 있는 아무 셀이나 선택해도 됩니다.

2 삽입한 차트의 제목을 셀과 연결해 볼게요. 원형 차트의 제목인 '비율'이 선택된 상태에서 수식 입력줄에 **'='**를 입력하고 참조할 **[A1]** 셀을 선택한 다음 Enter를 누르면 차트 제목이 **[A1]** 셀의 텍스트를 참조합니다. 이 상태에서 **[A1]** 셀의 텍스트를 변경하면 원형 차트의 제목도 함께 변경됩니다.

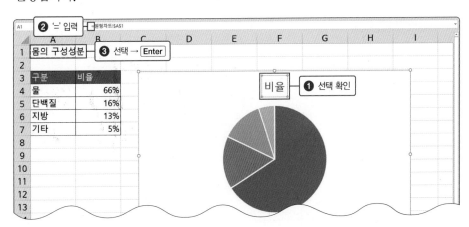

3 차트에서 불필요한 항목을 삭제하고 가독성을 높여보겠습니다. 우선 차트의 아래쪽에 있는 범례를 선택하고 Delete 를 눌러 삭제하세요.

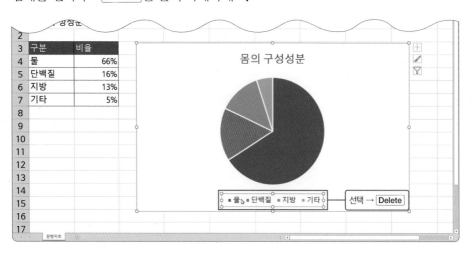

4 삭제한 범례 대신 데이터 레이블을 추가해 볼게요. 차트의 데이터 영역에서 마우스 오른쪽 버튼을 클릭하고 [데이터 레이블 추가]를 선택합니다. 차트에 데이터 레이블이 추가되어 각 항목의 비율을 차트와 함께 확인할 수 있습니다.

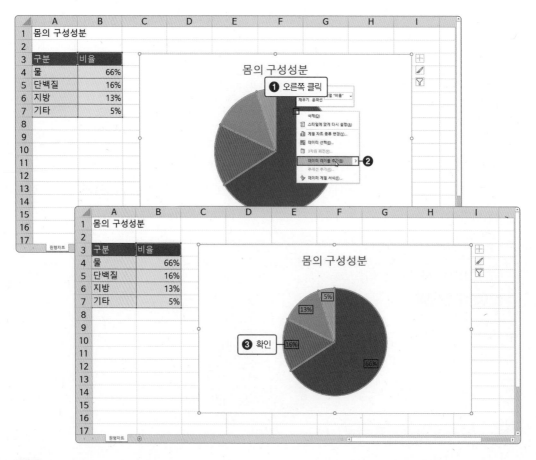

5 이번에는 각 데이터 항목에 레이블을 표시해 볼게요. **4**에서 추가된 데이터 레이블에서 마우스 오른쪽 버튼을 클릭하고 [데이터 레이블 서식]을 선택합니다.

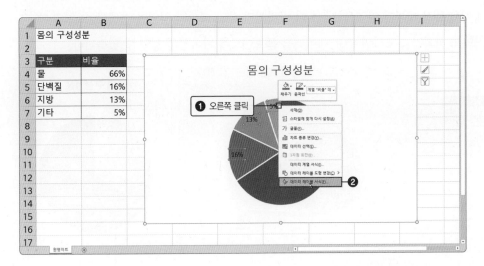

6 화면의 오른쪽에 [데이터 레이블 서식] 창이 표시되면 [레이블 옵션]의 '레이블 내용'에서 [항목 이름]에 체크 표시하고 '구분 기호'를 [(줄 바꿈)]으로 변경합니다.

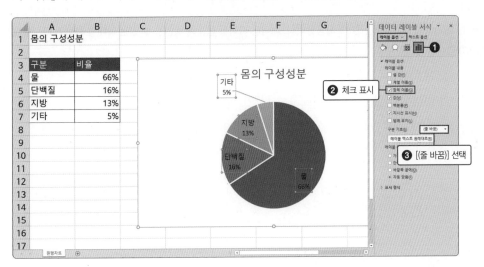

7 추가한 데이터 레이블을 클릭하면 글꼴이나 크기를 변경할 수 있고 데이터 레이블을 적절하게 변경하면 중요한 데이터만 강조해 가독성을 높일 수 있습니다. 원형 차트의 데이터 영역이 선택된 상태에서 특정 데이터 영역을 한 번 더 클릭하면 해당 데이터 영역만 선택할 수 있고, 특정 데이터 영역의 서식만 강조하면 주요 데이터를 돋보이도록 가독성을 높일 수 있습니다.

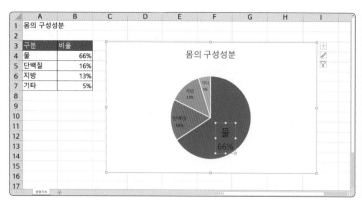
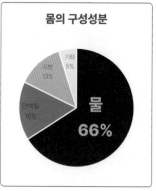

◤ 실습 파일 25-2 | 막대형 차트

막대형 차트

막대형 차트는 데이터의 격차를 확인할 때 사용합니다. 데이터 차이를 한눈에 확인할 수 있는 막대형 차트의 작성법에 대해 알아보겠습니다

1 [막대차트] 시트에서 **[A1]** 셀을 선택하고 [삽입] 탭–[차트] 그룹–[세로 또는 가로 막대형 차트 삽입]을 클릭한 다음 '2차원 세로 막대형'에서 [묶은 세로 막대형]을 클릭하면 묶은 세로 막대형 차트가 삽입됩니다.

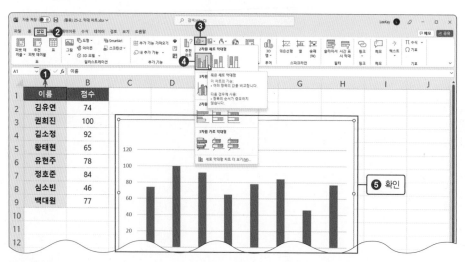

◆ **TIP** ─ 여기서는 [A1] 셀을 선택했지만, 데이터 영역의 아무 셀이나 선택해도 됩니다.

2 지금의 차트는 각 데이터의 값이 얼마인지 알 수 없고 세로 축과 눈금선으로 추정해야 하므로 좋은 데이터 표현 방법이 아닙니다. 우선 차트의 왼쪽에 있는 세로 축을 선택하고 Delete를 눌러 삭제하세요.

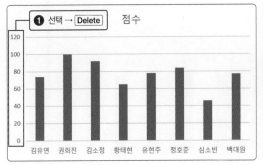
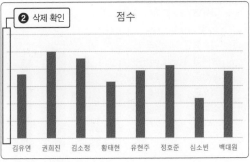

3 차트의 눈금선도 선택한 다음 Delete를 눌러 삭제합니다.

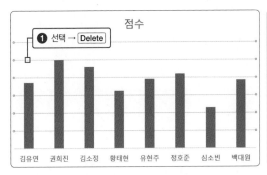
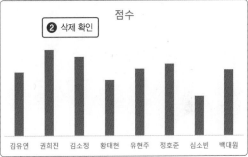

♦ **TIP** — 눈금선을 선택하려면 차트의 눈금선을 천천히 두 번 클릭하세요.

4 차트의 데이터 막대에서 마우스 오른쪽 버튼을 클릭하고 [데이터 레이블 추가]를 선택합니다.

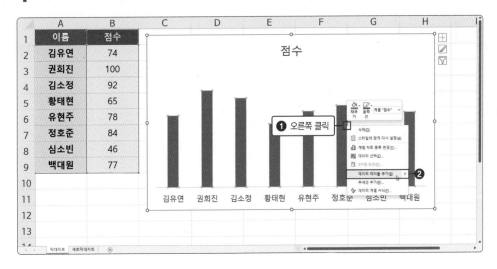

5 삽입된 데이터 레이블에서 마우스 오른쪽 버튼을 클릭하고 [데이터 레이블 서식]을 선택하세요.

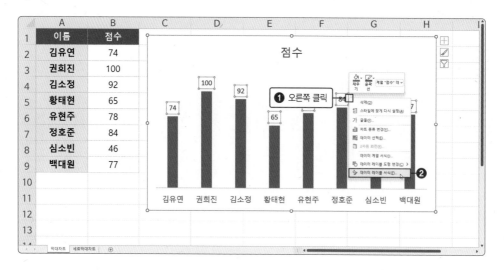

6 화면의 오른쪽에 [데이터 레이블 서식] 창이 표시되면 '표시 형식'의 '서식 코드'에 **'0점'**을 입력하고 [추가]를 클릭합니다.

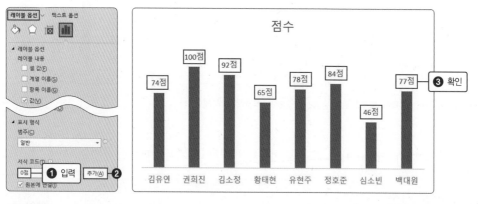

TIP — '표시 형식'은 일반 셀뿐만 아니라 차트와 피벗 테이블에서도 활용됩니다. 표시 형식에 대한 자세한 내용은 71쪽을 참고하세요.

7 막대형 차트의 서식을 변경해서 가독성을 좀 더 높여보겠습니다. 차트의 데이터 막대에서 마우스 오른쪽 버튼을 클릭하고 [데이터 계열 서식]을 선택합니다.

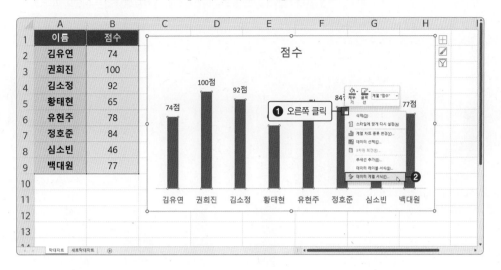

8 화면의 오른쪽에 [데이터 계열 서식] 창이 표시되면 '계열 옵션'의 '간격 너비'를 적당히 조절하는데, 여기서는 **'70%'**로 변경했습니다. 만약 '간격 너비'를 **'0%'**로 변경하면 데이터 막대 사이의 간격이 없어지는데, 정해진 값은 없으니 각 차트마다 적절하게 조절하세요.

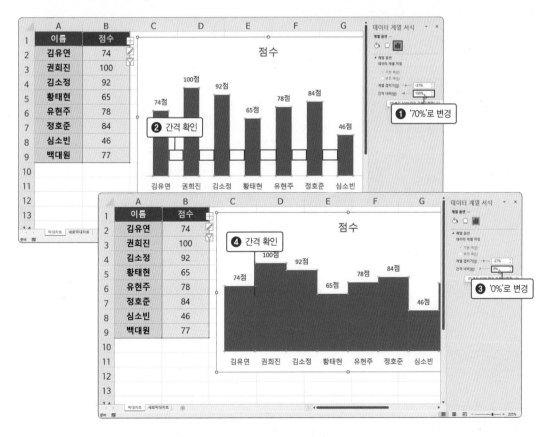

 차트의 데이터 계열 겹치기

[데이터 계열 서식] 창에서 '계열 겹치기'는 다음의 그림과 같이 열 기준이 2개 이상인 차트에서 같은 계열의 막대 데이터를 겹쳐서 표현할 수 있는 옵션입니다. '계열 겹치기' 값도 정해진 값은 없으므로 차트에 따라 적절하게 조절해서 가독성 높은 차트를 만들 수 있습니다.

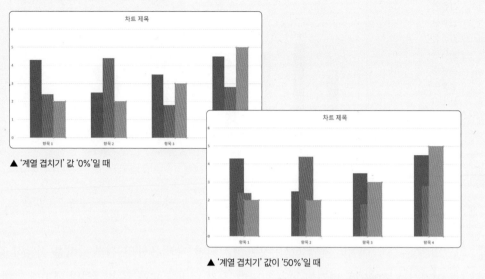

▲ '계열 겹치기' 값 '0%'일 때

▲ '계열 겹치기' 값이 '50%'일 때

9 데이터 막대를 좀 더 강조해 보겠습니다. 데이터 막대에서 마우스 오른쪽 버튼을 클릭하고 [채우기]를 클릭한 다음 '테마 색'의 [흰색, 배경1, 25% 더 어둡게]로 변경합니다.

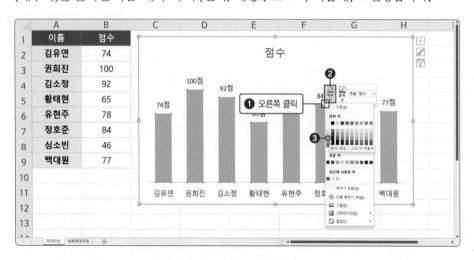

10 가장 점수가 높은 '권희진'의 데이터 막대를 선택하고 마우스 오른쪽 버튼을 클릭한 다음 [채우기]를 클릭하고 '표준 색'의 [진한 빨강]으로 변경하세요.

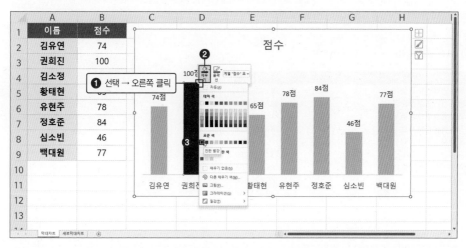

⭐ **TIP** — 데이터 막대를 선택한 상태에서 특정 데이터 막대를 한 번 더 클릭하면 해당 데이터 막대만 선택할 수 있습니다.

11 이제 차트의 데이터 막대를 정렬해 보겠습니다. 차트의 데이터 영역 중 '점수' 항목에 있는 하나의 셀을 선택하고 [데이터] 탭-[정렬 및 필터] 그룹-[숫자 오름차순 정렬](⬆️)이나 [숫자 내림차순 정렬](⬇️)을 클릭하면 데이터 영역의 정렬 순서에 따라 차트가 변경되는 것을 확인할 수 있어요.

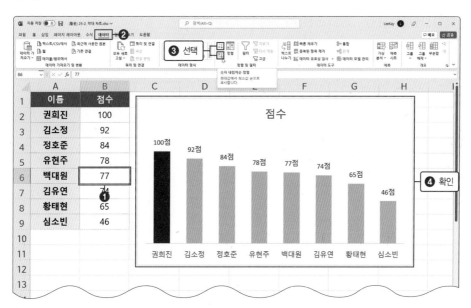

⭐ **TIP** — 데이터 영역의 정렬에 따른 차트 정렬은 엑셀 2013 이상 버전에서만 사용할 수 있습니다.

가로 막대형 차트 활용하기

필요에 따라 다르지만 기본적으로 세로형 막대를 많이 사용합니다. 하지만 다음의 그림과 같이 데이터 항목 이름이 긴 경우에는 가로형 막대를 사용하는 것이 좋습니다.

	A	B	C	D
1	2017년 의료 기기 상위 30위 생산 품목 현황			
2				
3	한글품명	생산액(천 원)		
4	치과용임플란트고정체	589,985,581		
5	범용초음파영상진단장치	447,985,454		
6	치과용임플란트상부구조물	218,224,944		
7	조직수복용생체재료	187,231,117		
8	매일착용소프트콘택트렌즈	175,816,779		
9	의료영상획득장치	137,979,060		
10	치과용임플란트시술기구	82,428,103		
11	안경렌즈	89,426,686		
12	개인용체외진단검사시약Ⅱ	99,643,637		
13	개인용온열기	69,200,870		
14	주사기	70,915,473		

이렇게 데이터 항목 이름이 긴 데이터를 세로 막대형 차트로 표현하면 항목명이 세로나 대각선으로 표시되므로 가독성이 떨어집니다. 하지만 가로 막대형 차트로 표현하면 항목 이름을 보기 좋게 표현할 수 있습니다.

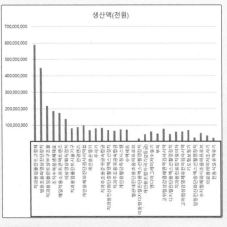

▲ 항목명의 가독성이 떨어지는 세로 막대형 차트

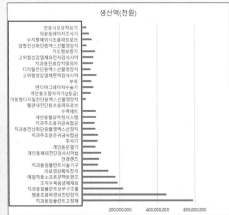

▲ 항목명의 가독성이 높은 가로 막대형 차트

꺾은선형 차트

꺾은선형 차트는 데이터의 전반적인 흐름이나 추이 변화를 확인할 때 유용합니다.

1 [꺾은선차트(빈데이터)] 시트에서 **[A1]** 셀을 선택하고 [삽입] 탭–[차트] 그룹–[꺾은선형 또는 영역형 차트 삽입]을 클릭한 다음 '2차원 꺾은선형'에서 [꺾은선형]을 클릭하면 꺾은선형 차트가 삽입됩니다.

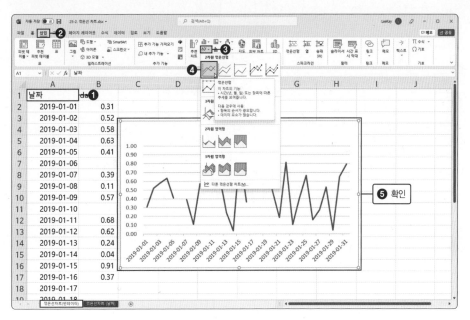

✦ **TIP** — 여기서는 [A1] 셀을 선택했지만, 데이터 영역의 아무 셀이나 선택해도 됩니다.

2 가독성을 높이기 위해 차트의 세로 축과 눈금선을 선택하고 Delete 를 눌러 삭제하세요.

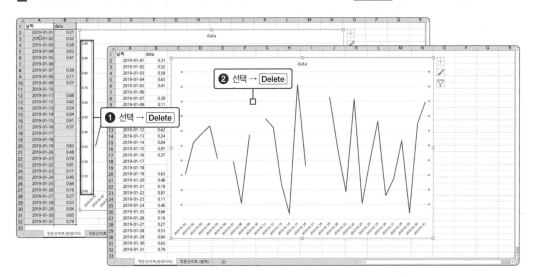

3 가로 축 날짜의 표시 형식도 변경해 볼게요. 가로 축에서 마우스 오른쪽 버튼을 클릭하고 [축 서식]을 선택합니다.

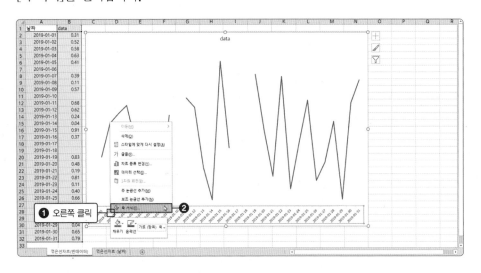

4 화면의 오른쪽에 [축 서식] 창이 표시되면 [축 옵션]의 '표시 형식'에서 '서식 코드'에 **'mm/dd'**를 입력하고 [추가]를 클릭하여 축 서식을 변경합니다.

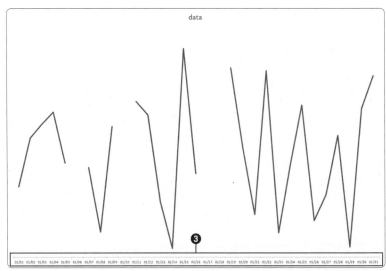

5 차트의 데이터 꺾은선에서 마우스 오른쪽 버튼을 클릭하고 [데이터 레이블 추가]를 선택합니다.

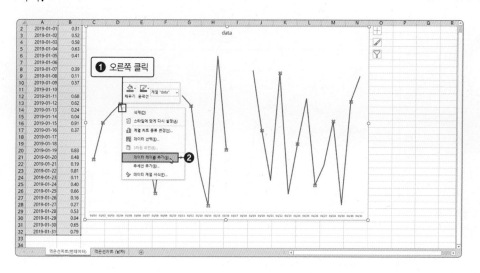

6 차트에 추가된 데이터 레이블이 데이터 꺾은선과 겹쳐 보이므로 레이블의 위치를 변경해 볼게요. 데이터 레이블에서 마우스 오른쪽 버튼을 클릭하고 [데이터 레이블 서식]을 선택합니다.

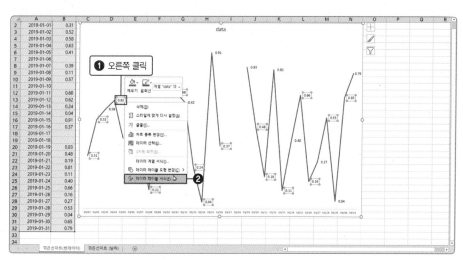

7 화면의 오른쪽에 [데이터 레이블 서식] 창이 표시되면 [레이블 옵션]의 '레이블 위치'에서 [위쪽]을 선택합니다.

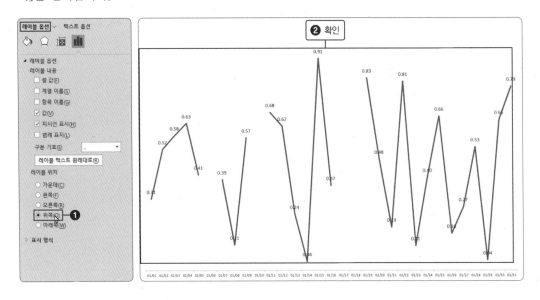

8 데이터 꺾은선의 가독성도 높여보겠습니다. 데이터 꺾은선에서 마우스 오른쪽 버튼을 클릭하고 [데이터 계열 서식]을 선택합니다.

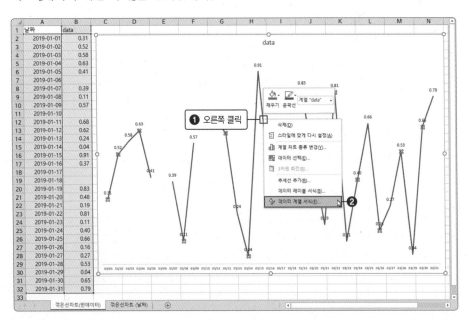

9 꺾은선형 차트는 데이터 꺾은선을 돋보이게 하는 것보다 전체 데이터의 흐름을 파악하는 것이 중요합니다. [데이터 계열 서식] 창에서 [채우기 및 선]을 선택하고 '선'의 '색'은 '테마 색'의 [밝은 회색, 배경 2]로, '너비'는 [1pt]로 변경합니다.

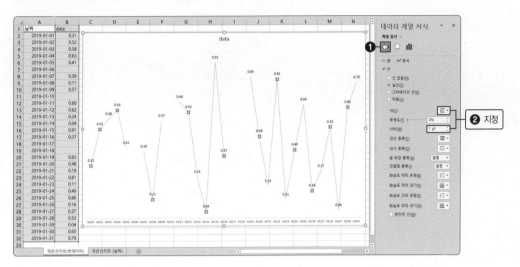

10 이번에는 [표식]을 선택하고 '표식 옵션'에서 [기본 제공]을 선택한 다음 '형식'은 [원형]( )을, '크기'는 [7]을 지정합니다.

11 '채우기'와 '테두리'는 다음과 같이 변경합니다.

• **채우기**: 단색 채우기, '표준 색'의 [주황]
• **테두리**: 실선, '테마 색'의 [검정, 텍스트 1], 너비 [1.5pt]

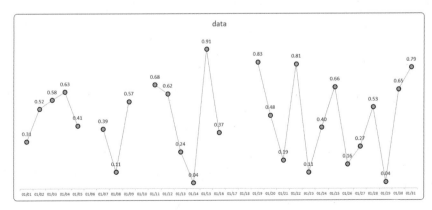

12 원본 데이터 영역 중에서 데이터가 없는 셀은 끊어진 꺾은선으로 표현되어 어색해 보이므로 이것을 보완해 볼게요. 차트의 데이터 영역에서 마우스 오른쪽 버튼을 클릭하고 [데이터 선택]을 선택합니다.

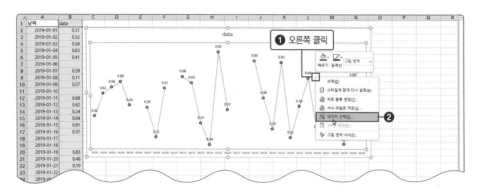

13 [데이터 원본 선택] 대화상자가 표시되면 [숨겨진 셀/빈 셀]을 클릭합니다.

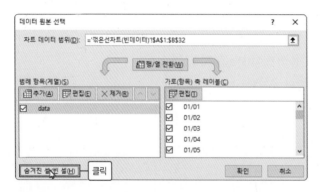

14 [숨겨진 셀/빈 셀 설정] 대화상자가 표시되면 '빈 셀 표시 형식'에서 [선으로 데이터 요소 연결]을 선택하고 [확인]을 클릭합니다. [데이터 원본 선택] 대화상자로 되돌아오면 [확인]을 클릭해 설정을 완료하세요. 그러면 원본 데이터 영역의 빈 셀을 무시하고 데이터 꺾은선을 연속된 선으로 표현할 수 있습니다.

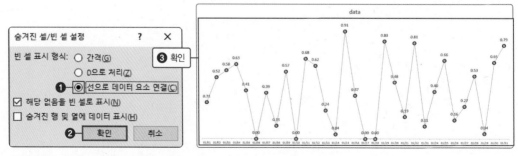

TIP — '숨겨진 셀/빈 셀' 설정에 대한 자세한 내용은 244쪽을 참고하세요.

15 차트의 데이터 꺾은선에서 마우스 오른쪽 버튼을 클릭하고 [데이터 계열 서식]을 선택합니다.

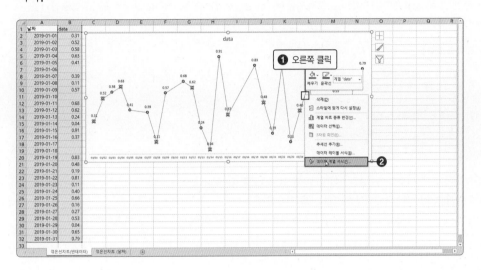

16 [데이터 계열 서식] 창에서 [채우기 및 선]을 선택하고 '선'에서 [완만한 선]에 체크 표시하면 뾰족한 데이터 꺾은선을 완만하게 표현할 수 있습니다.

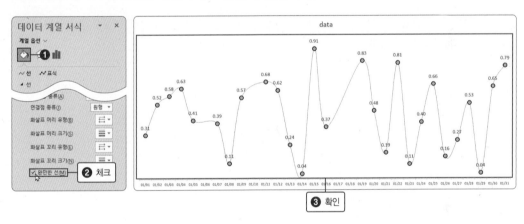

숨겨진 셀/빈 셀 설정하기

[숨겨진 셀/빈 셀 설정] 대화상자에서는 차트의 원본 데이터 영역에 있는 숨겨진 셀이나 빈 셀의 표시 방법을 선택할 수 있습니다.

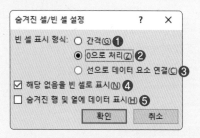

❶ **간격**: 원본 데이터 영역의 빈 셀을 끊어진 데이터 꺾은선으로 표현합니다.

❷ **0으로 처리**: 원본 데이터 영역의 빈 셀을 0으로 표현합니다.

❸ **선으로 데이터 요소 연결**: 원본 데이터 영역의 빈 셀을 무시하고 연속된 데이터 꺾은선으로 표현합니다.

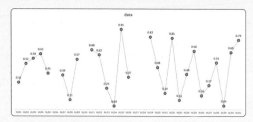

▲ [간격]을 선택한 경우

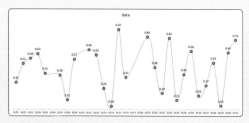

▲ [0으로 처리]를 선택한 경우

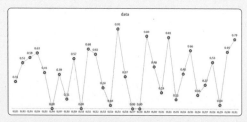

▲ [선으로 데이터 요소 연결]을 선택한 경우

❹ **해당 없음을 빈 셀로 표시**: #N/A 오류가 발생하는 셀을 빈 셀로 표시할지를 선택하는 사항입니다. #N/A 오류에서 N/A는 'Not Available'의 약자로, 주로 VLOOKUP 함수에서 가져올 값이 없을 때 #N/A 오류가 발생합니다. 이 기능은 엑셀 2016 이상 버전부터 지원하는데, #N/A 오류가 발생할 경우 이 항목에 체크 표시하면 대처할 수 있습니다.

❺ **숨겨진 행 및 열에 데이터 표시**: 행/열 숨기기 또는 필터가 적용된 행/열 데이터의 표시 여부를 설정합니다.

SECTION 26 ⭐

혼합 차트, 인포그래픽 차트 작성하기

데이터의 특성에 따라 하나의 차트에 다른 종류의 차트를 함께 표현할 수 있는데, 이런 차트를 '혼합 차트'라고 합니다. 차트의 종류뿐만 아니라 색상이나 형태를 다르게 표현하면 차트에 시각적 효과를 연출할 수 있습니다.

하나의 데이터를 두 가지 이상의 차트로 표현하는 혼합 차트는 엑셀 버전에 따라 지원 여부나 메뉴의 명칭이 조금씩 다를 수 있습니다. 혼합 차트는 엑셀 2013 이상 버전부터 이용할 수 있는데, 엑셀 2013에서는 '콤보 차트'로, 2016 버전부터 '혼합 차트'로 표시됩니다.

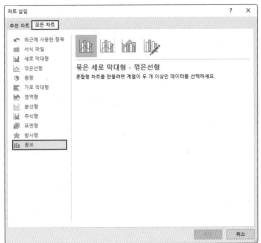

▲ 엑셀 2013

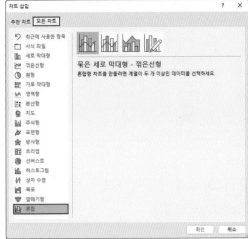

▲ 엑셀 2016 이상

혼합 차트

실습 예제에는 날짜별 인구수 데이터가 입력되어 있습니다. 막대형 차트로 연도별 격차를 확인하고 꺾은선형 차트로 전체 인구수의 흐름을 한눈에 확인하기 위해 막대형 차트와 꺾은선형 차트를 사용한 혼합 차트를 완성해 보겠습니다.

1 혼합 차트는 두 가지 이상의 데이터가 필요하므로 [혼합차트] 시트의 **[C3]** 셀에 '**=[B3]**'을 입력하여 **[B3]** 셀의 내용을 그대로 가져와서 참조로 사용합니다.

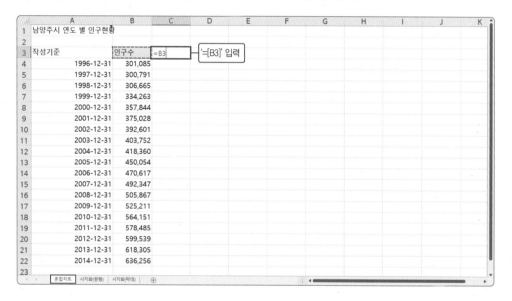

2 **[C3]** 셀에 '인구수'가 표시되면 '자동 채우기' 기능으로 **[C3:C22]** 영역에 **[B]** 열과 같은 데이터를 생성합니다.

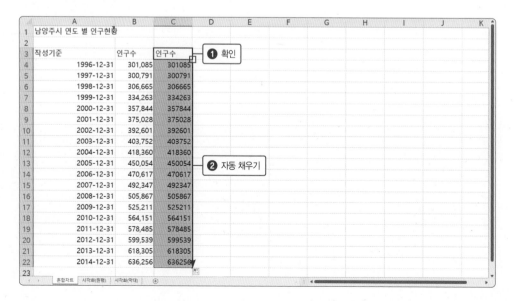

3 데이터 영역에 있는 하나의 셀을 선택한 상태에서 [삽입] 탭-[차트] 그룹-[콤보 차트 삽입]을 클릭하고 [사용자 지정 콤보 차트 만들기]를 선택합니다.

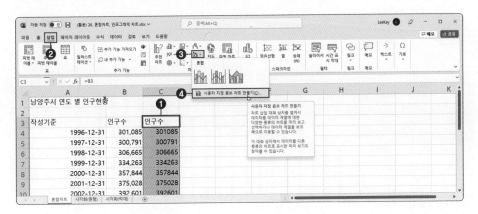

4 [차트 삽입] 대화상자가 표시되면 [모든 차트] 탭에서 [혼합] 범주를 선택하고 [묶은 세로 막대형 – 꺾은선형]을 선택한 다음 [확인]을 클릭합니다.

💠 **TIP** — 서로 다른 데이터를 콤보 차트로 표현하려면 보초 축으로 사용할 계열 데이터의 [보조 축]에 체크 표시해 보조 축으로 표현할 수 있습니다.

5 삽입된 차트의 제목을 선택하고 **[A1]** 셀을 선택하여 수식 입력줄에 **'=[A1]'**을 입력하면 제목을 참조로 연결할 수 있습니다.

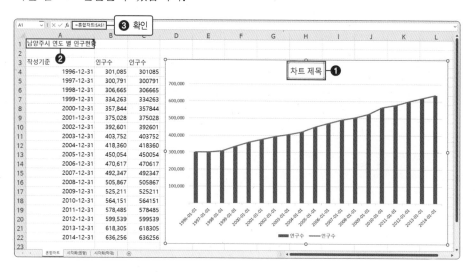

6 차트의 가독성을 높이기 위해 세로 축, 보조선, 범례를 각각 선택하고 Delete 를 눌러 삭제합니다.

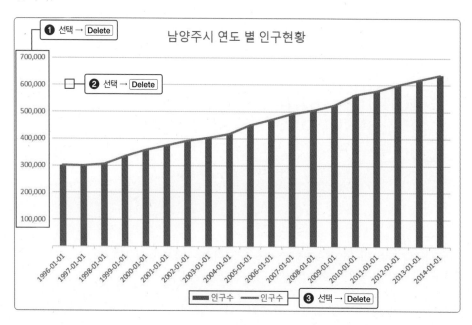

7 차트의 가로 축에서 마우스 오른쪽 버튼을 클릭하고 [축 서식]을 선택합니다.

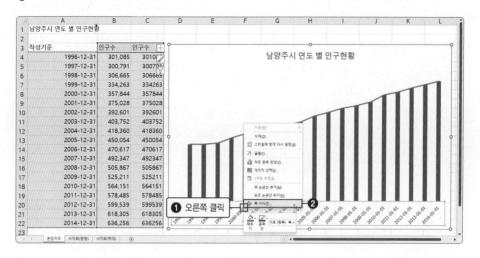

8 화면의 오른쪽에 [축 서식] 창이 표시되면 [축 옵션]의 '표시 형식'에서 '서식 코드'에 **'yyyy'** 를 입력하고 [추가]를 클릭합니다.

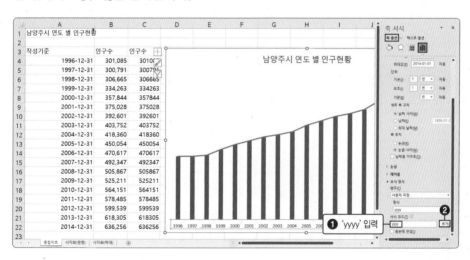

9 혼합 차트의 막대형 차트나 꺾은선형 차트 중 하나의 차트에서 마우스 오른쪽 버튼을 클릭하고 [데이터 레이블 추가]를 선택합니다.

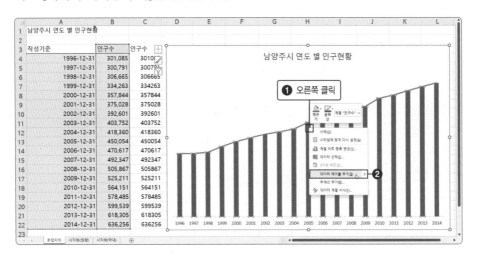

10 추가한 데이터 레이블에서 마우스 오른쪽 버튼을 클릭하고 [데이터 레이블 서식]을 선택합니다.

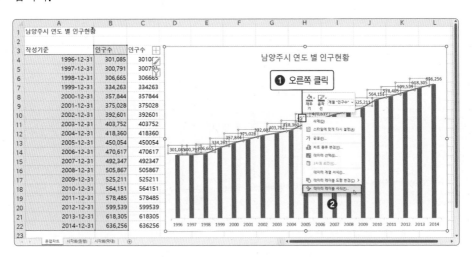

11 화면의 오른쪽에 [데이터 레이블 서식] 창이 표시되면 '표시 형식'의 '서식 코드'에 **'#,0,천명'**을 입력하고 [추가]를 클릭하세요.

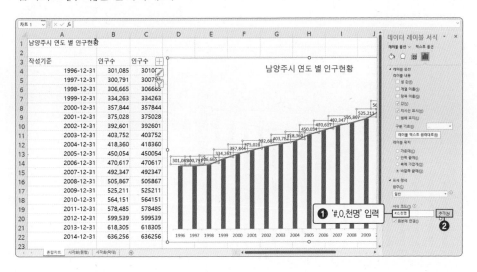

12 데이터 막대에서 마우스 오른쪽 버튼을 클릭하고 [데이터 계열 서식]을 선택합니다.

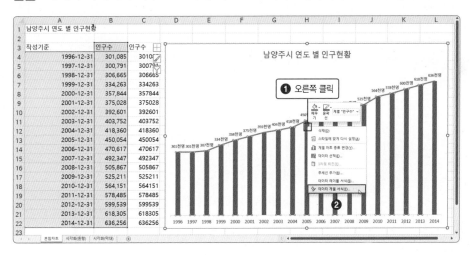

13 전체 막대의 색상을 회색 계열로 설정하고 강조할 막대만 색으로 강조하면 가독성 높은 차트를 완성할 수 있습니다. 2014년에 해당하는 막대만 천천히 두 번 클릭해 선택하고 '표준 색'의 [주황]으로 강조해 보세요.

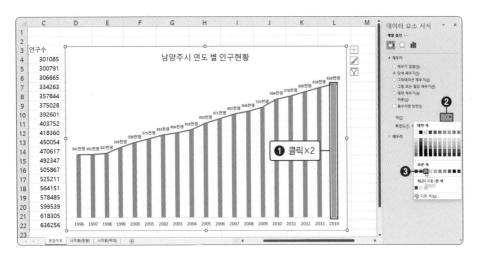

14 막대의 너비도 조절해 보세요. 차트의 막대에서 마우스 오른쪽 버튼을 클릭하고 [데이터 계열 서식]을 선택합니다.

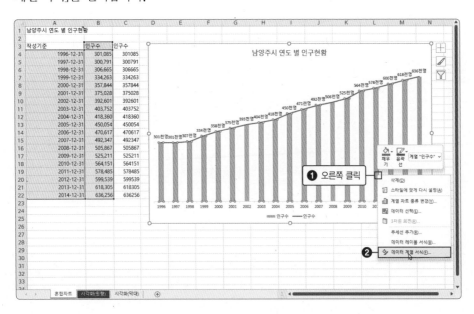

15 화면의 오른쪽에 [데이터 계열 서식] 창이 표시되면 간격 너비를 적절하게 변경해 주세요. 여기서는 [80%]로 설정합니다.

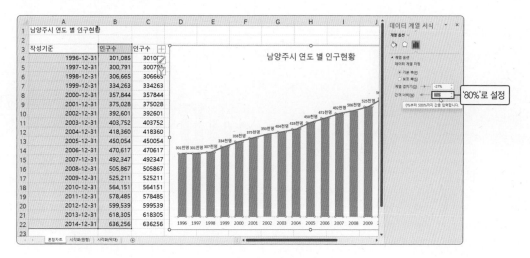

16 혼합 차트의 꺾은선은 데이터의 변화를 파악하는 데 매우 유용합니다. 이번에는 꺾은선에서 마우스 오른쪽 버튼을 클릭하고 [데이터 계열 서식]을 선택합니다.

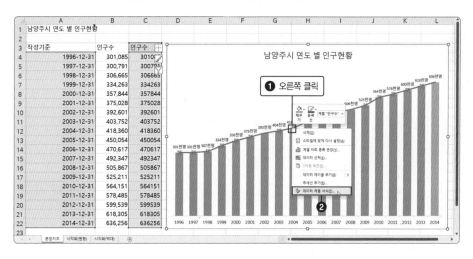

17 [데이터 계열 서식] 창의 [채우기 및 선]에서 꺾은선의 색과 너비를 적절하게 조절합니다. 여기서는 색은 [진한 회색]으로, 너비는 [1pt]로 변경했습니다.

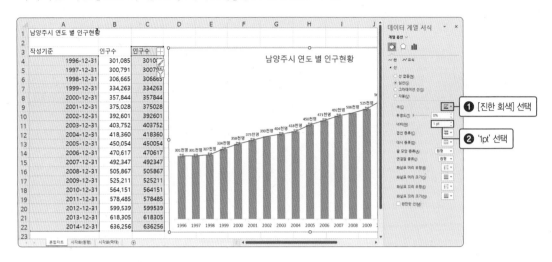

18 [데이터 계열 서식] 창에서 '표식 옵션'은 [기본 제공], [동그라미]를 지정하고 채우기와 테두리 서식을 다음과 같이 설정합니다.

- **채우기**: 단색 채우기, '표준 색'의 [주황]
- **테두리**: 실선, 진한 회색
- **너비**: 1pt

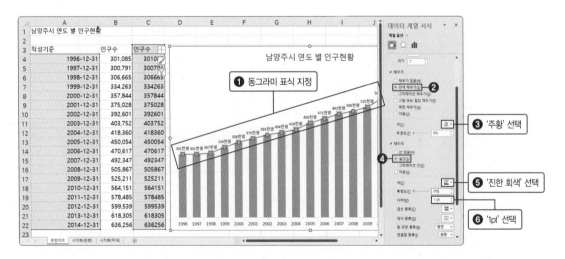

19 각 연도별 인구수의 차이와 전체 인구수의 변화를 한눈에 확인할 수 있는 혼합 차트가 완성되었습니다. 폰트와 텍스트 크기까지 변경하면 더욱 가독성 높은 차트를 완성할 수 있습니다.

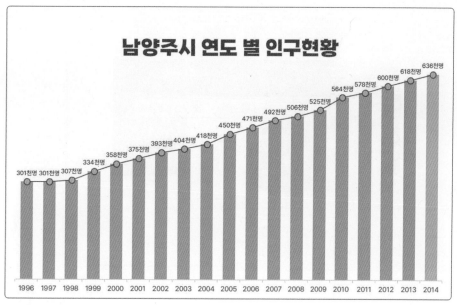

▲ 가독성을 높여 완성한 차트

📄 실습 파일 26 | 혼합 차트, 인포그래픽 차트

인포그래픽 원형 차트

이번에는 원형 차트와 사진을 활용한 인포그래픽 차트를 작성해 보겠습니다.

1 [시각화(원형)] 시트에서 **[A3]** 셀을 선택하고 [삽입] 탭–[차트] 그룹–[원형 또는 도넛형 차트 삽입]을 클릭한 후 '2차원 원형'에서 [원형]을 클릭하면 원형 차트가 삽입됩니다.

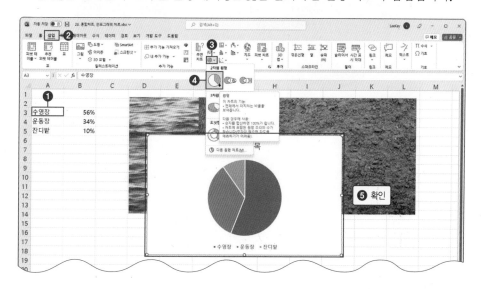

2 차트 제목을 **'시설 구성 현황'**으로 수정하고 범례를 삭제합니다.

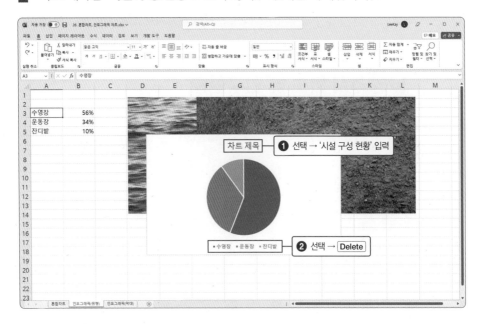

3 시트에 삽입되어 있는 물 사진을 선택하고 Ctrl + X 를 눌러 클립보드에 잘라넣습니다.

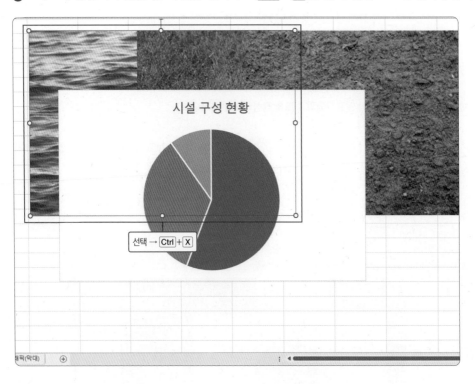

4 수영장 데이터 영역을 천천히 두 번 클릭해 수영장에 해당되는 면적만 선택하세요. 이제 Ctrl + V 를 클릭하면 면적에 물 사진이 삽입됩니다.

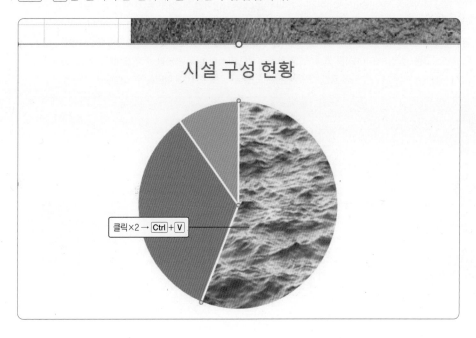

5 이와 같은 방법으로 잔디와 흙 사진을 각각 잔디밭, 운동장 영역에 복사 & 붙여넣기를 하면 사진으로 시각적인 효과가 극대화된 인포그래픽 차트를 작성할 수 있습니다.

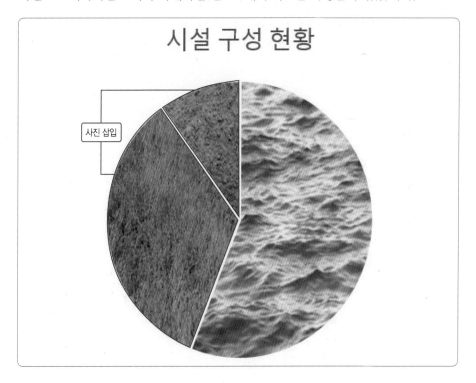

컴퓨터의 특정 데이터를 복사(Ctrl + C)하거나 잘라내기(Ctrl + X)하면 해당 데이터가 컴퓨터의 임시 저장 공간인 '클립보드(clipboard)'에 저장됩니다. 이렇게 클립보드에 임시 저장된 데이터를 붙여넣기(Ctrl + V)하면 가장 마지막에 클립보드에 저장된 데이터가 붙여넣기됩니다. 클립보드에 저장된 데이터는 오피스 프로그램의 [홈] 탭-[클립보드] 그룹-[클립보드](🔽)를 클릭해 [클립보드] 창을 표시한 다음 확인할 수 있습니다. 그리고 윈도우 10 이상의 버전에서는 ⊞+V를 눌러 클립보드에 저장된 모든 데이터를 한 번에 확인할 수 있습니다.

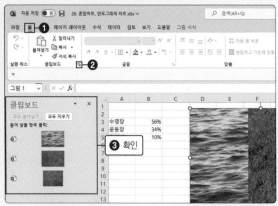

📏 실습 파일 26 | 혼합 차트, 인포그래픽 차트

인포그래픽 막대형 차트

차트에 아이콘을 삽입하면 간단한 방법으로 주목도 높은 인포그래픽 차트를 만들 수 있습니다. 이번에는 아이콘을 활용해 막대형 차트를 가공하는 방법에 대해 알아보겠습니다.

1 [시각화(막대)] 시트에서 **[A2]** 셀을 선택하고 [삽입] 탭-[차트] 그룹-[세로 또는 가로 막대형 차트 삽입]을 클릭한 다음 '2차원 세로 막대형'에서 **[묶은 세로 막대형]**을 클릭하면 묶은 세로 막대형 차트가 삽입됩니다.

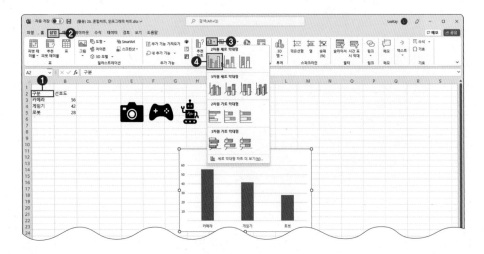

2 시트에서 카메라 아이콘을 선택한 다음 잘라내기(Ctrl+X)합니다.

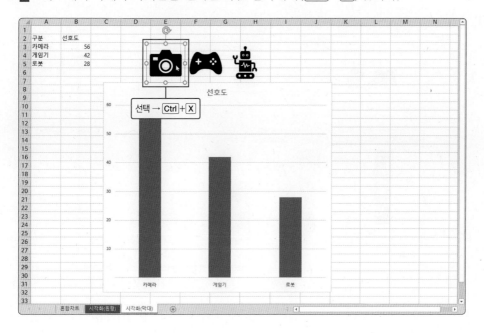

3 차트의 '카메라' 막대만 천천히 두 번 클릭해 '카메라'에 해당하는 데이터 막대만 선택하고 붙여넣기(Ctrl+V)를 하여 클립보드에 저장된 아이콘을 삽입합니다.

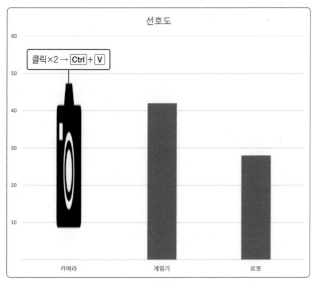

⊕ **TIP** — 클립보드에 대한 자세한 내용은 258쪽을 참고하세요.

4 아이콘이 삽입된 막대형 차트에서 마우스 오른쪽 버튼을 클릭하고 [데이터 계열 서식]을 선택합니다.

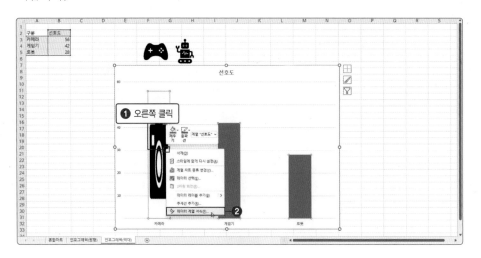

5 화면의 오른쪽에 [데이터 요소 서식] 창이 표시되면 '채우기'에서 [쌓기]를 선택하여 아이콘의 비율에 맞추어 삽입한 카메라 아이콘을 표시합니다.

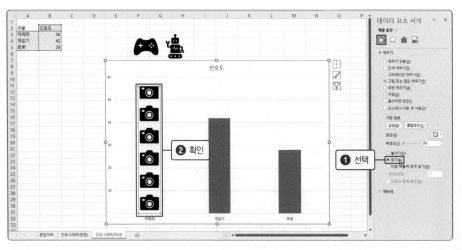

✦ **TIP** — [데이터 요소 서식] 창의 '채우기'에서 [다음 배율에 맞게 쌓기]를 선택하면 삽입한 아이콘의 비율을 강제로 변형해서 데이터 수치에 맞게 표현할 수 있습니다.

6 이와 같은 방법으로 '게임기' 막대와 '로봇' 막대에도 아이콘을 삽입해 보세요.

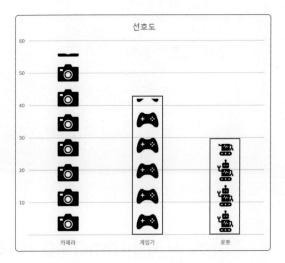

 아이콘은 어디서 구할 수 있나요?

엑셀 2019 이상 또는 M365(Microsoft 365) 버전을 사용한다면 [삽입] 탭-[일러스트레이션] 그룹-[아이콘]을 클릭하세요. 그러면 기본적으로 제공하는 아이콘을 곧바로 사용할 수 있습니다.

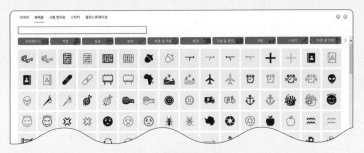

버전과 상관없이 무료 아이콘을 사용하려면 'www.FLATICON.com'을 추천합니다. 이 사이트에서는 회원 가입 없이 PNG 확장자의 아이콘을 무료로 사용할 수 있어요. 엑셀 2019 또는 M365 이상의 버전을 사용할 경우 SVG 확장자의 아이콘을 삽입하면 색상까지 변경할 수 있습니다.

이 밖에도 다음의 사이트에서 아이콘을 무료로 사용할 수 있습니다.

사이트 주소	설명
boxicons.com	심플한 디자인의 아이콘을 무료로 다운로드할 수 있습니다. PNG, SVG의 파일 형식을 지원합니다.
flaticon.com	다양한 디자인의 아이콘을 다운로드할 수 있는 가장 유명한 사이트입니다. PNG, SVG의 파일 형식을 지원하지만 SVG 파일 형식은 유료입니다.
fonts.google.com/icons	변형이 가능한 아이콘을 다운로드할 수 있고 PNG, SVG의 파일 형식을 지원합니다.
icooon-mono.com	일본의 사이트로, 아시안 콘셉트의 아이콘이 많고 PNG, JPG, SVG의 파일 형식을 지원합니다.
jam-icons.com	미니멀한 느낌의 디자인을 다운로드할 수 있고 SVG 파일 형식만 지원합니다.
lineicons.com/icons	유명 기업의 로고나 브랜드 아이콘이 많은 사이트로, SVG 파일 형식만 지원합니다.

SECTION 27 ★

차트 없이 데이터 시각화하기

데이터 시각화를 시각화하려면 꼭 차트를 활용해야 할까요? 이번에는 조건부 서식과 스파크라인 기능을 활용해서 차트 없이도 데이터를 시각화하는 방법에 대해 알아보겠습니다.

✎ **실습 파일 27** | 데이터 시각화

조건부 서식 – 데이터 막대 활용하기

[조건부서식-데이터 막대] 시트에는 특정일의 12시에 판매된 메뉴별 판매 현황이 정리되어 있는데, 이 데이터를 차트 이외의 방법으로 시각화해 보겠습니다. 막대형 차트는 데이터의 차이를 확인할 때 매우 유용합니다.

1 [조건부서식–데이터 막대] 시트에서 **[B]** 열을 선택하고 [홈] 탭–[스타일] 그룹–[조건부 서식]–[데이터 막대]를 클릭한 다음 '단색 채우기'의 [주황 데이터 막대]를 클릭하면 판매량에 따라 각 셀에 데이터 막대가 표시됩니다. [데이터 막대]의 다른 항목을 선택해도 되지만, '그라데이션 채우기'보다 요즘 디자인 추세인 '단색 채우기'를 추천합니다.

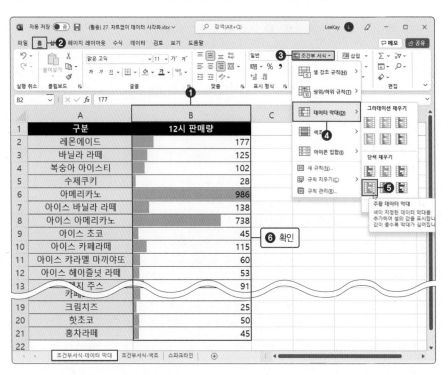

2 가장 많이 판매된 '아메리카노'와 '아이스 아메리카노'의 12시 판매량을 삭제하면 그 다음으로 판매량이 높은 '레몬에이드'를 기준으로 데이터 막대가 달라집니다. 데이터가 변경될 때마다 자동으로 데이터 막대가 표시되므로 반응형 막대형 차트로 활용할 수 있어요.

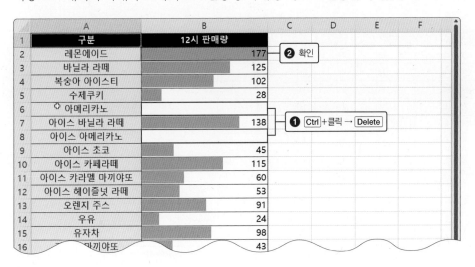

📐 실습 파일 27 | 데이터 시각화

조건부 서식 – 색조 활용하기

조건부 서식의 색조를 활용하면 데이터 막대를 이용해 데이터의 격차를 확인하는 것 외에 데이터의 전체 현황이나 분포도까지 확인할 수 있습니다.

1 [조건부서식–색조] 시트에서 조건부 서식을 적용할 **[B]** 열부터 **[I]** 열을 드래그해 선택하고 **[홈]** 탭–**[스타일]** 그룹–**[조건부 서식]**–**[색조]**를 클릭한 다음 **[녹색 – 흰색 색조]**를 클릭하세요.

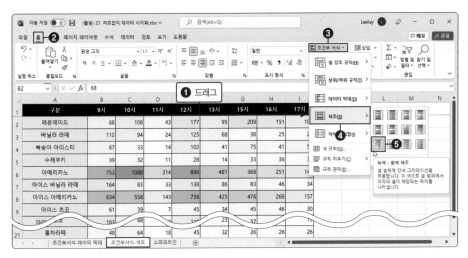

◆ **TIP** ― 주로 붉은색 계열은 '뜨거움', '부정', '감소' 등의 의미를 표현할 때 녹색 계열은 '시원함', '개선', '긍정', '증가' 등의 의미를 표현할 때 사용합니다.

2 선택한 영역의 숫자 크기에 따라 색이 표시되므로 전체 판매 현황을 한눈에 확인할 수 있습니다. 선택한 영역의 데이터가 변경되면 적용된 색상도 다시 적용됩니다. 열 전체에 조건부 서식을 적용했으므로 새 데이터가 추가되면 추가된 데이터의 크기에 따라 색으로 파악할 수 있습니다.

	A	B	C	D	E	F	G	H	I
1	구분	9시	10시	11시	12시	13시	15시	16시	17시
2	레몬에이드	68	108	43	177	95	209	151	106
3	바닐라 라떼	112	94	24	125	68	38	25	22
4	복숭아 아이스티	67	33	14	102	41	75	41	57
5	수제쿠키	39	32	11	28	14	33	36	34
6	아메리카노	753	1088	314	896	481	368	251	146
7	아이스 바닐라 라떼	164	83	33	138	86	83	46	34
8	아이스 아메리카노	634	558	143	738	425	476	269	157
9	아이스 초코	61	39	7	45	34	45	46	30
10	아이스 카페라떼	163	72	19	115	56	57	61	39
11	아이스 캬라멜 마끼야또	43	82	13	60	43	33	25	14
21	홍차라떼	48	64	18	45	32	26	26	26

확인

조건부서식-데이터 막대 | 조건부서식-색조 | 스파크라인

실습 파일 27 | 데이터 시각화

스파크라인

이번에는 스파크라인의 기능을 활용해 데이터 영역에 꺾은선형 차트와 유사한 시각화 효과를 구현해 보겠습니다.

1 [스파크라인] 시트에서 **[B2:I21]** 영역을 드래그해 선택하면 선택 영역의 오른쪽 아래에 [빠른 분석] 버튼(📊)이 표시되는데, 이것을 클릭하고 [스파크라인]-[선]을 선택합니다. 만약 [빠른 분석] 버튼(📊)이 표시되지 않으면 [삽입] 탭-[스파크라인] 그룹-[꺾은선형]을 선택하세요.

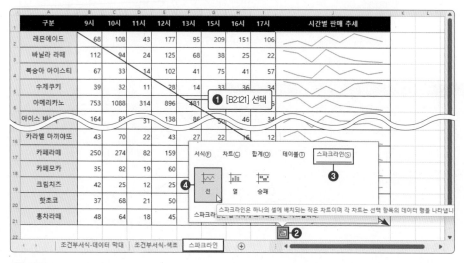

TIP — 스파크라인은 엑셀 2013 이상의 버전에서 사용할 수 있습니다.

264

2 [J] 열에 삽입된 스파크라인을 선택하면 리본 메뉴에 [스파크라인] 탭이 표시되는데, 이 탭을 클릭하여 스파크라인의 종류나 스타일을 변경할 수 있습니다.

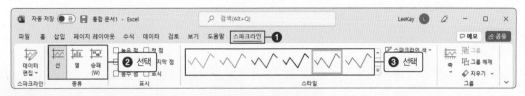

💠 **TIP** — 엑셀 2016 이하의 버전에서는 [디자인] 탭을 선택하면 됩니다.

3 [스파크라인] 탭-[스타일] 그룹-[스파크라인 색]을 클릭한 다음 '테마 색'의 [검정, 텍스트 1, 50% 더 밝게]를 클릭합니다. 이와 같은 방법으로 [표식 색]의 [높은 점]은 '표준 색'의 [연한 파랑]으로, [낮은 점]은 '표준 색'의 [진한 빨강]으로 설정하세요.

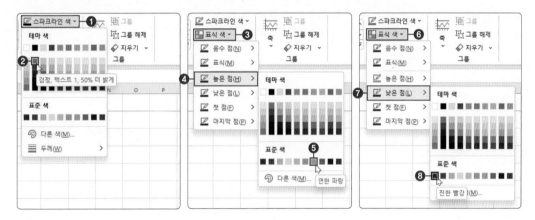

4 각 메뉴별로 판매량이 많은 시간과 적은 시간을 강조한 스파크라인이 완성되었습니다. 스파크라인도 데이터가 변경될 때마다 자동으로 업데이트되므로 실무에 편리하게 사용할 수 있어요.

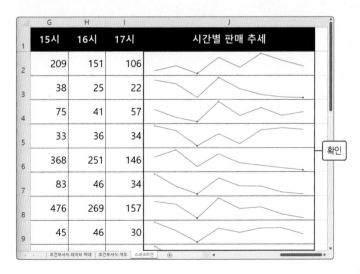

CHAPTER 7

생존 엑셀의 꽃, 피벗 테이블 활용하기

엑셀을 수식과 함수로만 활용하고 있다면 스마트폰으로 카카오톡이나 인터넷 검색만 하는 것과 같습니다. 스마트폰으로 음성 인식 기술이나 AR, VR 등의 기능을 활용해 본 경험이 있나요? 단순한 대화나 검색이 아니라 새로운 세계가 펼쳐지죠. 마찬가지로 수식과 함수 외에도 엑셀에는 많은 기능이 있습니다. 그중에서도 피벗 테이블을 사용하는 순간 엑셀의 신세계가 펼쳐집니다. 자, 그러면 피벗 테이블이 어떤 기능이고 어떻게 사용하는지 알아보겠습니다.

생존 엑셀의 꽃,
피벗 테이블
활용하기

피벗 테이블로
10초 만에
보고서 작성하기

피벗 테이블로
이게 된다고?
슬라이서 활용하기

SECTION 28 ⭐

피벗 테이블로 10초 만에 보고서 작성하기

MS 오피스(Office)의 각 프로그램에는 '꽃'이라고 부르는 매우 유용한 기능이 있습니다. 워드에는 '스타일'이, 파워포인트에는 '슬라이드 마스터'가, 그리고 엑셀에는 '피벗 테이블'이 있어요. 이번에는 피벗 테이블을 왜 '엑셀의 꽃'이라고 하는지 알아보겠습니다.

> 피벗 테이블이 뭐예요 <

'피벗(pivot)'의 사전적인 의미는 '(축을 중심으로) 회전하다[돌다], 회전시키다[돌리다]'입니다. 화면을 가로/세로로 돌릴 수 있는 피벗 모니터를 생각하면 쉽게 이해할 수 있습니다.

엑셀의 '피벗 테이블(pivot table)'은 피벗 모니터와 같이 데이터를 원하는 방향으로 재배치해서 보고서를 생성하는 기능입니다. 엑셀로 피벗 테이블이 아닌 일반적인 형태의 보고서를 작성한다면 행/열을 기준으로 데이터를 생성하고 수식과 함수로 요약/분석을 합니다. 하지만 피벗 테이블을 사용하면 드래그 & 드롭만으로 행/열을 재배치한 다음 데이터를 요약/분석할 수 있습니다.

	A	B	C	D	E
1	날짜	구별	확진자수		
2	2022-09-12	종로구	81		
3	2022-09-12	중구	51		
4	2022-09-12	용산구	117		
5	2022-09-12	성동구	133		
6	2022-09-12	광진구	244		
7	2022-09-12	동대문구	159		
8	2022-09-12	중랑구	195		
9	2022-09-12	성북구	223		
10	2022-09-12	강북구	154		
11	2022-09-12	도봉구	172		
12	2022-09-12	노원구	382		
13	2022-09-12	은평구	334		
14	2022-09-12	서대문구	177		
15	2022-09-12	마포구	214		

서울시 구별 코로나 확진자 현황

▲ 지역별 코로나 확진자 데이터

268

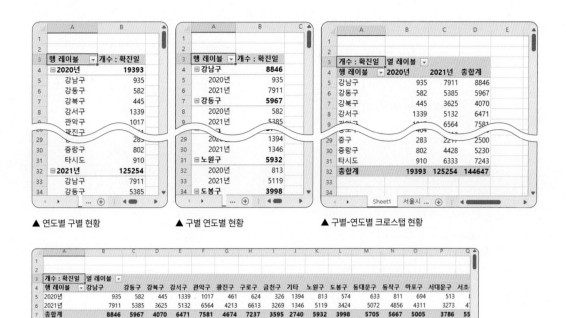

▲ 연도별 구별 현황 　　　　▲ 구별 연도별 현황 　　　　▲ 구별-연도별 크로스탭 현황

▲ 연도별 구별 크로스탭 보고서 현황

10초 만에 피벗 테이블 판매 현황 보고서 작성하기

피벗 테이블을 활용하면 함수나 수식 없이도 보고서를 만들 수 있습니다. 10초면 충분합니다.

1 　실습 예제에는 어느 카페의 판매 내역이 정리되어 있습니다. [피벗테이블 실습 카페테리아] 시트에서 데이터 영역에 있는 하나의 셀을 선택하고 [삽입] 탭-[표] 그룹-[피벗 테이블]을 클릭 하세요.

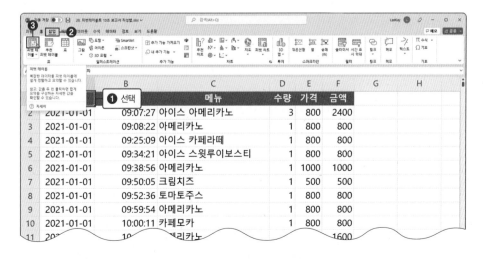

2 [피벗 테이블 만들기] 대화상자가 표시되면 [확인]을 클릭합니다.

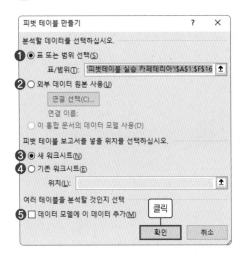

❶ **표 또는 범위 선택**: 피벗 테이블로 생성할 데이터 영역을 선택합니다.

❷ **외부 데이터 원본 사용**: 현재 엑셀 파일이 아닌 다른 데이터를 참조합니다. (엑셀 2021, M365 버전에서는 [삽입]
탭-[표] 그룹-[피벗 테이블]을 클릭하고 [외부 테이터 원본에서]를 클릭해 선택할 수 있습니다.)

❸ **새 워크시트**: 새로운 시트에 피벗 테이블을 생성합니다.

❹ **기존 워크시트**: 기존 시트에서 선택한 셀에 피벗 테이블을 생성합니다.

❺ **데이터 모델에 이 데이터 추가**: 파워 피벗을 활용하기 위한 데이터 모델로 등록합니다. 데이터 모델은 여러 테이블의 데이
터를 통합해 관계형 데이터베이스를 구축할 수 있습니다. 이를 활용하면 엑셀의 데이터 분석 기능을 확장할 수 있지만, 일
반 실무에서는 잘 활용되지 않고 데이터베이스의 학습이 필요하므로 이 책에서는 파워 피벗에 대해서는 다루지 않습니다.

3 새로운 시트에 피벗 테이블 보고서가 표시되면서 화면의 오른쪽에 [피벗 테이블 필드] 창이
표시됩니다. 여기서 보고서로 구성할 데이터를 선택하면 자동으로 보고서가 생성됩니다.

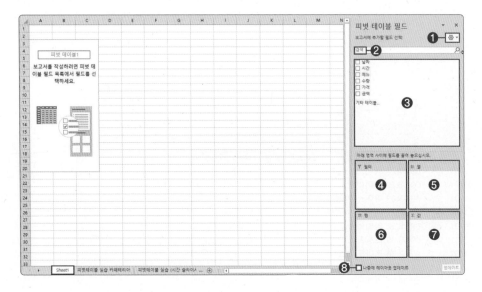

❶ **도구**: 테이블의 보기 형태, 그룹화 보기 여부, 정렬 순서 등을 설정합니다.

❷ **검색**: 사용할 머리글(레코드)을 검색합니다.

❸ **머리글(레코드)**: 체크 표시하거나 원하는 필드로 드래그하여 피벗 테이블을 구성할 수 있습니다.

❹ **필터**: 필터를 생성합니다. 이 기능은 엑셀 2010 버전부터 '슬라이서'로 대체되었는데, 이것에 대해서는 278쪽을 참고하세요.

❺ **행**: 행 기준을 생성합니다.

❻ **열**: 열 기준을 생성합니다.

❼ **값**: 합계나 개수 등과 관련된 함수를 적용합니다.

❽ **나중에 레이아웃 업데이트**: 체크 표시하면 필드에 항목을 추가해도 피벗 테이블에 즉시 반영되지 않습니다. 방대한 데이터의 경우에는 로딩 속도가 느리므로 한 번에 피벗 테이블을 구성할 때 사용하며 [업데이트]를 클릭하면 즉시 반영되어 업데이트됩니다.

4 [피벗 테이블 필드] 창의 '머리글'에서 [메뉴], [수량], [금액]에 체크 표시하거나 [메뉴]는 '행' 영역으로, [수량]과 [금액]은 '값' 영역으로 드래그하면 행을 기준으로 메뉴와 판매 수량과 판매 금액 합계가 자동으로 계산됩니다. 엑셀 2016 이하 버전에서는 금액이 개수로 집계되므로 값 요약 기준을 합계로 변경해야 합니다.

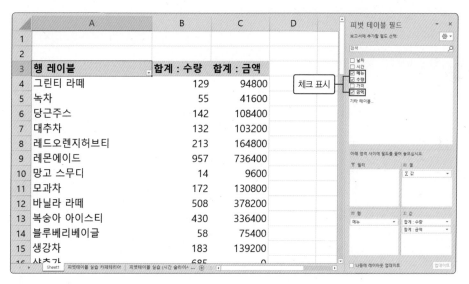

💠 **TIP** ── [피벗 테이블 필드] 창이 표시되지 않으면 피벗 테이블 영역을 클릭하거나 피벗 테이블 영역에서 마우스 오른쪽 버튼을 클릭하고 [필드 목록 표시]를 선택하세요. 피벗 테이블의 셀을 선택한 상태에서 [피벗 테이블 분석] 탭-[표시] 그룹-[필드 목록]을 클릭해도 [피벗 테이블 필드] 창을 표시할 수 있습니다.

5 머리글 필드에서 마우스 오른쪽 버튼을 클릭하고 [필드 표시 형식]을 선택하면 표시 형식을 변경할 수 있습니다. [B3] 셀에서 마우스 오른쪽 버튼을 클릭하고 [필드 표시 형식]을 선택한 다음 표시 형식을 '#,0개'로 변경합니다. 이와 같은 방법으로 [합계 : 금액] 필드의 표시 형식을 '#,0원'으로 변경하세요.

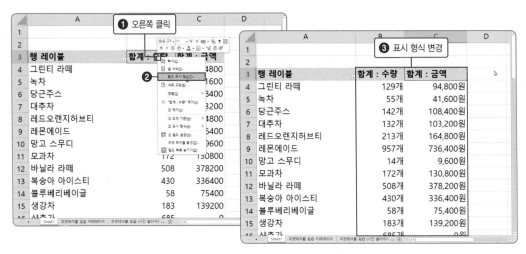

● **TIP** ── 표시 형식에 대한 자세한 내용은 71쪽을 참고하세요.

6 현재의 피벗 테이블을 지우고 새로운 필드의 피벗 테이블을 작성하려면 [피벗 테이블 필드] 창의 '머리글'에서 모든 항목의 체크 표시를 해제하세요. 또는 [피벗 테이블 분석] 탭-[동작] 그룹-[지우기]를 클릭하고 [모두 지우기]를 선택하여 피벗 테이블 보고서를 초기화할 수 있습니다.

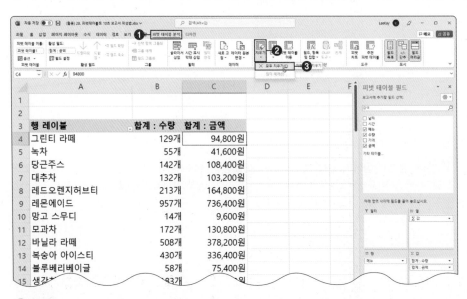

● **TIP** ── [피벗 테이블 분석] 탭의 경우 엑셀 2010 이하 버전에서는 [옵션] 탭으로, 엑셀 2016 이하 버전에서는 [분석] 탭으로 표시됩니다. [피벗 테이블 분석] 탭-[동작] 그룹-[모두 지우기]를 클릭하면 그룹화까지 초기화됩니다. 그룹화에 대해서는 274쪽을 참고하세요.

전문가의 조언 합계가 아닌 평균값을 보고 싶어요

피벗 테이블을 생성하면 엑셀 2016 이상 버전에서는 합계가 표시됩니다. 데이터 영역의 [합계 : 금액]에서 마우스 오른쪽 버튼을 클릭하고 [값 요약 기준]-[평균]을 선택하면 평균을 표시할 수 있어요. 평균 외에도 합계, 개수, 최댓값, 최솟값, 곱 등 원하는 데이터를 표시할 수 있습니다.

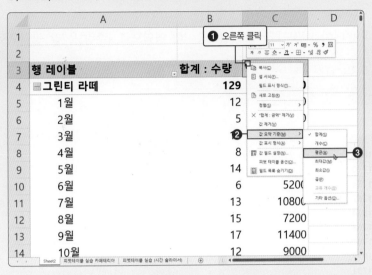

피벗 테이블에 취합된 실제 데이터를 확인하려면 피벗 테이블에서 값으로 생성된 셀을 더블클릭해 보세요. 그러면 새로운 시트에서 어떤 데이터가 취합되었는지 확인할 수 있습니다.

날짜, 시간 그룹화해 피벗 테이블 보고서 작성하기

이번에는 날짜와 시간을 활용한 피벗 테이블 보고서를 만들어 보겠습니다. 생성한 피벗 테이블 보고서를 초기화하고 실습을 진행하세요.

1 [Sheet1] 시트의 [피벗 테이블 필드] 창에서 [날짜]는 '행' 영역으로, [수량]을 '값' 영역으로 드래그합니다.

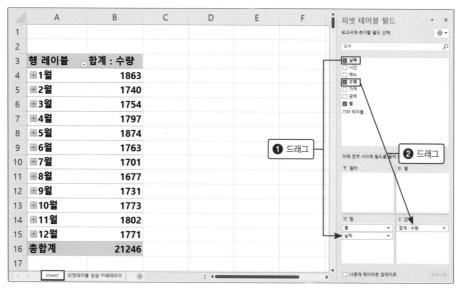

▲ M365(엑셀 2013 이상)

⊕ **TIP** ─ 엑셀 2013 이상 버전에서는 날짜가 [연], [일]로 자동 그룹화되지만, 2010 이하 버전에서는 그룹화되지 않은 피벗 테이블 보고서가 생성됩니다.

2 행 레이블에서 마우스 오른쪽 버튼을 클릭하고 [그룹]을 선택합니다. [그룹화] 대화상자가 표시되면 '단위'에서 [월]만 선택하고 [확인]을 클릭해 월별 판매 건수만 표시하세요.

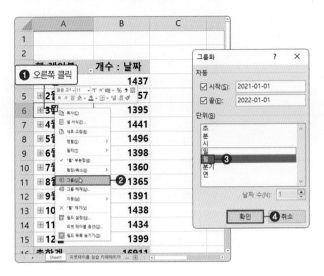

3 이번에는 [피벗 테이블 필드] 창에서 [시간]을 '행' 영역에서 [날짜]의 아래쪽으로 드래그하세요.

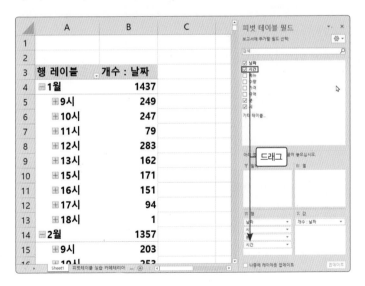

4 피벗 테이블에 추가된 시간 셀에서 마우스 오른쪽 버튼을 클릭하고 [그룹]을 선택합니다. [그룹화] 대화상자가 표시되면 [시]만 선택하고 [확인]을 클릭하세요.

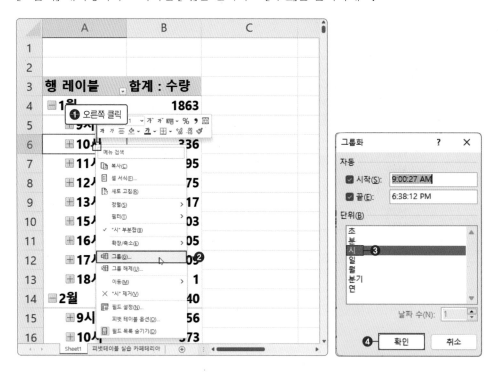

5 [피벗 테이블 필드] 창의 '행' 영역에 있는 [시간]을 '열' 영역으로 드래그하면 월별 판매 내역을 시간대별로 확인할 수 있어요. '피벗 테이블' 기능을 이용하면 이렇게 간단하게 보고서를 작성할 수 있습니다.

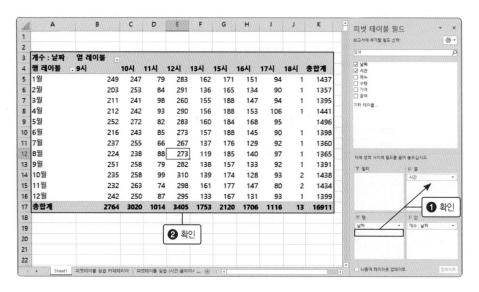

모든 데이터가 아니라 숫자 유형인 일반적인 숫자 데이터와 날짜/시간 데이터만 그룹화할 수 있어요. 숫자 유형에 맞게 데이터를 입력했으면 날짜의 경우에는 연, 분기, 월, 일로 그룹화할 수 있습니다. 또한 시간은 시, 분, 초 단위로 그룹화할 수도 있고, 그룹화된 날짜/시간 필드는 사용자가 설정한 단위로 추가 필드가 생성되어 개별적으로 활용할 수도 있습니다.

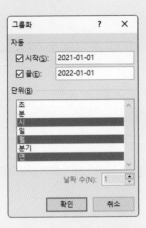

숫자 데이터는 데이터의 시작과 끝을 그룹화 단위를 설정할 수 있습니다. 이 기능은 데이터를 연령대별로 그룹화거나 특정 수치 단위로 그룹화할 때 매우 유용합니다.

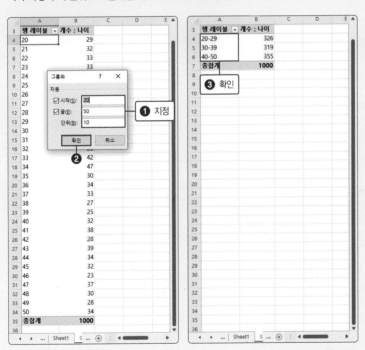

▲ 20~50세의 1,000명의 데이터를 10세 단위로 그룹화하여 20대, 30대, 40대 연령별로 그룹화한 자료

피벗 테이블로 이게 된다고? 슬라이서 활용하기

피벗 테이블의 매력에 빠졌나요? 하지만 이게 전부가 아닙니다. 이번에는 피벗 테이블을 더욱 효과적으로 활용할 수 있는 기능을 알아보겠습니다.

실습 파일 29 | 피벗 테이블 고급 활용 스킬

시각화 필터 슬라이서 활용하기

[피벗 테이블 필드] 창에 '필터'가 있지만 아직 사용하지 않았습니다. 필터보다 편리한 '슬라이서'가 있기 때문이죠. 슬라이서는 엑셀 2010 버전부터 추가된 기능입니다.

1 [피벗테이블 실습 카페테리아] 시트에서 하나의 셀을 선택하고 [삽입] 탭-[표] 그룹-[피벗 테이블]을 클릭해서 새 시트에 피벗 테이블을 생성합니다.

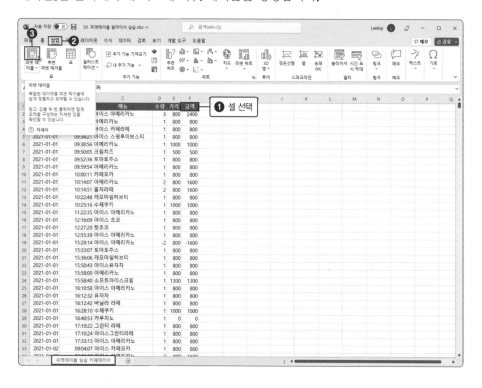

2 [피벗 테이블 필드] 창에서 [날짜]는 '행' 영역으로 [수량]은 '값' 영역으로 각각 드래그합니다.

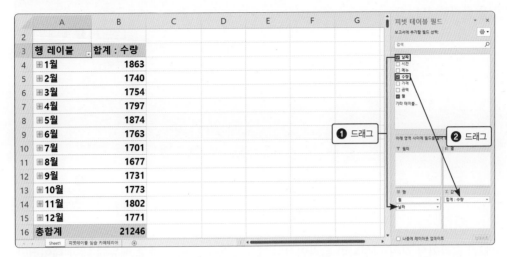

⭐ **TIP** — 엑셀 2013 이하 버전에서는 기본 일별로 출력되므로 날짜 데이터 셀에서 마우스 오른쪽 버튼을 클릭하고 [월]별 그룹화를 적용해 주세요.

3 피벗 테이블에 있는 하나의 셀을 선택하고 [피벗 테이블 분석] 탭-[필터] 그룹-[슬라이서 삽입]을 클릭합니다.

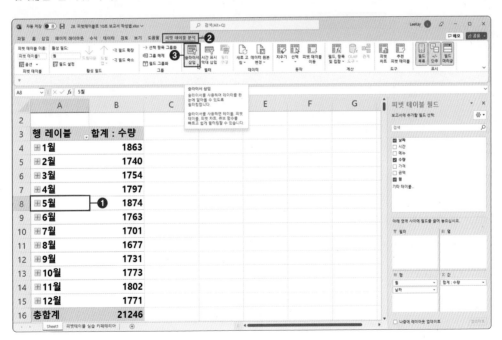

4 [슬라이서 삽입] 대화상자가 표시되면 [메뉴]에만 체크 표시하고
[확인]을 클릭합니다.

5 [메뉴] 슬라이서 창이 생성되면 슬라이서의 메뉴 항목을 클릭해 해당 메뉴에 대한 데이터만
확인할 수 있어요. Ctrl 을 누른 상태에서 메뉴를 클릭하면 여러 메뉴를 선택할 수도 있고 메뉴
를 클릭한 상태에서 아래쪽으로 드래그하면 연속 범위를 필터링할 수도 있습니다.

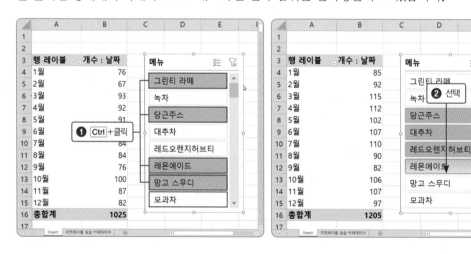

6 [메뉴] 슬라이서 창의 오른쪽에 있는 [필
터 지우기] 버튼(🔽)을 클릭하면 필터를 초
기화할 수 있습니다.

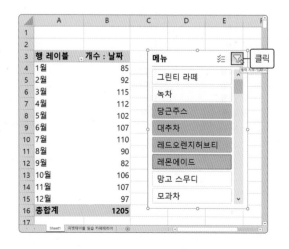

7 [메뉴] 슬라이서 창을 선택한 상태에서 [슬라이서] 탭을 클릭하면 슬라이서 창의 스타일이나 슬라이서 창에 표시할 열 개수, 높이, 너비, 색상 등을 변경할 수 있습니다.

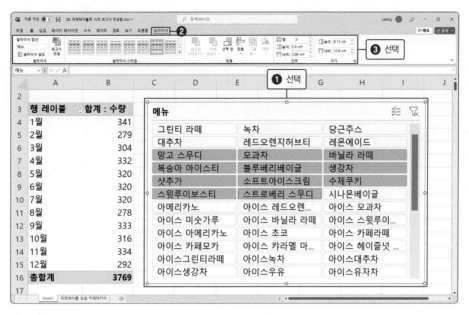

💠 **TIP** ── 슬라이서에서 마우스 오른쪽 버튼을 클릭하고 ["슬라이서 이름" 제거]를 선택하면 삽입한 슬라이서를 삭제할 수 있습니다.

전문가의 조언 ── 표에서도 슬라이서를 사용할 수 있나요?

슬라이서는 동적 데이터인 표에서도 사용할 수 있습니다. 엑셀 2013 이상 버전부터 표에도 '슬라이서' 기능을 지원하지만, 엑셀 2010 버전에서는 피벗 테이블에서만 슬라이서를 사용할 수 있습니다.

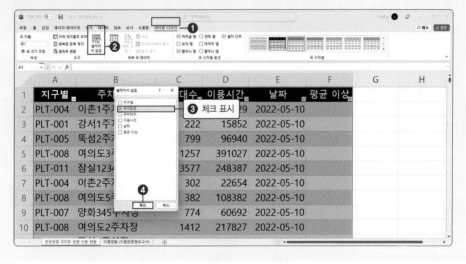

피벗 테이블의 보기 형태 변경하기

지금까지 피벗 테이블을 기본 보기로만 활용했나요? 이번에는 피벗 테이블을 다양한 보기 형태로 변경하여 활용하는 방법에 대해 알아보겠습니다.

1 [피벗테이블 실습 카페테리아] 시트에서 하나의 셀을 선택하고 [삽입] 탭-[표] 그룹-[피벗 테이블]을 클릭해서 새 시트에 피벗 테이블을 생성합니다.

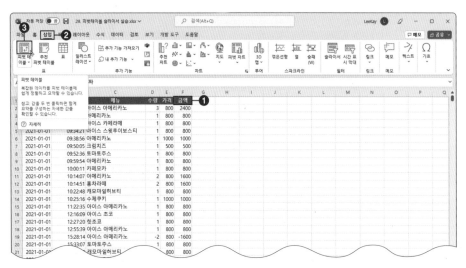

⭐ **TIP** ── 앞의 실습에서 생성된 시트를 삭제하거나 새로운 피벗 테이블을 생성하여 실습하세요.

2 [피벗 테이블 필드] 창에서 [메뉴]와 [날짜]는 '행' 영역으로, [수량]와 [금액]은 '값' 영역으로 각각 드래그해 피벗 테이블을 생성합니다.

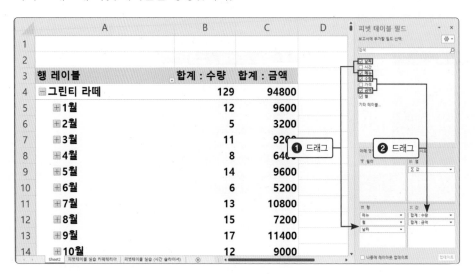

3 피벗 테이블에 있는 하나의 셀에서 마우스 오른쪽 버튼을 클릭하고 [그룹화]를 선택합니다. [그룹화] 대화상자가 표시되면 '단위'에서 [월]을 선택하고 [확인]을 클릭해 날짜를 월로 그룹화 하세요.

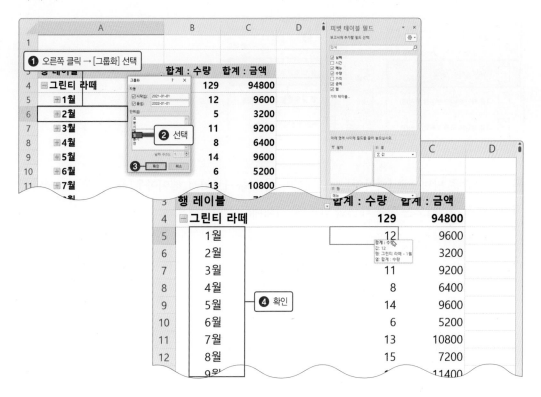

4 피벗 테이블이 선택된 상태에서 [디자인] 탭을 클릭하면 [레이아웃] 그룹에서 피벗 테이블의 보기 방식을 변경할 수 있습니다.

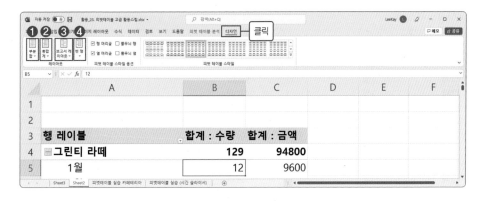

❶ **부분합**: 부분합 보기 방식을 변경합니다.

❷ **총합계**: 행, 열의 총합계 보기 방식을 설정합니다.

❸ **보고서 레이아웃**: 개요, 압축, 테이블 형식 등 피벗 테이블 보고서의 보기 방식을 설정합니다.

❹ **빈 행**: 피벗 테이블의 각 항목에 빈 줄을 삽입하거나 삭제합니다.

5 [디자인] 탭-[레이아웃] 그룹-[부분합]을 클릭하고 [부분합 표시 안 함]을 선택하여 부분합을 해제합니다. [디자인] 탭-[레이아웃] 그룹-[총합계]를 클릭하고 [행 및 열의 총합계 해제]를 선택해 총합계를 해제합니다.

6 이와 같은 방법으로 [디자인] 탭-[레이아웃] 그룹-[보고서 레이아웃]을 클릭하고 [테이블 형식으로 표시]와 [모든 항목 레이블 반복]을 차례대로 선택하세요.

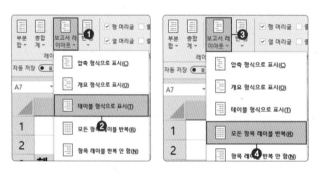

7 보고서의 형태를 테이블 형식으로 변경하고 모든 항목의 레이블이 반복되도록 변경해서 판매 데이터를 엑셀 데이터베이스 형태로 표시할 수 있습니다.

	A	B	C	D	E	F	G
3	메뉴 ▼	날짜 ▼	합계 : 수량	합계 : 금액			
4	⊟ 그린티 라떼	1월	12	9600			
5	그린티 라떼	2월	5	3200			
6	그린티 라떼	3월	11	9200			
7	그린티 라떼	4월	8	6400			
8	그린티 라떼	5월	14	9600			
9	그린티 라떼	6월	6	5200			
10	그린티 라떼	7월	13	10800			
11	그린티 라떼	8월	15	7200	확인		
12	그린티 라떼	9월	17	11400			
13	그린티 라떼	10월	12	9000			
14	그린티 라떼	11월	7	5800			
15	그린티 라떼	12월	9	7400			
16	⊟ 녹차	2월	6	4800			
17	녹차	3월	2	1600			
18	녹차	4월	4				

8 데이터 영역에 있는 하나의 셀을 선택하고 Ctrl + A 를 눌러 전체 데이터를 모두 선택한 다음 Ctrl + C 를 눌러 복사합니다.

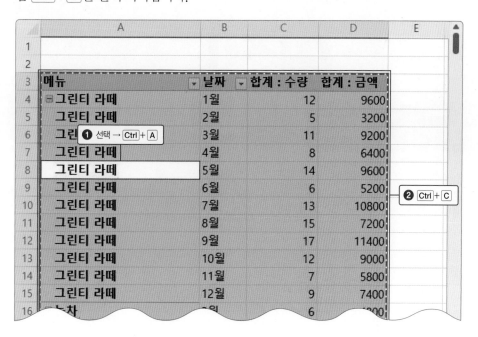

9 새로운 시트를 생성하고 [A1] 셀에서 마우스 오른쪽 버튼을 클릭한 다음 '붙여넣기 옵션'에서 [값] 버튼(📋)을 클릭하면 가공된 데이터베이스로 활용할 수 있습니다.

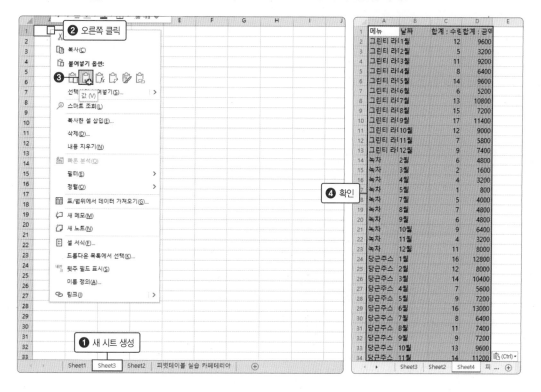

CHAPTER 8

실전!
유형별 실무 문서
활용 스킬

이제까지 엑셀을 제대로 활용하기 위한 기본 기능을 알아보았으면 지금부터는 실무에서 곧바로

활용할 수 있는 유형별 엑셀 활용법에 대해 알아보겠습니다. 이번 장에서는 지금까지 학습한 내용

을 총정리할 뿐만 아니라 실무에서 유용하게 활용할 수 있는 사례별 문서를 소개해 보겠습니다.

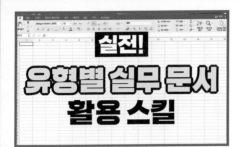

실전!
유형별 실무 문서
활용 스킬

▶

조건부 서식 활용해
업무 자동화하기

슬라이서와
차트 활용해 완성하는
대시보드형 보고서 작성하기

자동 견적서 작성하기 - VLOOKUP 함수, 동적 데이터의 구조적 참조 활용

VLOOKUP 함수는 어렵고 복잡해 보이지만, 특징만 잘 이해하면 쉽게 활용할 수 있습니다. 아직도 VLOOKUP 함수의 셀 참조와 범위 지정이 어려우면 데이터베이스를 표로 변환해 보세요. 동적 데이터의 구조적 참조를 활용하면 VLOOKUP 함수와 데이터를 더욱 편리하게 활용할 수 있습니다.

실습 파일 30 | 자동 견적서 작성

자동 견적서 작성하기

[견적서] 시트에는 판매 상품의 견적을 계산하는 데이터 영역이, [업체DB] 시트에는 거래 업체의 정보가 정리된 데이터 영역이 있습니다. [견적서] 시트의 노란색 영역을 수정하면 파란색 영역의 정보가 자동으로 입력되는 자동 견적서를 작성해 보겠습니다.

1 [업체DB] 시트의 데이터를 동적 데이터로 변환해 볼게요. 데이터 영역에 있는 하나의 셀이나 **[A1]** 셀을 선택하고 [삽입] 탭-[표] 그룹-[표]를 클릭합니다. [표 만들기] 대화상자가 표시되면 영역을 확인하고 [확인]을 클릭하세요.

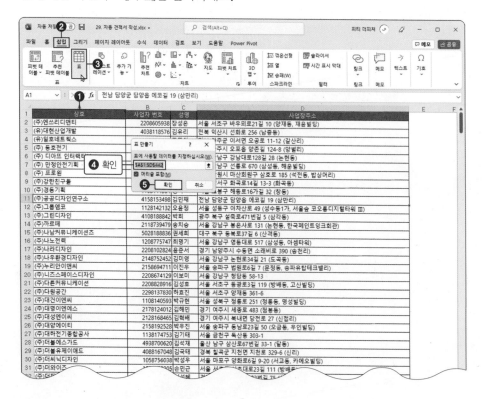

2 데이터 영역이 표로 변환되면 자동으로 [디자인] 탭이나 [테이블 디자인] 탭이 선택됩니다. 선택된 탭의 [속성] 그룹에서 '표 이름' 항목에 표시된 이름을 확인하세요. 여기서는 '**표1**'이라는 이름의 표가 생성되었습니다.

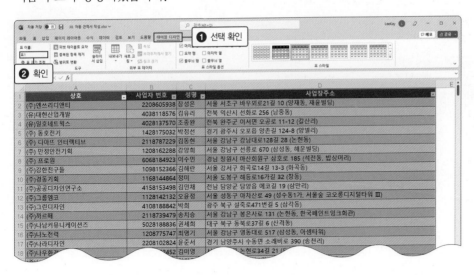

3 [견적서] 시트에서 **[B6]** 셀을 선택하고 [데이터] 탭–[데이터 도구] 그룹–[데이터 유효성 검사]를 클릭한 다음 [데이터 유효성 검사]를 선택합니다.

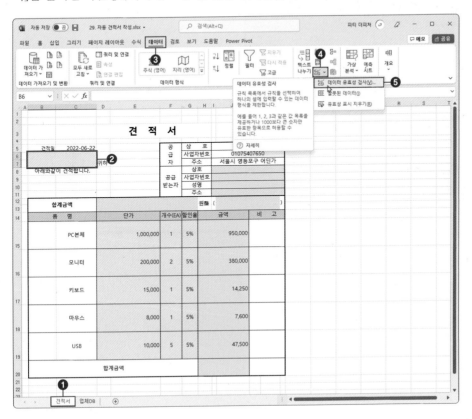

4 [데이터 유효성] 대화상자가 표시되면 [설정] 탭을 선택하고 '유효성 조건'의 '제한 대상'에서 [목록]을 선택하세요.

5 '원본'의 🔼 를 클릭하고 [업체DB] 시트에서 **[A]** 열 전체를 선택한 다음 [확인]을 클릭합니다.

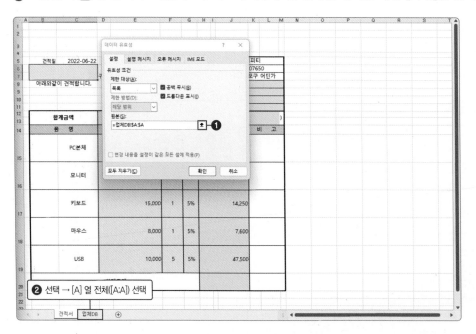

6 **5**에서 선택한 [업체 DB] 시트의 **[A]** 열 전체가 **[B6]** 셀에 목록으로 생성되므로 목록에서 원하는 업체를 선택할 수 있습니다.

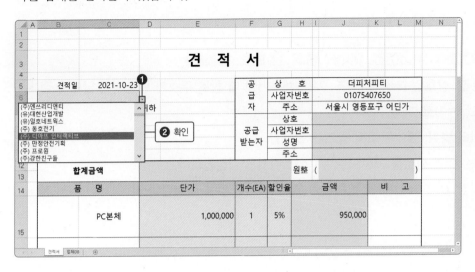

7 목록에서 선택한 업체명에 해당하는 상호, 사업자번호, 성명, 주소를 가져와보겠습니다. 여기에는 VLOOKUP 함수를 이용할 것이므로 우선 **[I8]** 셀을 선택하고 '**=B6**'을 입력한 다음 [Enter]를 누르세요.

8 [I9] 셀에 다음과 같이 VLOOKUP 함수식을 입력합니다.

=VLOOKUP($B$6,표1,2,0)

=VLOOKUP(기준값, 데이터 범위, 열 번호, 논리값)

- **기준값**: 상호인 [B6] 셀 참조, 자동 채우기할 때 참조 주소가 변경되지 않도록 절대
  참조(F4)로 지정합니다.
- **데이터 범위**: 표1, 구조적 참조를 활용합니다.
- **열 번호**: 2, 상호를 기준으로 두 번째 위치를 지정합니다.
- **논리값**: 0, 정확한 값을 반환하기 위해 FALSE 값을 입력합니다.

9 [I9] 셀에 결괏값이 표시되면 [I11] 셀까지 자동 채우기를 실행합니다. 이때 성명을 가져올
[I10] 셀에는 열 번호를 '**3**'으로 주소를 가져올 [I11] 셀에는 열 번호를 '**4**'로 수정합니다.

- **[I10]**: =VLOOKUP($B$6,표,1,2,0)
- **[I11]**: =VLOOKUP($B$6,표,1,3,0)
- **[I12]**: =VLOOKUP($B$6,표,1,4,0)

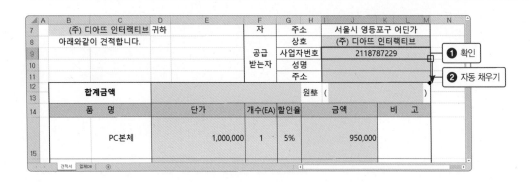

10 [I10] 셀과 [I11] 셀의 열 번호를 수정했으므로 '성명'과 '주소'가 표시됩니다.

A	B	C	D	E	F	G	H	I	J	K	L	M	N
7	(주) 디아뜨 인터랙티브 귀하				자		주소		서울시 영등포구 어딘가				
8	아래와같이 견적합니다.						상호		(주) 디아뜨 인터랙티브				
9					공급		사업자번호		2118787229				
10					받는자		성명		김동현				확인
11							주소		강남구 강남대로128길 28 (논현				
12	합계금액						원整	(			)		
13													
14	품 명			단가		개수(EA)	할인율		금액		비 고		
15	PC본체			1,000,000		1	5%		950,000				

견적서 | 업체DB | ⊕

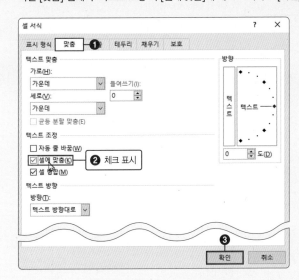

전문가의 조언

입력된 텍스트가 열 너비보다 긴 경우

실습에서 VLOOKUP 함수로 가져온 주소는 텍스트가 많아 일부분만 표시됩니다. 이 경우 셀 너비를 조절하지 않고도 전체 텍스트를 표시할 수 있습니다.

주소가 표시되는 [I11] 셀에서 마우스 오른쪽 버튼을 클릭하고 [셀 서식]을 선택합니다. [셀 서식] 대화상자가 표시되면 [맞춤] 탭에서 '텍스트 조정'의 [셀에 맞춤]에 체크 표시하고 [확인]을 클릭합니다.

셀 서식을 변경하면 다음의 그림과 같이 셀 너비에 맞추어 텍스트 크기가 변경되면서 전체 텍스트가 표시됩니다.

주소	대구 북구 동북로37길 6 (산격동)
주소	경기 남양주시 수동면 소래비로 390 (송천리)
주소	서울 마포구 양화로6길 9-20 (서교동, 카메오빌딩)

숫자 데이터는 열 너비보다 길 경우에는 '###'으로 표시되므로 열 너비를 변경하거나 [셀에 맞춤]에 체크 표시하세요.

11 이번에는 금액을 자동으로 계산해 보겠습니다. 우선 SUM 함수를 이용해 **[H20]** 셀에 합계를 구합니다.

=SUM(H15:J19)

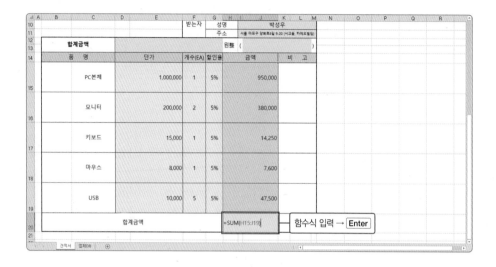

12 합계 금액이 표시되는 **[D12]** 셀과 **[J12]** 셀을 각각 선택하고 **'=H20'**을 입력해서 계산된 합계를 셀 참조로 가져옵니다.

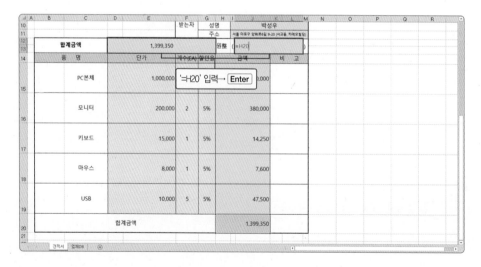

13 [D12] 셀의 합계 금액을 한글로 표기하기 위해 [D12] 셀에서 마우스 오른쪽 버튼을 클릭하고 [셀 서식]을 선택합니다. [셀 서식] 대화상자가 표시되면 [표시 형식] 탭의 [기타] 범주에서 [숫자(한글)]를 선택하고 [확인]을 클릭합니다.

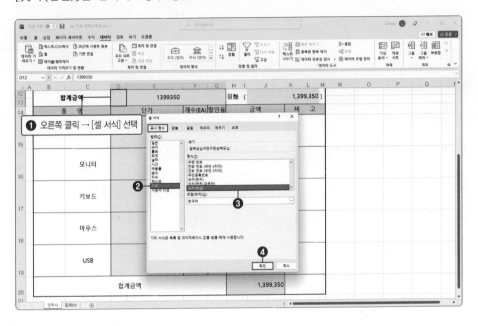

14 [D12] 셀의 합계 금액이 한글로 표기됩니다. 이제 업체명과 품명, 단가, 개수, 할인율만 입력하면 업체 정보와 합계 금액이 모두 자동으로 입력되는 자동 견적서를 완성했습니다.

견 적 서

견적일	2021-10-23		공급자	상 호	더피처피티
				사업자번호	01075407650
(주)더씨닉디자인 귀하				주소	서울시 영등포구 여믄가
아래와같이 견적합니다.			공급받는자	상호	(주)더씨닉디자인
				사업자번호	1058756038
				성명	박성우
				주소	서울 마포구 양화로6길 9-20 (서교동, 카페요빌딩)

합계금액		일백삼십구만구천삼백오십			원整 (		1,399,350)	
품 명		단가	개수(EA)	할인율		금액	비 고	
PC본체		1,000,000	1	5%		950,000		
모니터		200,000	2	5%		380,000		
키보드		15,000	1	5%		14,250		
마우스		8,000	1	5%		7,600		
USB		10,000	5	5%		47,500		
합계금액						1,399,350		

조건부 서식 활용해 디자인 서식 업무 자동화하기 - 할 일, 금액

디자인 서식 변경은 엑셀에서 업무 생산성을 떨어뜨리는 요소 중 하나입니다. 이번에는 조건부 서식을 활용해서 디자인 서식을 자동화하는 방법에 대해 알아보겠습니다.

〉 단순 반복은 너무 귀찮아! 반복 업무를 자동화할 수 있을까 〈

첫 회사의 사옥 이전 업무를 수행한 다음 다시는 같은 일을 안 하겠다고 다짐했지만, 이직한 회사에서 5개월 만에 또 사옥을 이전한 경험이 있습니다. 사옥을 이전할 경우에는 단순한 건물 이전이 아니라 계약서 등의 서류 작업을 해야 했고 기존 업체와 신규 업체 관련 이슈 등 여러 가지 업무 처리로 굉장히 스트레스를 많이 받았죠. 그 당시에는 일을 정확하게 처리하기 위해 엑셀로 할 일 체크 리스트를 만들어서 팀 자료로 활용했습니다. 이때 만든 체크 리스트는 해야 할 일이 끝나면 회색에 취소선을 넣는 디자인이었어요.

	A	B
1	완료여부	체크리스트
2		근태현황체크/ 기록유지(근태관련신청서 접수/ 유지)
3		건물 전반 관리업무(냉,난방/ 전기설비 등)
4	○	당직명령/ 체크
5		인사관련자료 UPDATE(인사카드, 인원현황, 조직도, 서열부, 개인별 자료)
6		급여계산/ 이체작업
7	○	국민연금/ 국민건강 보험료 납부
8		근태현황집계
9	○	교육실적유지
10	○	임대료 청구/ 징수
11		고정자산감가상각실시
12		기사차량 운행일지 점검 및 수당계산
13	○	경비증빙정리/ 유지

▲ 엑셀로 만든 체크 리스트

하지만 완료할 때마다 디자인을 다시 지정하는 것이 무척 번거로웠고 완료가 번복될 경우에는 내용 디자인을 다시 초기화하는 작업도 너무 불편했습니다.

"아, 이거 귀찮은데 자동화할 수 없을까?"

그래서 조건부 서식을 활용한 디자인 업무 자동화 방법을 활용했습니다. 이것은 특정 수식을 입력한 다음 조건에 해당하면 특정 서식을 지정하는 방법으로, 순서는 다음과 같습니다.

① 디자인을 적용할 영역 선택 → ② 조건부 서식에 수식 적용 → ③ 적용할 디자인 서식 선택

간단하죠? 자, 그러면 조건부 서식을 어떻게 활용하는지 실습해 보겠습니다.

실습 파일 31-1 | 조건부 서식을 활용한 서식 업무 자동화 1

할 일 완료 체크 리스트에 디자인 서식 자동화하기

자동으로 서식이 적용되는 체크 리스트를 만들어 보겠습니다.

1 [할일 관리] 시트에서 디자인을 적용할 영역인 **[B]** 열을 선택하고 [홈] 탭-[스타일] 그룹-[조건부 서식]을 클릭한 다음 [규칙 관리]를 선택합니다. 특정 셀 범위를 선택하면 데이터를 추가할 때 범위를 변경해야 하므로 열 전체를 선택해야 나중에 별도의 작업 없이 완벽하게 자동화를 구현할 수 있습니다.

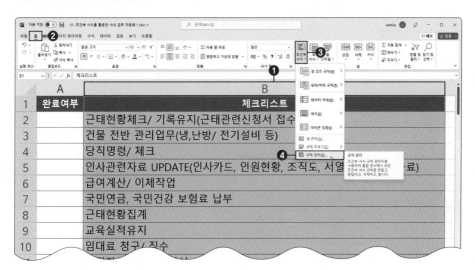

2 [조건부 서식 규칙 관리자] 대화상자가 표시되면 [새 규칙]을 클릭해서 작업할 수 있습니다. 하지만 선택 영역에 다른 규칙이 적용되어 있는지 확인하기 위해 먼저 [규칙 관리]를 선택해서 현재의 규칙 상태를 확인하고 [새 규칙]을 클릭하세요.

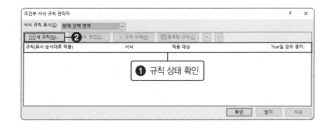

3 [새 서식 규칙] 대화상자가 표시되면 '규칙 유형 선택'에서 [수식을 사용하여 서식을 지정할 셀 결정]을 선택하고 '다음 수식이 참인 값의 서식 지정'에 조건을 판단할 수식을 입력합니다. 즉 **[A1]** 셀을 선택하고 F4 를 두 번 눌러 열 고정, 행 이동 혼합 참조를 설정하세요. 이 조건부 서식은 선택한 셀을 기준으로 순차적으로 조건을 판단해야 하므로 [A] 열 전체가 아니라 **[A1]** 셀을 선택하고 혼합 참조로 행 순서대로 수식을 확인해야 합니다. 따라서 '**=$A1="ㅇ"**'을 입력하여 'ㅇ(이응)'이라는 문자로 입력 유무를 판별하겠습니다. 수식을 모두 입력했으면 지정한 디자인 서식을 적용하기 위해 [서식]을 클릭합니다.

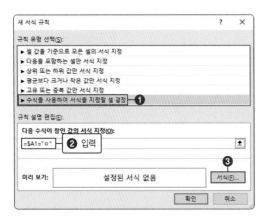

💠 **TIP** — 여기서는 작업의 편의를 위해 입력 유무를 'ㅇ(이응)'으로 판별하고 있습니다.

4 [셀 서식] 대화상자가 표시되면 [글꼴] 탭에서 '색'은 '테마 색'의 [밝은 회색, 배경 2]로 지정하고 [취소선]에 체크 표시한 다음 [확인]을 클릭합니다.

5 [새 서식 규칙] 대화상자로 되돌아오면 [확인]을 클릭하고 [조건부 서식 규칙 관리자] 대화상자에서도 [확인]을 클릭하여 닫습니다.

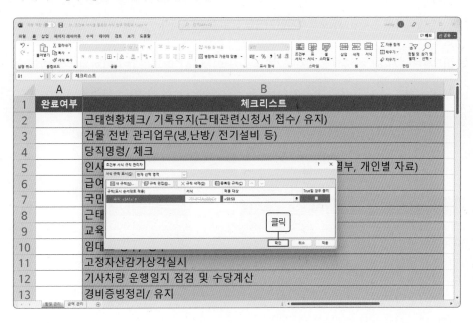

6 작업 화면에서 수식에서 지정한 조건이 판단되는 **[A]** 열에 **'ㅇ(이응)'**을 입력하고 삭제할 때마다 서식이 지정된 **[B]** 열의 디자인이 자동으로 변경되는지 확인합니다.

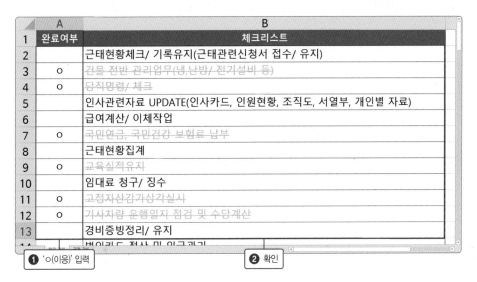

❶ 'ㅇ(이응)' 입력   ❷ 확인

모금액의 유무에 따라 자동으로 디자인 서식 적용하기

이번에는 모금의 유무에 따라 행 전체에 자동으로 디자인 서식을 적용해 보겠습니다.

1 [금액 관리] 시트에서 행 전체에 디자인을 적용하기 위해 **[A]** 열부터 **[E]** 열까지 드래그하여 선택하고 [홈] 탭-[스타일] 그룹-[조건부 서식]을 클릭한 다음 [규칙 관리]를 선택합니다.

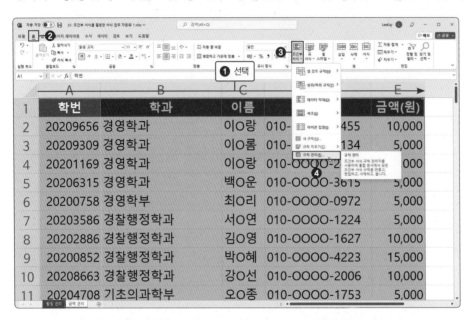

2 [조건부 서식 규칙 관리자] 대화상자가 표시되면 현재는 특별한 규칙이 없으므로 [새 규칙]을 클릭하세요.

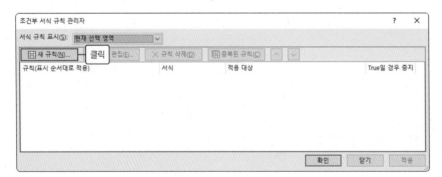

3 [새 서식 규칙] 대화상자가 표시되면 '규칙 유형 선택'에서 [수식을 사용하여 서식을 지정할 셀 결정]을 선택하고 '다음 수식이 참인 값의 서식 지정'에 수식을 입력합니다. 모금 유무의 기준은 [E] 열 금액에 값이 있는지의 여부가 기준이 되므로 **[E1]** 셀을 선택하고 수식을 완성합니다. **'=$E1=" "'**은 열 이동은 불가능하지만 금액인 [E] 열의 행 단위로 값의 존재 유무를 확인하여 수식을 판별합니다. 이때 '="""'은 셀에 값이 비어있다는 비교 연산으로, 수식을 완성했으면 [서식]을 클릭하세요.

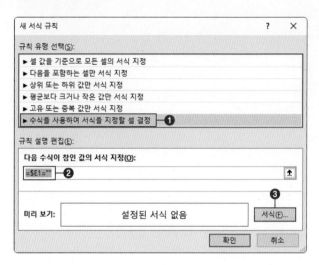

4 [셀 서식] 대화상자가 표시되면 [채우기] 탭의 '배경색'에서 [주황]을 선택하고 [확인]을 클릭합니다.

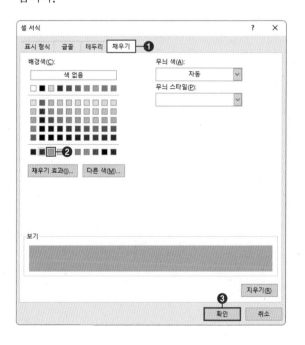

5 작업 화면으로 되돌아오면 금액이 비어있는 행 전체에 디자인 서식이 적용되었는지 확인합니다.

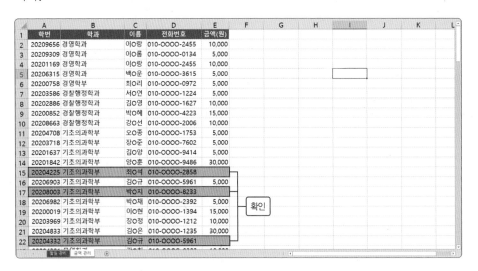

6 135행부터는 [E] 열의 값이 비어있기 때문에 서식이 적용되어 있습니다. 이것을 보완하기 위해 다시 [A] 열부터 [E] 열까지 드래그해 선택하고 [홈] 탭-[스타일] 그룹-[조건부 서식]을 클릭한 다음 [규칙 관리]를 선택하세요.

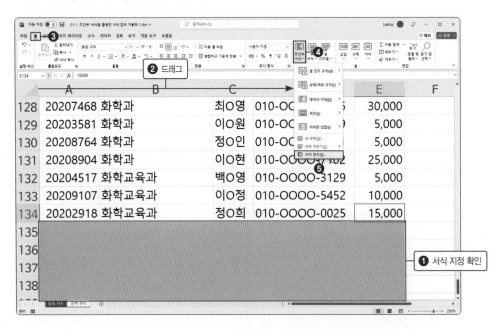

7 [조건부 서식 규칙 관리자] 대화상자가 표시되면 [규칙 편집]을 클릭하거나 규칙 목록을 더블클릭해 규칙을 편집할 수 있습니다.

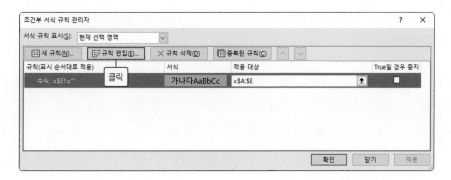

8 새로운 규칙으로 **[A]** 열 값은 비어있지 않지만, **[E]** 열 값이 비어있는 조건을 함수식에 활용해 볼게요. 두 가지 이상의 조건은 AND 함수를 활용할 수 있으므로 '**=AND($A1< >"",$E1=" ")**'를 입력합니다. 여기서 '**$A1< >""**'는 **[A1]** 셀부터 열 이동 없이 행 단위로 이동하면 수식을 판별하되, 비어있지 않다는 함수식입니다.

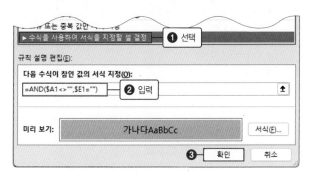

9 135행부터 적용된 색상이 모두 사라진 것을 확인합니다.

	A	B	C	D	E	F	G
127	20205530	화학과	김O수	010-OOOO-5002	10,000		
128	20207468	화학과	최O영	010-OOOO-8166	30,000		
129	20203581	화학과	이O원	010-OOOO-0409	5,000		
130	20208764	화학과	정O인	010-OOOO-8191	5,000		
131	20208904	화학과	이O현	010-OOOO-7102	25,000		
132	20204517	화학교육과	백O영	010-OOOO-3129	5,000		
133	20209107	화학교육과	이O정	010-OOOO-5452	10,000		
134	20202918	화학교육과	정O희	010-OOOO-0025	15,000		
135							
136							
137							
138							확인
139							
140							
141							

셀 병합된 것처럼 보이게 디자인하기

셀을 병합한 경우 엑셀의 주요 기능이 제대로 구현되지 않습니다. 하지만 반드시 셀이 병합된 것처럼 데이터를 정리해야 한다면 이렇게 지정해 보세요.

엑셀에서는 '병합하고 가운데 맞춤' 기능을 절대로 사용하지 말아야 합니다. 사실 이 기능은 실무에서 많이 사용하지만, 왜 사용하면 안 될까요? 왜냐하면 이 기능을 사용할 경우 정렬, 필터, 함수, 피벗 테이블 등의 주요 기능이 구현되지 않거나 제대로 된 값을 구할 수 없기 때문입니다. '병합하고 가운데 맞춤' 기능을 적용한 상태에서 데이터를 정렬하면 다음의 그림과 같은 오류 메시지가 발생하면서 제대로 정렬되지 않습니다.

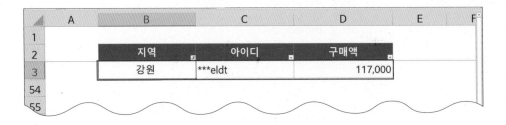

또한 필터를 적용했을 때는 맨 위에 있는 한 개의 값만 나오고 함수나 피벗 테이블에서도 제대로 된 값이 집계되지 않습니다. '병합하고 가운데 맞춤'은 워드프로세서에서 자주 사용하던 기능이어서 엑셀에도 그대로 적용할 수 있지만, 엑셀 결과가 제대로 구현되지 않는 가장 큰 원인이됩니다.

만약 '병합하고 가운데 맞춤' 기능을 꼭 사용해야 한다면 이렇게 활용해 보세요.

1 [셀병합된듯] 시트에서 병합된 **[B3]** 셀부터 **[B51]** 셀까지 드래그해 선택하고 [홈] 탭–[맞춤] 그룹–[병합하고 가운데 맞춤]을 클릭하여 적용된 기능을 해제합니다.

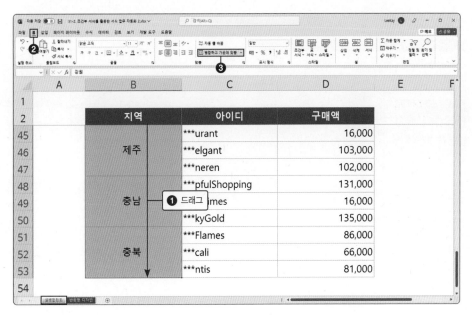

➡ **TIP** — [홈] 탭-[편집] 그룹-[찾기 및 선택]을 클릭하고 [이동 옵션]을 선택합니다.

2 단축키 Ctrl + G 또는 F5 를 눌러 [이동] 대화상자를 표시한 다음 [이동 옵션]을 클릭합니다. [이동 옵션] 대화상자가 표시되면 비어있는 셀만 선택하기 위해 [빈 셀]을 선택하고 [확인]을 클릭하세요.

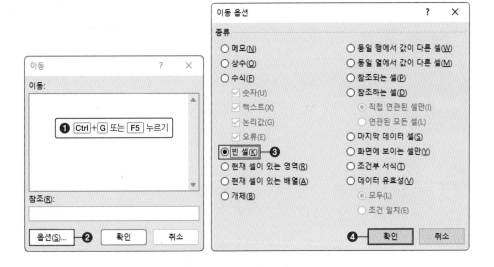

3 비어있는 셀만 선택됩니다. 여기서 **[B4]** 셀의 밝은 영역은 현재 셀 편집이 가능한 위치라는 뜻입니다.

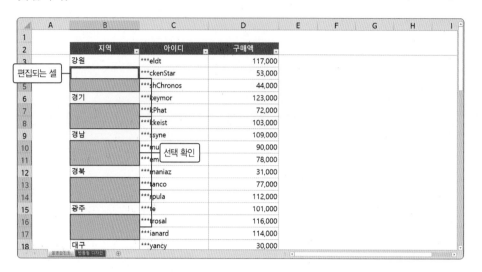

4 **[B4]** 셀에 '**=**'를 입력하고 **[B3]** 셀을 선택하여 곧바로 위쪽 셀인 **[B3]** 셀을 참조합니다. 비어있는 셀은 모두 자신의 위쪽 셀을 참조하는 방법입니다. 이 상태에서 Enter를 누르면 현재 편집중인 셀에만 값이 입력되므로 선택 영역에 모두 값을 입력하기 위해 Ctrl+Enter를 누릅니다.

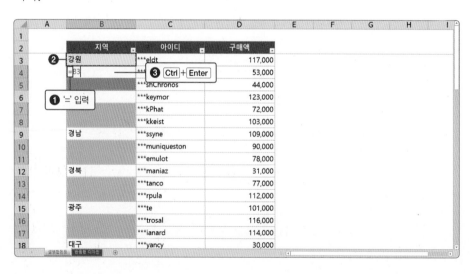

5 선택 영역의 모든 셀이 위쪽 셀 값을 참조하도록 데이터가 입력됩니다.

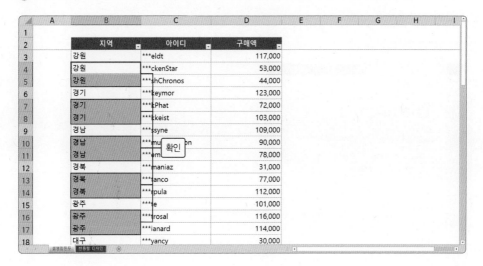

6 현재는 셀 참조 상태이므로 정렬될 경우 셀 참조가 흐트러져서 정확한 데이터 활용이 어렵습니다. '지역' 셀인 **[B3]** 셀부터 **[B53]** 셀까지 드래그해 선택하고 Ctrl + C를 눌러 복사하세요.

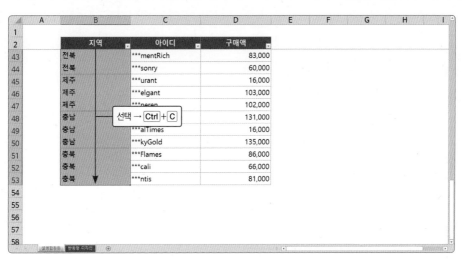

7 [B3] 셀을 선택한 상태에서 마우스 오른쪽 버튼을 클릭하고 '붙여넣기 옵션'에서 [값]( )을 클릭해 값만 붙여넣기하세요.

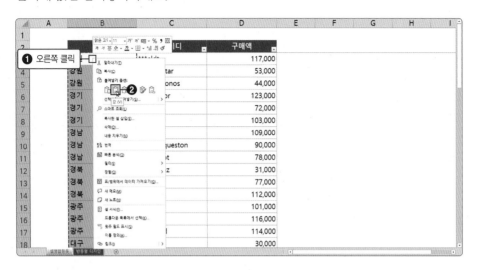

8 이제 조건부 서식을 활용해 보겠습니다. 현재 셀에서 위쪽 셀과 데이터가 같으면 글꼴 색을 흰색으로 표시하여 눈에 보이지 않게 지정해 볼게요. 첫 번째 셀은 데이터를 판별하기 위해 제외하고 디자인 서식을 적용할 **[B4:B57]** 영역을 선택하세요.

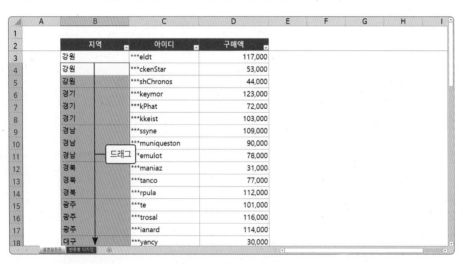

9 [홈] 탭-[스타일] 그룹-[조건부 서식]을 클릭하고 [규칙 관리]를 선택합니다.

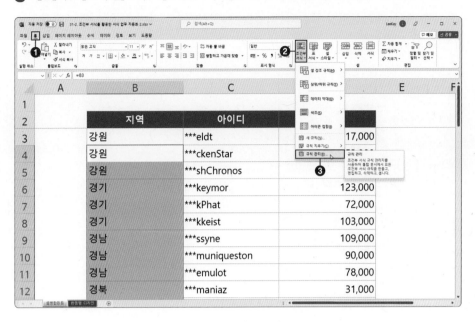

10 [조건부 서식 규칙 관리자] 대화상자가 표시되면 [새 규칙]을 클릭합니다.

11 [새 서식 규칙] 대화상자가 표시되면 '규칙 유형 선택'에서 [수식을 사용하여 서식을 지정할 셀 결정]을 선택하고 '다음 수식이 참인 값의 서식 지정'에 **'=$B3=$B4'**를 입력한 다음 [서식]을 클릭합니다.

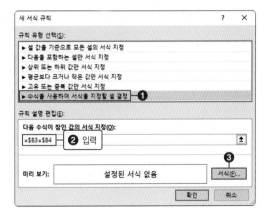

12 위쪽 셀 값과 아래쪽 셀 값이 같으면 셀 배경색과 같은 색을 지정하여 값이 보이지 않게 설정해 볼게요. [셀 서식] 대화상자가 표시되면 [글꼴] 탭의 '색'에서 '테마 색'의 [흰색, 배경 1]을 선택하고 [확인]을 클릭하세요.

13 결과를 살펴보면 디자인 셀이 병합된 것처럼 디자인했습니다. 중복된 내용은 눈에 보이지 않지만, 실제 값이 있으므로 정렬, 필터, 함수, 피벗 테이블 등의 주요 기능을 제대로 구현할 수 있습니다.

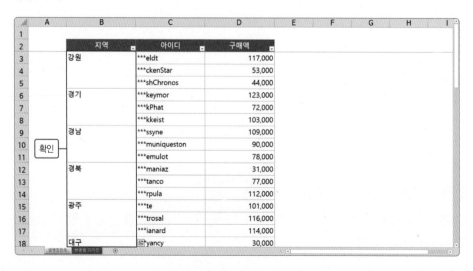

SECTION 32 ★

크로스탭 자동 보고서 작성하기

드래그 & 드롭만으로 빠르게 보고서를 작성할 수 있는 피벗 테이블에는 업데이트된 데이터가 곧바로 반영되지 않는다는 단점이 있습니다. 그리고 보고받는 사람이 피벗 테이블의 사용법을 모른다면 무용지물이 됩니다. 이번 에는 이런 단점을 보완할 수 있는 크로스탭 보고서에 대해 알아보겠습니다.

엑셀 기능이 구현되는 데이터베이스(DB)는 열에 기준이 있고 행 단위로 데이터 형식에 맞게 데 이터가 입력되어 있습니다. 하지만 크로스탭은 열뿐만 아니라 행에도 기준이 있어서 각 셀은 열 과 행 기준에 맞는 데이터 집계가 이미 완료된 완성형 보고서 형태입니다. 함수와 수식을 활용 하여 크로스탭 보고서를 작성해 보겠습니다.

▲ 엑셀 기능이 구현되는 데이터베이스

▲ 데이터 집계가 완료된 크로스탭 보고서

SUMIFS 함수로 크로스탭 보고서 작성하기

열을 기준으로 데이터가 집계된 일반적인 보고서와 달리 행과 열이 모두 기준이 되는 보고서를 크로스탭 보고서라고 합니다. 여기서는 SUMIFS 함수를 활용해 크로스탭 보고서를 작성해 보겠습니다.

데이터 영역에 있는 하나의 셀을 선택하거나 [A1] 셀을 선택하고 [삽입] 탭-[표] 그룹-[피벗 테이블]을 클릭합니다. [피벗 테이블 만들기] 대화상자가 표시되면 [확인]을 클릭하세요.

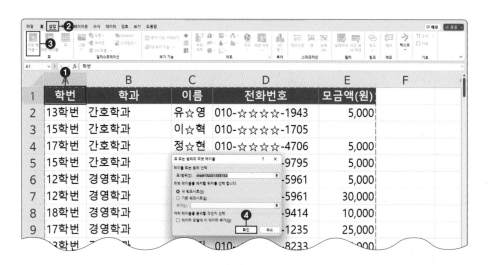

화면의 오른쪽에 [피벗 테이블 필드] 창이 표시되면 다음의 그림과 같이 [학번], [학과], [모금액 (원)]을 각 영역으로 드래그해 피벗 테이블을 생성합니다. 피벗 테이블을 이용하면 이렇게 간단하게 피벗 테이블 보고서를 완성할 수 있습니다. 하지만 SUMIFS 함수를 이용해서도 피벗 데이블과 같은 크로스 탭 보고서를 작성할 수 있어요. 혼합 참조가 필요한 SUMIFS 함수를 사용한다고 너무 걱정할 필요는 없습니다. 지금까지 배운 내용을 잘 이해했다면 재미있게 실습할 수 있을 거예요.

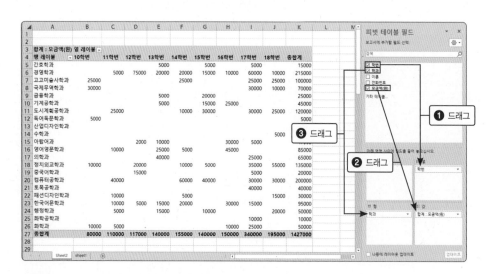

1 [Sheet1] 시트에서 피벗 테이블과 같이 열과 행 기준을 생성하기 위해 **[B]** 열을 선택한 다음 Ctrl+C 를 눌러 복사하고 **[G]** 열에 붙여넣기(Ctrl+V)하세요.

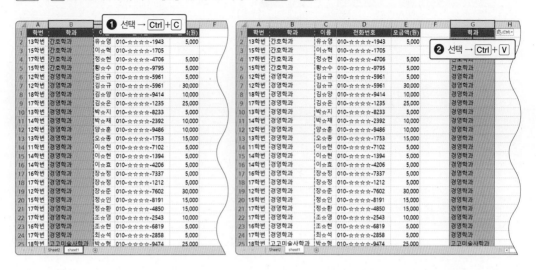

2 **[G]** 열을 선택한 상태에서 붙여넣기한 '학과'의 값 중 중복된 값을 제거하기 위해 [데이터] 탭-[데이터 도구] 그룹-**[중복된 항목 제거]**를 클릭합니다. [중복 값 제거] 대화상자가 표시되면 [확인]을 클릭하세요.

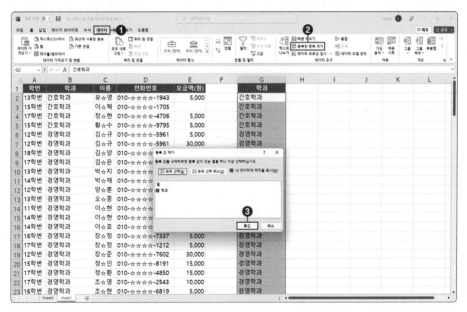

💎 **TIP** — '중복된 항목 제거'는 선택된 영역에서 중복된 값을 삭제해서 하나의 값만 남기는 기능입니다.

3 중복된 값 중에서 하나만 남겨지면서 '학과' 열을 기준으로 사용할 수 있습니다.

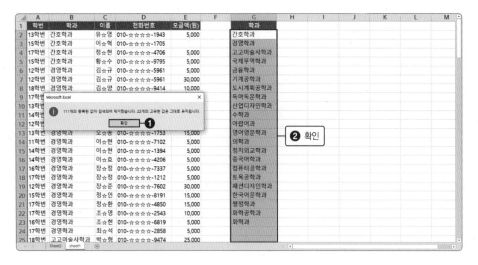

4 '학번' 데이터가 있는 [A] 열을 복사해서 [H] 열에 붙여넣기하고 [데이터] 탭-[데이터 도구] 그룹-[중복된 항목 제거]를 클릭합니다.

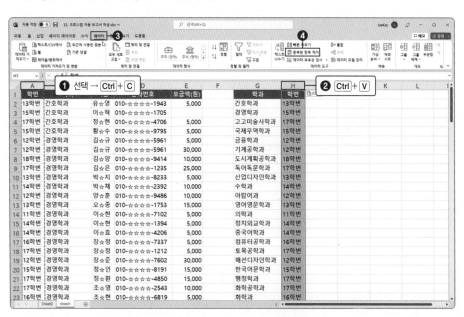

5 인접한 [G] 열에 데이터가 있기 때문에 [중복된 항목 제거 경고] 대화상자가 표시되면 [현재 선택 영역으로 정렬]을 선택하고 [중복된 항목 제거]를 클릭하세요.

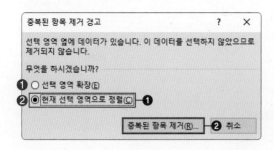

❶ **선택 영역 확장**: 좌우 인접한 열을 포함한 영역으로 데이터가 선택됩니다. 중복된 항목을 제거할 경우 선택 영역에 포함된 모든 데이터가 삭제됩니다.

❷ **현재 선택 영역으로 정렬**: 선택한 데이터 영역에서만 중복된 항목이 제거됩니다.

6 [중복 값 제거] 대화상자가 표시되면 [확인]을 클릭합니다.

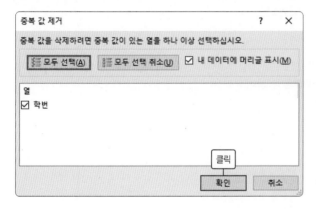

7 중복된 값을 제거하고 하나만 남겨서 '학번'의 열 기준으로 사용할 수 있습니다. [**H**] 열을 선택한 상태에서 [데이터] 탭-[정렬 및 필터] 그룹-[**텍스트 오름차순 정렬**]을 클릭해서 '학번'을 오름차순으로 정렬하세요.

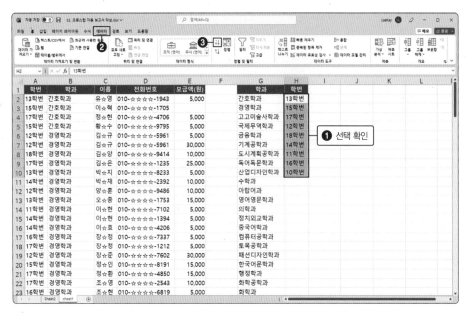

TIP — '중복된 항목 제거'와 같이 인접한 열이 있으므로 [정렬 경고] 대화상자가 표시됩니다. [선택 영역 확장], [현재 선택 영역으로 정렬]에 대한 자세한 내용은 315쪽의 **TIP**을 참고하세요.

8 [**H2:H10**] 영역을 선택하고 Ctrl + C 를 눌러 복사합니다.

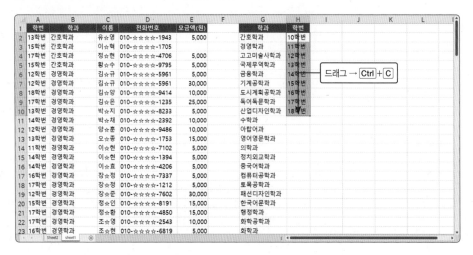

9 [H1] 셀에서 마우스 오른쪽 버튼을 클릭하고 '붙여넣기 옵션'에서 [행/열 바꿈](📋)을 선택한 다음 [H2:H10] 영역을 선택하고 Delete 를 눌러 삭제합니다.

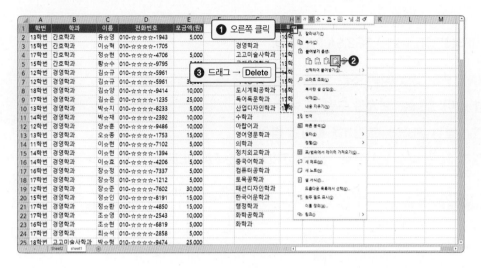

10 제목 행의 서식을 지정하기 위해 [G1] 셀을 복사하고 [H1:P1] 영역을 선택합니다. 선택영역에서 마우스 오른쪽 버튼을 클릭하고 '붙여넣기 옵션'에서 [서식](🖌)을 클릭하세요.

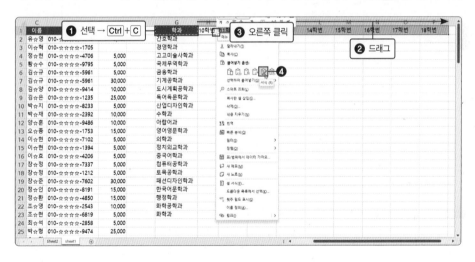

11 [H2] 셀에 함수를 입력합니다. SUMIF 함수는 지정한 두 가지 이상의 여러 조건을 충족하는 범위 값을 더하는 함수입니다.

=SUMIFS($E:$E,$B:$B,$G2,$A:A,H1)

=SUMIFS(더할 범위,조건 1 범위,조건 1,조건 2 범위,조건 2,…)
- **더할 범위**: $E:$E, 합계를 구할 셀 범위
- **조건 1 범위**: $B:$B, 조건 1을 확인할 범위
- **조건 1**: $G2, 비교 연산으로, 조건을 TRUE 또는 FALSE로 분기

	A	B	C	D	E	F	G	H	I	J	K	L
1	학번	학과	이름	전화번호	모금액(원)		학과					14학
2	13학번	간호학과	유☆영	010-☆☆☆-1943	5,000		간호학과	=SUMIFS($E:$E,$B:$B,$G2,$A:A,H1)				
3	15학번	간호학과	이☆혁	010-☆☆☆-1705			경영학과					
4	17학번	간호학과	정☆현	010-☆☆☆-4706	5,000		고고미술사학과					
5	15학번	간호학과	황☆수	010-☆☆☆-9795	5,000		국제무역학과					
6	12학번	경영학과	김☆규	010-☆☆☆-5961			금융학과	함수식 입력				
7	12학번	경영학과	김☆규	010-☆☆☆-5961	30,000		기계공학과					
8	18학번	경영학과	김☆양	010-☆☆☆-9414	10,000		도시계획공학과					
9	17학번	경영학과	김☆은	010-☆☆☆-1235	25,000		독어독문학과					
10	13학번	경영학과	박☆지	010-☆☆☆-8233	5,000		산업디자인학과					
11	14학번	경영학과	박☆채	010-☆☆☆-2392	10,000		수학과					
12	12학번	경영학과	양☆훈	010-☆☆☆-9486	10,000		아랍어과					
13	13학번	경영학과	오☆종	010-☆☆☆-1753	15,000		영어영문학과					
14	11학번	경영학과	이☆현	010-☆☆☆-7102	5,000		의학과					
15	14학번	경영학과	이☆현	010-☆☆☆-1394	5,000		정치외교학과					
16	14학번	경영학과	이☆효	010-☆☆☆-4206	5,000		중국어학과					
17	16학번	경영학과	장☆정	010-☆☆☆-7337	5,000		컴퓨터공학과					
18	17학번	경영학과	장☆현	010-☆☆☆-1212	5,000		토목공학과					
19	12학번	경영학과	장☆준	01☆-☆☆☆-7602	30		패션디자인…					

TIP — 수식을 입력할 때 절대 참조와 혼합 참조를 잘 구분하여 입력하세요. 참조에 대한 자세한 내용은 142쪽을 참고하세요.

12 [H2] 셀에 결괏값이 표시되면 [H2] 셀의 자동 채우기 커서를 [P2] 셀까지 드래그해 자동 채우기를 실행하고 [H2:P23] 영역까지 다시 자동 채우기를 실행합니다.

	G	H	I	J	K	L	M	N	O	P	Q	R	S
1	학과	10학번	11학번	12학번	13학번	14학번	15학번	16학번	17학번	18학번			
2	간호학과	0	0	0	5000	0	5000	0	5000	0			
3	경영학과	0	5000	75000	20000	20000	15000	10000	60000	10000			
4	고고미술사학과		0	0	0	25000	0	0	25000	25000			
5	국제무역학과	0	0	0	0	0	0	0	30000	10000			
6	금융학과	0	0	0	5000	0	0	0	0	0			
7	기계공학과	0	0	0	0	0	15000	25000	0	0			
8	도시계획공학과	0	25000	0	0	10000	30000	0	30000	25000			
9	독어독문학과	5000	0	0	0	0	0	0	0	0			
10	산업디자인학과	0	0	0	0	0	0	0	0	0			
11	수학과	0	0	0	0	0	0	0	0	5000			
12	아랍어과	0	0	2000	10000	0	0	30000	5000	0			
13	영어영문학과	0	10000	0	25000	5000	0	45000	0	0			
14	의학과	0	0	0	40000	0	0	0	25000	0			
15	정치외교학과	10000	0	20000	0	10000	5000	0	35000	55000			
16	중국어학과	0	0	15000	0	0	0	0	5000	0			
17	컴퓨터공학과	0	40000	0	0	60000	40000	0	30000	30000			
18	토목공학과	0	0	0	0	0	0	0	40000	0			
19	패션디자인학과	0	0	0	0	5000	0	0	0	15000			
20	한국어문학과	0	10000	5000	15000	20000	0	30000	15000	0			
21	행정학과	0	5000	0	15000	0	10000	0	0	20000			
22	화학공학과	0	0	0	0	0	0	0	0	0			
23	화학과	10000	5000	0	0	0	0	10000	25000	0			

① 확인 ② 자동 채우기 ③ 자동 채우기

13 [H2:P23] 영역을 선택한 상태에서 Ctrl + 1 을 누릅니다. [셀 서식] 대화상자가 표시되면 [표시 형식] 탭에서 [사용자 지정] 범주를 선택하고 '형식'에 '#,#'을 입력한 다음 [확인]을 클릭합니다.

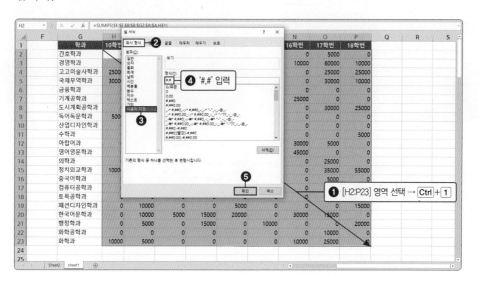

14 열 너비를 동일하게 설정하기 위해 [H] 열부터 [P] 열을 선택하고 적당한 너비로 조절합니다.

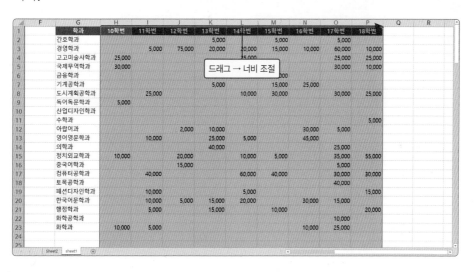

15 SUMIFS 함수를 활용한 크로스탭 보고서를 완성했습니다. 피벗 테이블로 작성한 값과 결과값이 같다는 것을 확인할 수 있습니다

행 레이블	10학번	11학번	12학번	13학번	14학번	15학번	16학번	17학번	18학번	종합계
간호학과				5000		5000		5000		15000
경영학과		5000	75000	20000	20000	15000	10000	60000	10000	215000
고고미술사학과	25000				25000			25000	25000	100000
국제무역학과	30000							30000	10000	70000
금융학과				5000		20000				25000
기계공학과				5000		15000	25000			45000
도시계획공학과		25000			10000	30000		30000	25000	120000
독어독문학과	5000									5000
산업디자인학과										
수학과									5000	5000
아랍어과			2000	10000			30000	5000		47000
영어영문학과		10000		25000	5000		45000			85000
의학과				40000				25000		65000
정치외교학과	10000		20000		10000	5000		35000	55000	135000
중국어학과			15000					5000		20000
컴퓨터공학과		40000			60000	40000		30000	30000	200000
토목공학과							40000			40000
패션디자인학과										
한국어문학과										
행정학과										
화학공학과										
화학과	10000									
총합계	80000									

▲ 피벗 테이블

학과	10학번	11학번	12학번	13학번	14학번	15학번	16학번	17학번	18학번
간호학과				5,000		5,000		5,000	
경영학과		5,000	75,000	20,000	20,000	15,000	10,000	60,000	10,000
고고미술사학과	25,000				25,000			25,000	25,000
국제무역학과	30,000							30,000	10,000
금융학과				5,000		20,000			
기계공학과				5,000		15,000	25,000		
도시계획공학과		25,000			10,000	30,000		30,000	25,000
독어독문학과	5,000								
산업디자인학과									
수학과									5,000
아랍어과			2,000	10,000			30,000	5,000	
영어영문학과		10,000		25,000	5,000		45,000		
의학과				40,000				25,000	
정치외교학과	10,000		20,000		10,000	5,000		35,000	55,000
중국어학과			15,000					5,000	
컴퓨터공학과		40,000			60,000	40,000		30,000	30,000
토목공학과							40,000		
패션디자인학과		10,000			5,000				15,000
한국어문학과		10,000	5,000	15,000	20,000		30,000	15,000	
행정학과		5,000		15,000		10,000			20,000
화학공학과								10,000	
화학과	10,000	5,000						10,000	25,000

▲ 크로스탭 보고서

전문가의 조언

SUMIFS 함수의 참조

크로스탭 보고서의 다른 셀에도 SUMIFS 함수를 사용하므로 미리 셀 참조에 대해 고민해야 합니다. '모금액(원)' 과 '학과'는 절대 참조, '학과'는 열 고정 혼합 참조, '학번'은 행 고정 혼합 참조되어야 합니다.

구분	열	행	셀 참조
학과, 학번, 모금액(원)	고정	-	열 고정 절대 참조 예 $A:$A $B:$B $E:$E
학과	고정	이동	열 고정 혼합 참조 예 $G2
학번	이동	고정	행 고정 혼합 참조 예 H$1

1분 만에 인포그래픽 차트 완성하기

'조건부 서식' 기능을 활용하면 차트를 삽입하지 않고도 데이터 막대나 색조로 시각화된 보고서를 완성할 수 있습니다. 이번에는 '피벗 테이블'과 '조건부 서식'을 활용해서 빠르고 효과적으로 데이터를 시각화하는 방법에 대해 알아보겠습니다.

실습 파일 33 | 1분만에 인포그래픽 차트

피벗 테이블과 조건부 서식으로 1분 만에 데이터 시각화하기

데이터를 시각화하면 중요한 정보를 전달하는 데 도움이 됩니다. 이번에는 조건부 서식으로 데이터를 시각화하는 방법에 대해 알아보겠습니다.

1 우선 시트의 데이터를 이용해서 피벗 테이블 보고서를 생성해 보겠습니다. [Sheet1] 시트에서 데이터 영역에 있는 하나의 셀을 선택하거나 **[A1]** 셀을 선택하고 [삽입] 탭-[표] 그룹-[피벗 테이블]을 클릭합니다. [피벗 테이블 만들기] 대화상자가 표시되면 그대로 [확인]을 클릭하세요.

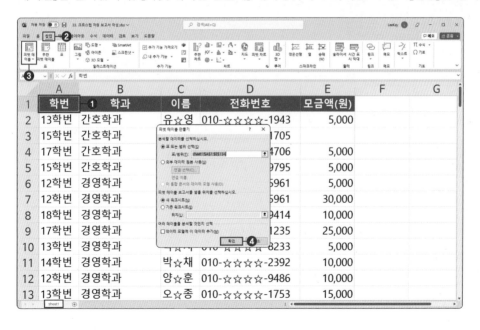

2 새로운 시트에 [피벗 테이블 필드] 창이 표시되면 [학과]는 '행' 영역으로, [학번]은 '열' 영역으로, [모금액(원)]은 '값' 영역으로 드래그합니다.

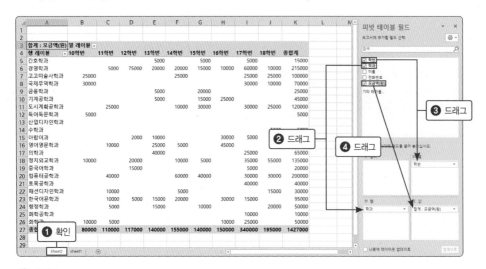

⭐ **TIP** — 엑셀 버전에 따라 [모금액(원)]이 '개수'로 표시될 수 있습니다. 이 경우 [A3] 셀에서 마우스 오른쪽 버튼을 클릭하고 [값 요약 기준]-[합계]를 선택하세요.

3 [A3] 셀에서 마우스 오른쪽 버튼을 클릭하고 [필드 표시 형식]을 선택합니다.

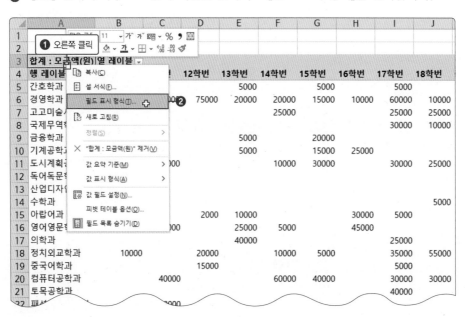

4 [셀 서식] 대화상자의 [표시 형식] 탭이 표시되면 [사용자 지정] 범주를 선택하고 '형식'에 '#,#'을 입력한 다음 [확인]을 클릭합니다.

5 이제 '학과'와 '학번'별 모금액에 조건부 서식을 지정해 보겠습니다. '모금액(원)' 영역인 [B5:J26] 영역을 선택하고 [홈] 탭-[스타일] 그룹-[조건부 서식]-[색조]를 선택한 다음 [녹색 – 흰색 색조]를 클릭하세요.

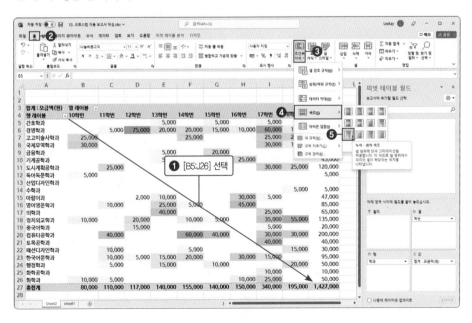

6 모금액(원)에 따라 진한 녹색부터 연한 녹색이 표시되므로 '학과', '학과'의 모금 현황을 한눈에 확인할 수 있습니다.

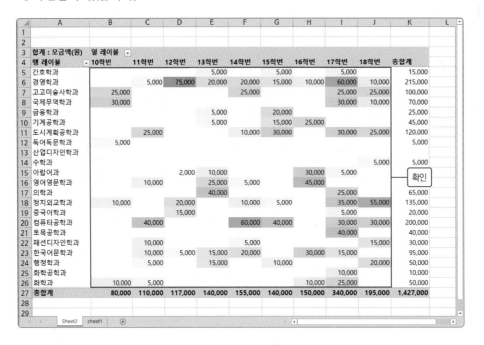

7 이와 같은 방법으로 '총합계' 영역도 시각화해 볼게요. **[K5:K26]** 영역을 선택하고 [홈]탭-[스타일] 그룹-[조건부 서식]-[데이터 막대]-'단색 채우기'의 [주황 데이터 막대]를 클릭합니다.

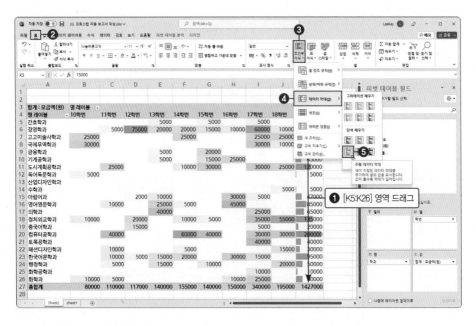

8 이렇게 '피벗 테이블'과 '조건부 서식' 기능을 활용하면 별도의 차트를 삽입하지 않아도 시각화 보고서를 완성할 수 있습니다.

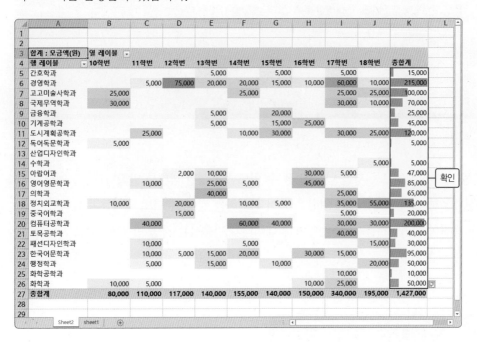

행 레이블	10학번	11학번	12학번	13학번	14학번	15학번	16학번	17학번	18학번	총합계
간호학과				5,000		5,000		5,000		15,000
경영학과		5,000	75,000	20,000	20,000	15,000	10,000	60,000	10,000	215,000
고고미술사학과	25,000				25,000			25,000	25,000	100,000
국제무역학과	30,000							30,000	10,000	70,000
금융학과				5,000		20,000				25,000
기계공학과				5,000		15,000	25,000			45,000
도시계획공학과		25,000			10,000	30,000		30,000	25,000	120,000
독어독문학과	5,000									5,000
산업디자인학과										
수학과									5,000	5,000
아랍어과			2,000	10,000			30,000	5,000		47,000
영어영문학과		10,000		25,000	5,000		45,000			85,000
의학과				40,000				25,000		65,000
정치외교학과	10,000		20,000		10,000	5,000		35,000	55,000	135,000
중국어학과			15,000					5,000		20,000
컴퓨터공학과		40,000			60,000	40,000		30,000	30,000	200,000
토목공학과								40,000		40,000
패션디자인학과		10,000			5,000				15,000	30,000
한국어문학과		10,000	5,000	15,000	20,000		30,000	15,000		95,000
행정학과		5,000		15,000		10,000			20,000	50,000
화학공학과								10,000		10,000
화학과	10,000	5,000					10,000	25,000		50,000
총합계	80,000	110,000	117,000	140,000	155,000	140,000	150,000	340,000	195,000	1,427,000

확인

슬라이서와 차트 활용해 대시보드형 보고서 작성하기

차트와 슬라이서를 추가하면 대시보드형 자동 반응형 보고서를 작성할 수 있습니다. 이번에는 두 개 이상의 테이블을 추가한 대시보드형 보고서를 만드는 방법에 대해 알아보겠습니다.

대시보드형 보고서는 정보 현황을 한눈에 볼 수 있도록 구성된 형태를 말합니다. 즉 엑셀의 주요 기능을 활용하여 데이터에 대한 현황을 즉시 확인하는 것이죠. 피벗 테이블과 슬라이서, 차트 등을 활용하여 슬라이서를 클릭할 때마다 데이터가 반응하는 자동 반응형 대시보드 보고서를 구현할 수 있습니다.

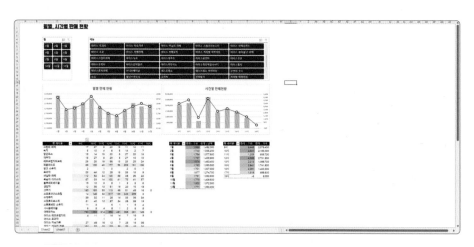

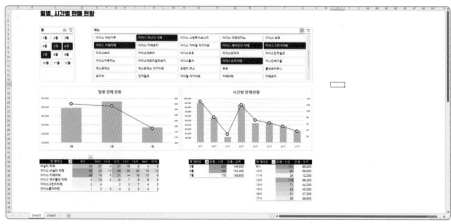

▲ 슬라이서와 차트를 활용한 대시보드형 보고서

실습 파일 34 | 대시보드 보고서

서울시 코로나19 확진자 현황에 대한 대시보드형 보고서 작성하기

실습 예제는 약 36만 개의 데이터가 있는 2022년 7월 서울시 코로나19 확진자 현황입니다. 이번에는 이 데이터를 이용해서 피벗 테이블 보고서를 생성하고 슬라이서를 추가해 자동 반응형 보고서를 만들어 보겠습니다.

1 [Sheet1] 시트에서 데이터 영역에 있는 하나의 셀을 선택하거나 **[A1]** 셀을 선택하고 [삽입] 탭-[표] 그룹-[피벗 테이블]을 선택합니다. [피벗 테이블 만들기] 대화상자가 표시되면 그대로 [확인]을 선택하세요.

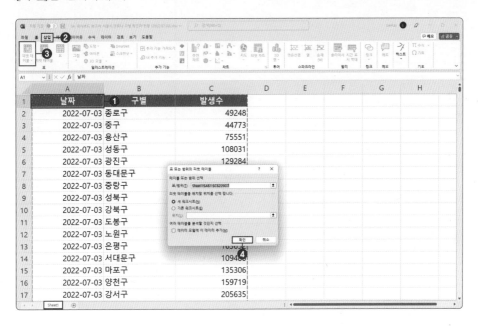

2 화면의 오른쪽에 [피벗 테이블 필드] 창이 표시되면 [구별]은 '행' 영역으로, [발생수]는 '값' 영역으로 각각 드래그합니다.

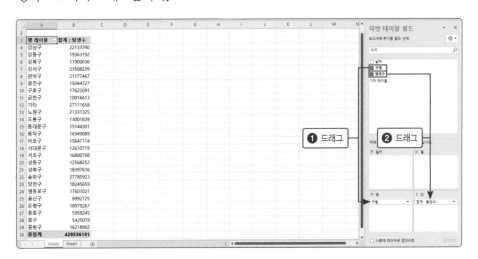

SECTION 34 슬라이서와 차트 활용해 대시보드형 보고서 작성하기 **327**

3 [B3] 셀에서 마우스 오른쪽 버튼을 클릭하고 [필드 표시 형식]을 선택합니다. [셀 서식] 대화상자의 [표시 형식] 탭이 표시되면 [사용자 지정] 범주를 선택하고 '표시 형식'을 '**#,0**'으로 변경합니다.

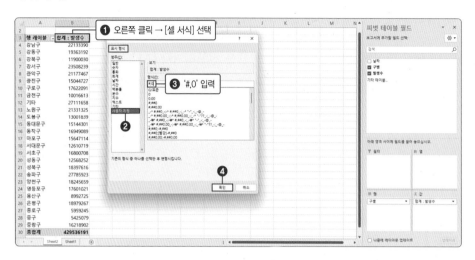

4 이미 생성된 피벗 테이블 보고서에 또 다른 테이블을 추가해 볼게요. 방금 생성한 피벗 테이블에 있는 하나의 셀을 선택한 다음 Ctrl + A 와 Ctrl + C 를 차례대로 눌러 데이터 영역을 복사합니다.

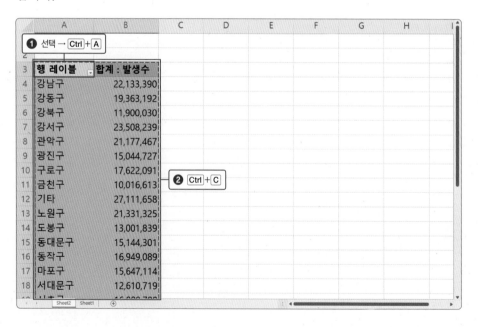

5 [D3] 셀을 선택한 다음 Ctrl + V 를 눌러 복사한 피벗 테이블을 붙여넣습니다.

🔷 TIP ─ 새 피벗 테이블을 생성하면서 [기존 워크시트]에 원하는 위치를 선택해도 되지만, 이미 생성된 피벗 테이블을 복사하여 사용하면 작업을 단축할 수 있습니다.

6 복사한 피벗 테이블 필드의 체크 박스를 모두 해제한 다음 [날짜]는 '행' 영역으로, [발생수]는 '값' 영역으로 드래그합니다.

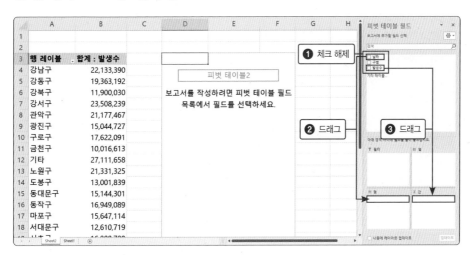

7 **[E3]** 셀에서 마우스 오른쪽 버튼을 클릭한 다음 [필드 표시 형식]을 선택합니다.

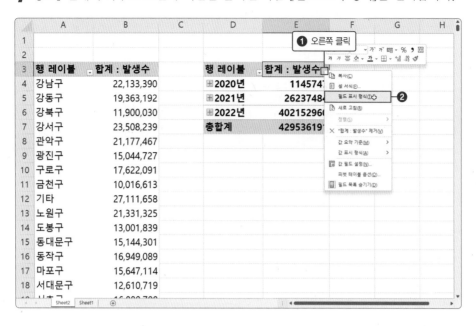

8 [셀 서식] 대화상자의 [표시 형식] 탭이 표시되면 [사용자 지정] 범주를 선택하고 '표시 형식'
에 **'#,0'**을 입력한 다음 [확인]을 클릭합니다.

9 [D4] 셀에서 마우스 오른쪽 버튼을 클릭한 다음 [그룹]을 선택합니다.

10 [그룹화] 대화상자가 표시되면 '단위'에서 [월]과 [연]만 선택하고 [확인]을 클릭합니다. 그러면 연도별, 월별 데이터를 확인할 수 있습니다.

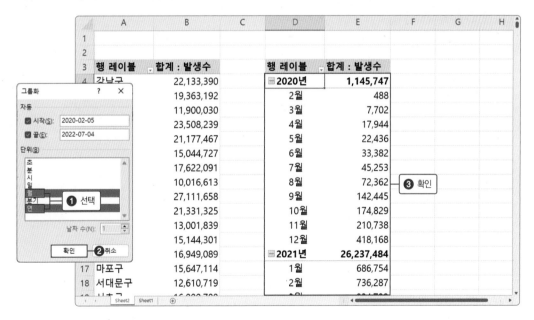

11 [피벗 테이블 필드] 창에서 '행' 영역의 [연]을 '열' 영역으로 드래그합니다.

12 이제 각 테이블에 해당하는 차트를 삽입해 보겠습니다. **[A3]** 셀을 선택하고 [삽입] 탭–[차트] 그룹–[세로 또는 가로 막대형 차트 삽입]을 클릭한 다음 '2차원 가로 막대형'에서 [2차원 가로 막대형]을 클릭하세요.

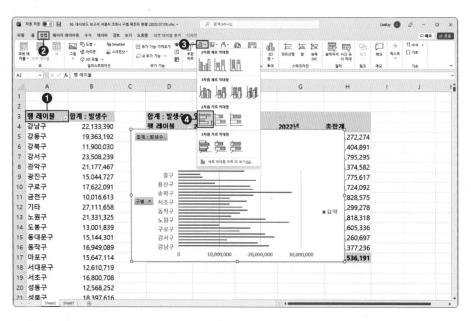

13 [A1] 셀의 높이와 너비를 조절한 다음 `Alt`를 누른 상태에서 차트를 [A1] 셀 가까이에 드래그하면 [A1] 셀의 테두리에 맞춰 차트를 배치할 수 있어요.

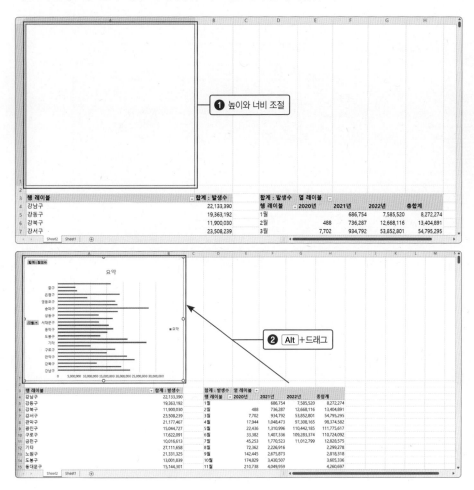

14 차트의 오른쪽에 표시된 ⊞를 클릭하고 [축]에만 체크 표시합니다.

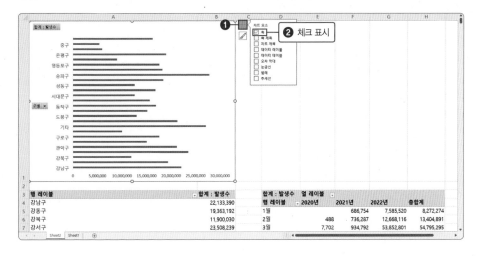

15 이번에는 '확진일'의 차트를 삽입해 볼게요. **[D3]** 셀을 선택하고 **[삽입]** 탭–[차트] 그룹–[꺾은선형 또는 영역형 차트 삽입]을 클릭한 다음 '2차원 꺾은선형'에서 **[꺾은선형]**을 클릭합니다.

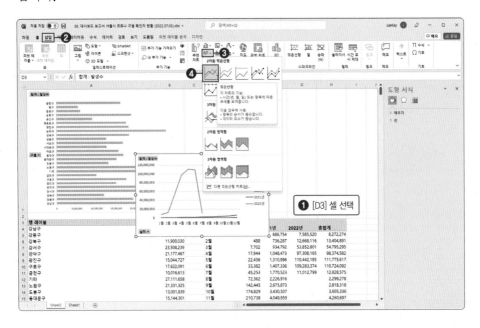

16 **[D1]** 셀의 높이와 너비를 조절하고 차트를 다음의 그림과 같이 배치하세요. '지역' 막대형 차트와 같이 꺾은선형 차트의 오른쪽에 표시된 ⊞를 클릭하고 **[축]**에만 체크 표시합니다.

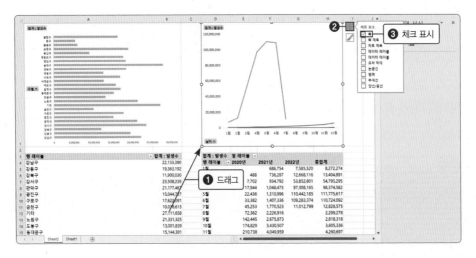

17 이제 각 구별 현황을 선택할 수 있도록 슬라이서를 삽입해 볼게요. **[A3]** 셀을 선택하고 [피벗 테이블 분석] 탭-[필터] 그룹-[슬라이서 삽입]을 클릭합니다.

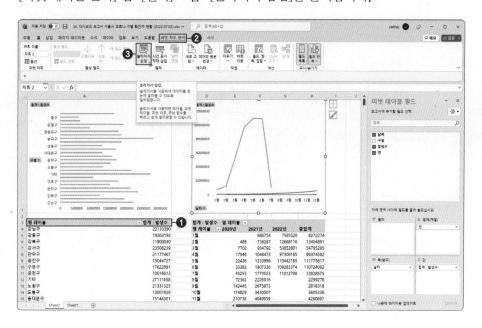

18 [슬라이서 삽입] 대화상자가 표시되면 **[구별]**과 **[연]**에만 체크 표시하고 **[확인]**을 클릭합니다.

19 [구별] 슬라이서와 [연] 슬라이서가 삽입되면 적당한 위치에 배치합니다.

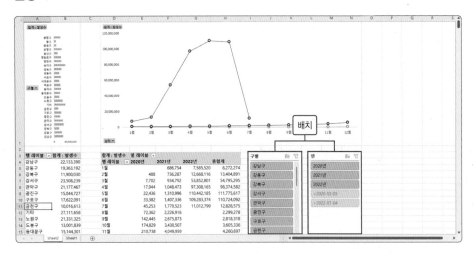

✦ **TIP** ── Alt 를 누른 상태에서 드래그하면 셀 테두리에 맞추어 정확하게 슬라이서를 배치할 수 있습니다.

20 [연] 슬라이서에서 마우스 오른쪽 버튼을 클릭하고 [슬라이서 설정]을 선택합니다.

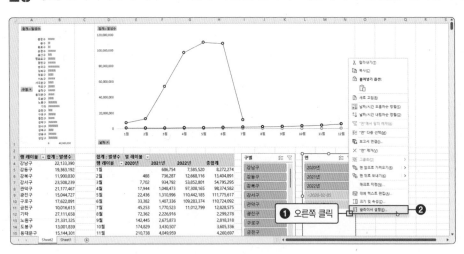

21 [슬라이서 설정] 대화상자가 표시되면 '항목 정렬 및 필터링'에서 [데이터가 없는 항목 숨기기]에 체크 표시하고 [확인]을 클릭하세요. 그러면 데이터가 없는 날짜는 [연] 슬라이서에 표시되지 않습니다.

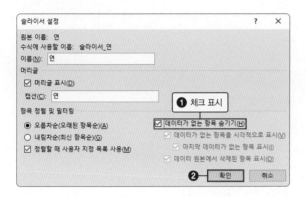

22 현재 상태에서는 [지역] 피벗 테이블만 슬라이서에 반응하므로 슬라이서와 [확진일] 피벗 테이블을 연결해야 합니다. 우선 [상태] 슬라이서에서 마우스 오른쪽 버튼을 클릭하고 [보고서 연결]을 선택합니다.

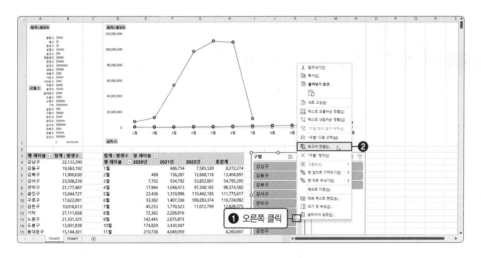

23 [보고서 연결(상태)] 대화상자가 표시되면 모든 피벗 테이블에 체크 표시하고 [확인]을 클릭합니다. 이와 같은 방법으로 [연] 슬라이서도 모든 피벗 테이블과 연결하세요.

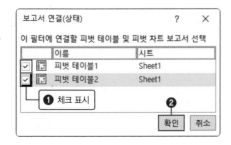

24 이제 클릭할 때마다 피벗 테이블과 차트가 모두 반응하는 대시보드형 자동 반응형 보고서를 완성했습니다

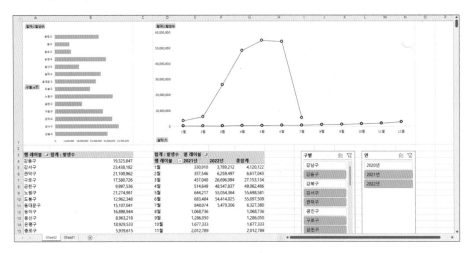

💠 **TIP** — 슬라이서에서 각 항목을 선택할 때마다 차트의 크기가 변경되는데, 이 경우 차트에서 마우스 오른쪽 버튼을 클릭하고 [피벗 차트 옵션]을 선택하세요. [피벗 차트 옵션] 대화상자가 표시되면 [업데이트 시 열 자동 맞춤]의 체크 표시를 해제하면 됩니다.

25 디자인 서식을 좀 더 변경해서 멋진 보고서를 완성해 보세요.

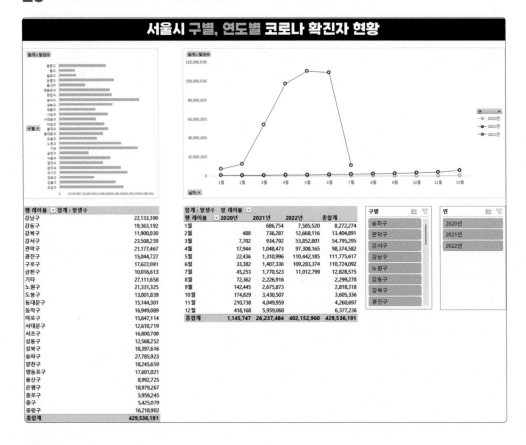

슬라이서를 내 마음대로 정렬하고 싶다면?

[구별] 슬라이서 설정에서 볼 수 있듯이 슬라이서는 기본적으로 가나다 오름차순으로 정렬됩니다. 만약 원하는 순서로 정렬하고 싶다면 사용자 지정 목록에 정렬 순서를 추가해야 합니다.

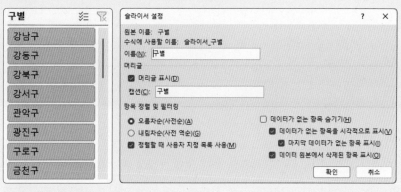

▲ 가나다 오름차순으로 정렬된 경우

[파일] 탭-[옵션]을 선택하여 [Excel 옵션] 창을 표시하고 [고급] 범주에서 [사용자 지정 목록 편집]을 클릭하여 [사용자 지정 목록] 대화상자 표시한 다음 원하는 목록을 추가할 수 있습니다. 서울시 구별 인구수에서 5개 순위가 상위 정렬되도록 [새 목록]에 '송파구, 관악구, 강서구, 강남구, 노원구'를 입력한 다음 [추가]를 클릭합니다.

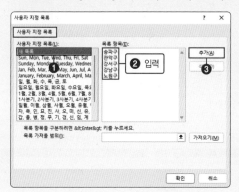
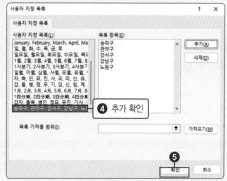

이제 기존 슬라이서를 삭제한 다음 다시 삽입하면 사용자 지정 목록의 순서대로 슬라이서가 우선 정렬되고 나머지는 오름차순 정렬됩니다. 그리고 새로 생성된 슬라이서에 [보고서 연결]하기, 잊지 마세요.

▲ 사용자 지정 목록의 순서대로 정렬된 경우

SECTION 35

'통합' 기능 활용해
템플릿형 다중 시트 자료의 보고서 작성하기

일별 매출과 같이 정해진 템플릿을 사용해서 새 시트에 보고서를 작성할 경우 당장 필요한 보고서를 작성하는 경우에는 유용하지만, 수많은 시트로 구성되어 데이터를 활용하거나 취합하는 데 어려움이 있습니다. 이번에는 이렇게 여러 시트로 구성된 자료를 통합하는 방법에 대해 알아보겠습니다.

워드프로세서를 오래 사용했던 기존 실무자들은 흔글 프로그램에서 사용하던 양식을 그대로 엑셀로 가져온 다음 SUM 함수나 AVERAGE 함수 정도를 활용하여 업무를 진행하는 경우가 많습니다. 이런 자료의 경우 양식은 모두 동일하지만, 시트가 너무 많아서 데이터 활용이나 보고서 작성이 쉽지 않다는 단점이 있습니다.

만약 일반적인 보고서를 작성한다면 SUM 함수를 활용해서 총합계를 계산할 수 있습니다. 하지만 각 시트별로 카드사 항목의 위치가 다르므로 단순 확인으로 계산해야 합니다. 이 경우에는 '통합' 기능을 사용해 보세요.

카드수입내역

날짜	2021년 11월 1일	수 입
금: 일천삼백오십사만구천육백이십		₩13,549,620

NO	카드사	금 액
1	경남	2,229,090
2	비씨	156,500
3	신한	1,316,040
4	KB국민	2,800,720
5	비씨	1,042,640
6	롯데	261,180
7	하나	1,202,900
8	롯데	2,229,990
9	롯데	2,310,560
합계		₩13,549,620

카드수입내역

날짜	2021년 11월 2일	수 입
금: 일천삼백삼십오만구천사백사십		₩13,359,440

NO	카드사	금 액
1	한국씨티	2,365,660
2	경남	1,436,470
3	KB국민	626,290
4	KB국민	748,140
5	경남	2,444,290
6	한국씨티	1,188,700
7	하나	2,118,140
8	경남	2,268,020
9	NH농협	163,730
합계		₩13,359,440

카드수입내역

날짜	2021년 11월 3일	수 입
금: 일천육백칠십칠만이천육백칠십		₩16,782,670

NO	카드사	금 액
1	신한	2,580,360
2	NH농협	2,496,710
3	KB국민	1,670,280
4	비씨	713,450
5	KB국민	2,118,830
6	신한	2,537,540
7	경남	1,661,500
8	경남	574,650
9	비씨	2,429,350
합계		₩16,782,670

카드수입내역

날짜	2021년 11월 4일	수 입
금: 일천오백이십육만칠천오백오십		₩15,267,550

NO	카드사	금 액
1	한국씨티	2,963,300
2	KB국민	1,919,370
3	하나	1,917,140
4	KB국민	1,159,790
5	하나	764,180
6	삼성	841,780
7	경남	2,234,530
8	NH농협	2,822,450
9	삼성	645,010
합계		₩15,267,550

카드수입내역

날짜	2021년 11월 5일	수 입
금: 일천일백사십오만칠천일백		₩11,457,100

NO	카드사	금 액
1	한국씨티	581,860
2	롯데	319,170
3	KB국민	1,836,620
4	경남	1,952,700
5	신한	1,623,480
6	비씨	626,400
7	경남	1,596,250
8	삼성	2,549,940
9	신한	370,680
합계		₩11,457,100

카드수입내역

날짜	2021년 11월 6일	수 입
금: 일천일백칠십오만오천사백사십		₩11,075,440

NO	카드사	금 액
1	삼성	1,960,890
2	KB국민	1,094,800
3	하나	1,247,760
4	KB국민	1,616,510
5	삼성	1,907,970
6	롯데	121,820
7	경남	768,410
8	비씨	278,030
9	삼성	2,079,250
합계		₩11,075,440

▲ 시트가 많고 입력된 내용과 형식이 제각각인 경우

'통합' 기능은 쉽고 편리하지만, 사용 방법을 정확하게 이해해야 합니다. 우선 취합할 데이터 영역을 선택해야 하는데, 취합할 정보의 항목이 구분되어야 하므로 카드사 영역을 반드시 선택해야 합니다.

✎ 실습 파일 35 | 템플릿형 자료의 다중 시트 보고서 작성

1분 만에 여러 시트의 데이터 통합해 보고서 작성하기

실습 예제에는 다음의 그림과 같이 일일 수입 내역이 시트별로 정리되어 있으므로 일일 수입 내역 보고서로 활용하는데 유용합니다. 하지만 시트가 많고 입력된 내용과 형식이 제각각이어서 자료를 취합한 다음 주간 수입 내역 보고서를 작성하는 것에는 적합하지 않습니다. 이 경우에는 데이터의 '통합' 기능을 사용할 수 있습니다.

1 [합계] 시트에서 **[B4:C13]** 영역을 선택하고 [데이터] 탭-[데이터 도구] 그룹-[**통합**]을 클릭합니다.

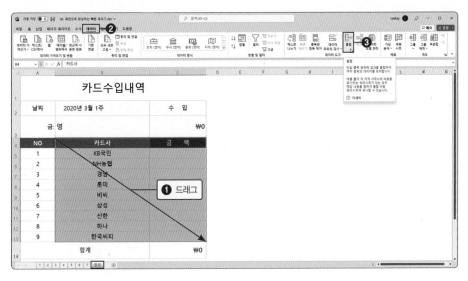

💎 **TIP** ── 모든 시트의 열은 '카드사', '금액'으로 모든 데이터에 포함되어 있지만, 행의 각 카드 데이터는 각각 다르므로 열의 기준인 '카드사', '금액'과 행의 기준인 '카드사' 명칭을 모두 포함하여 영역을 선택하세요.

2 [통합] 창이 표시되면 '사용할 레이블'에서 [첫 행]과 [왼쪽 열]에 모두 체크 표시합니다. 이렇게 지정하면 각 시트에 입력된 데이터의 위치와 관계없이 각 시트의 첫 행인 '카드사' 행과 왼쪽 열인 'NO' 열을 기준으로 데이터를 취합할 수 있어요.

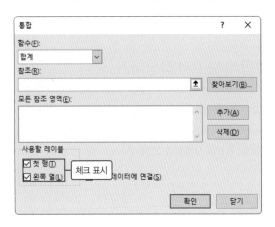

3 [참조]의 📑를 클릭하면 통합할 영역을 지정할 수 있습니다. 📑를 클릭하고 [1] 시트에서 **[B4:C13]** 영역을 선택한 다음 **[추가]**를 클릭합니다.

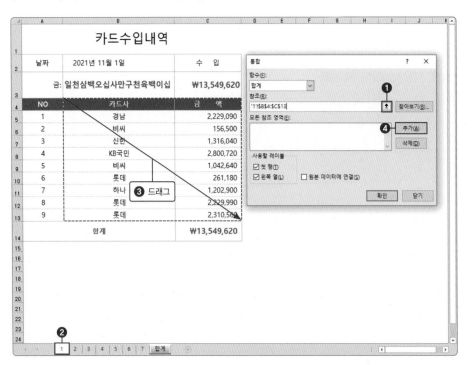

4 이와 같은 방법으로 나머지 시트에서 통합할 영역을 차례대로 모두 추가하고 [확인]을 클릭합니다.

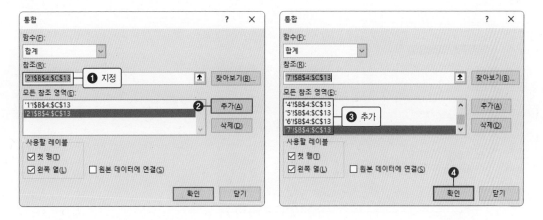

5 [합계] 시트에 [1] 시트부터 [7] 시트의 카드사별 금액 합계가 통합되었는지 확인합니다.

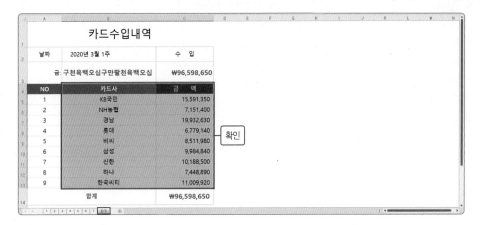

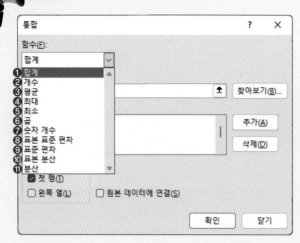

데이터를 통합할 때 함수 부분을 클릭하면 여러 가지 함수를 볼 수 있는데, 각 기능은 다음의 함수를 구현합니다.

❶ **합계**: SUM 함수

❷ **개수**: COUNTA 함수

❸ **평균**: AVERAGE 함수

❹ **최대**: MAX 함수

❺ **최소**: MIN 함수

❻ **곱**: PRODUCT 함수

❼ **숫자 개수**: COUNT 함수

❽ **표본 표준 편차**: STDEV.S 함수

❾ **표준 편차**: STDEV.P 함수

❿ **표본 분산**: VAR.S 함수

⓫ **분산**: VAR 함수

SECTION 36

VBA 활용해 업무 자동화 스킬 익히기

'VBA'는 'Visual Basic for Applications'의 약자로, 마이크로소프트의 오피스 제품군에서 사용할 수 있는 프로그래밍 언어입니다. VBA를 사용하면 엑셀만으로 처리할 수 없었던 기능을 구현하거나 자동화할 수 있습니다. 이번에는 VBA의 기능에 대해 알아보겠습니다.

실습 파일 36 | VBA 활용 자동화 스킬

VBA의 [개발 도구] 탭 활성화하기

엑셀 고수만 사용한다는 VBA의 기본 기능에 대해 알아보겠습니다.

1 엑셀의 기본 설정에서는 VBA를 사용할 수 있는 [개발 도구] 탭이 표시되지 않으므로 설정을 변경해야 합니다. 리본 메뉴의 빈 곳에서 마우스 오른쪽 버튼을 클릭하고 [리본 메뉴 사용자 지정]을 선택합니다.

🔷 **TIP** — [파일] 탭-[옵션]을 선택하여 [Excel 옵션] 창을 표시하고 [리본 사용자 지정] 범주를 선택해도 됩니다.

2 [Excel 옵션] 창의 [리본 사용자 지정] 범주가 표시되면 '리본 메뉴 사용자 지정'에서 [개발 도구]에 체크 표시하고 [확인]을 클릭합니다.

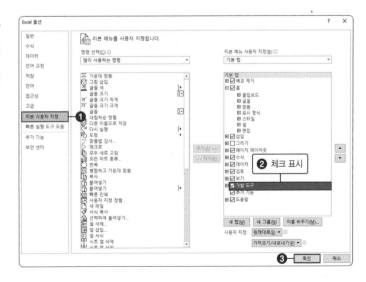

3 리본 메뉴에 [개발 도구] 탭이 표시됩니다.

따라
하기

VBA로 디자인 서식 자동화하기

엑셀 실무에서 같은 작업을 반복하는 것은 매우 비효율적입니다. 하지만 '매크로' 기능을 활용하면 이런 비효율적인 단순 반복 작업을 자동화할 수 있습니다. 이번에는 디자인 서식 작업을 자동화해 보겠습니다.

1 [서식 매크로] 시트에서 **[A1]** 셀을 선택하고 [개발 도구] 탭-[코드] 그룹-[매크로 기록]을 클릭합니다.

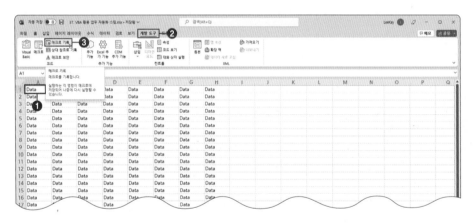

2 [매크로 기록] 대화상자가 표시되면 각 항목을 다음의 그림과 같이 지정하고 [확인]을 클릭합니다.

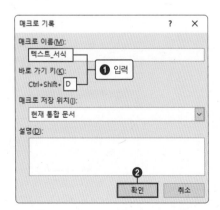

3 매크로 기록이 시작되면 리본 메뉴의 [매크로 기록]이 [기록 중지]로 변경됩니다. 이제부터 마우스 클릭이나 키보드 입력이 모두 저장되므로 키보드를 잘못 입력하거나 클릭한 경우에는 다시 기록해야 합니다. 매크로로 저장할 텍스트의 크기나 서체 변경 등의 서식 작업을 완료하고 [개발 도구] 탭-[코드] 그룹-[기록 중지]를 클릭하세요.

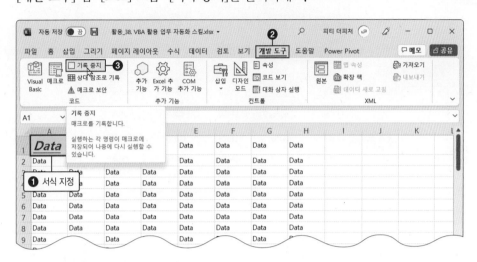

[매크로 기록] 대화상자 살펴보기

❶ 매크로 이름: 원하는 이름을 입력합니다. 특수 기호나 띄어쓰기(공란)가 포함된 이름은 매크로 이름으로 지정할 수 없습니다. 띄어쓰기를 포함해서 이름을 지정하려면 '_'를 입력해서 이름으로 지정해야 합니다.

❷ 바로 가기 키: 저장한 매크로를 실행할 바로 가기 키를 입력합니다.

❸ 매크로 저장 위치: 매크로 저장 위치를 지정합니다

• **개인용 매크로 통합 문서**: 현재 문서가 아닌 개별 매크로 파일에 저장합니다. 위치는 사용하는 컴퓨터의 사용자명에 따라 다릅니다. 문서는 매크로 전용 파일로 저장하지 않아도 되지만, 다른 컴퓨터에서 이 매크로를 사용하려면 개인용 매크로 통합 문서의 해당 파일이 있어야 해서 불편할 수 있어요.

• **새 통합 문서**: 새 문서에 저장합니다.

• **현재 통합 문서**: 지금 작업하는 문서에 매크로를 저장합니다.

❹ 설명: 간단한 메모나 다른 사람이 알아볼 수 있도록 설명을 작성할 수 있습니다.

4 이제 **2**에서 지정한 매크로 바로 가기 키인 Ctrl + Shift + D 를 눌러 지정한 서식이 적용되는지 확인합니다.

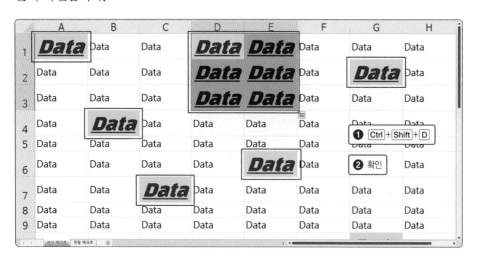

VBA로 정렬 자동화하기

매크로를 사용하면 여러 번 반복해야 하는 번거로운 작업을 자동화할 수 있습니다. 이번에는 매크로로 단축키가 아닌 도형을 삽입해서 원하는 작업이 실행되는 버튼으로 활용해 보겠습니다.

1 [정렬 매크로] 시트에서 [삽입] 탭-[일러스트레이션] 그룹-[도형]을 클릭한 다음 '사각형'에서 [직사각형](□)을 클릭합니다.

2 다음의 그림과 같이 적당한 위치에서 드래그해 직사각형 도형을 삽입하고 보기 좋게 서식을 설정합니다.

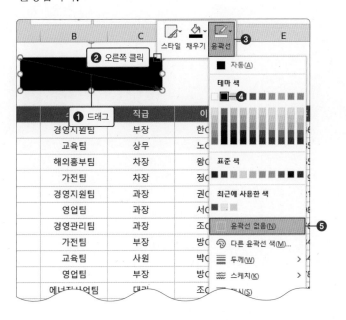

3 Ctrl + Shift 를 누른 상태에서 삽입한 도형을 오른쪽으로 드래그해서 복사합니다.

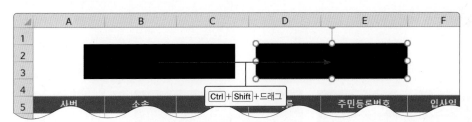

◆ *TIP* ── Ctrl 을 누른 상태에서 도형을 드래그하면 복사할 수 있고 Shift 를 누른 상태에서 도형을 드래그하면 수평 이동할 수 있습니다.

4 다음의 그림과 같이 각 도형에 텍스트를 입력하고 보기 좋게 서식을 지정합니다.

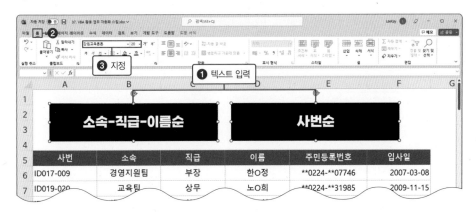

5 [개발 도구] 탭-[코드] 그룹-[매크로 기록]을 클릭합니다. [매크로 기록] 대화상자가 표시되면 '매크로 이름'에 이름을 입력하고 [확인]을 클릭해 매크로 기록을 시작합니다.

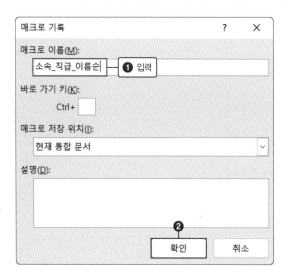

6 데이터 영역에 있는 하나의 셀을 선택하거나 **[A5]** 셀을 선택하고 [데이터] 탭-[정렬 및 필터] 그룹-[정렬]을 클릭합니다.

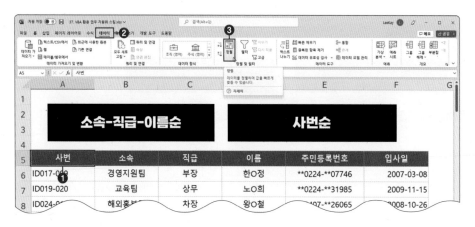

7 [정렬] 대화상자가 표시되면 다음의 그림과 같이 정렬 기준을 지정합니다.

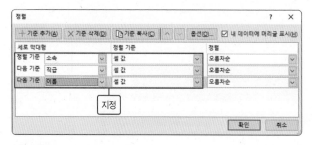

🔹 **TIP** ── [기준 추가]를 클릭하면 새 기준을 추가할 수 있습니다.

8 목록에 없는 기준은 [사용자 지정 목록]을 선택하여 추가할 수 있습니다.

9 [사용자 지정 목록] 대화상자가 표시되면 '사용자 지정 목록'에서 [새 목록]을 선택하고 '목록 항목'에 원하는 기준을 입력한 다음 [추가]와 [확인]을 차례대로 클릭합니다.

10 [정렬] 대화상자로 되돌아오면 다음의 그림과 같이 [정렬] 기준을 지정하고 [확인]을 클릭 합니다.

11 [개발 도구] 탭–[코드] 그룹–[기록 중지]를 클릭해서 매크로 기록을 중지합니다.

12 이와 같은 방법으로 새 매크로를 기록합니다. [매크로 기록] 대화상자에 원하는 매크로 이름을 지정하고 [확인]을 클릭해 매크로 기록을 시작합니다.

13 이번에는 데이터 영역에 있는 하나의 셀을 선택하거나 **[A5]** 셀을 선택하고 [데이터] 탭–[정렬 및 필터] 그룹–**[텍스트 오름차순 정렬]**을 클릭하세요.

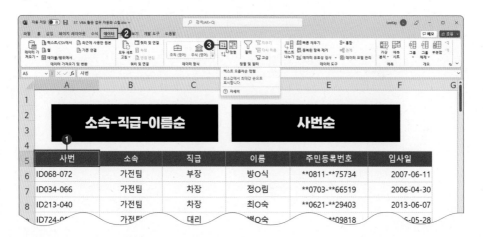

14 사번이 오름차순으로 정렬되었으면 [개발 도구] 탭–[코드] 그룹–[기록 중지]를 클릭해 기록을 중지합니다.

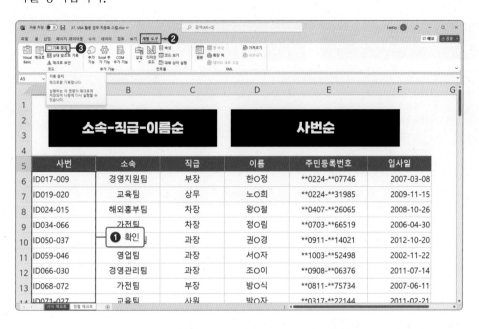

15 이제 기록한 매크로를 삽입한 도형에 적용해 보겠습니다. [소속–직급–이름순] 도형에서 마우스 오른쪽 버튼을 클릭하고 [매크로 지정]을 선택하세요. [매크로 지정] 대화상자가 표시되면 '매크로 이름'에서 [소속_직급_이름순]을 선택하고 [확인]을 클릭합니다.

16 이와 같은 방법으로 [사번순] 도형에 '사번순' 매크로를 지정합니다.

17 매크로가 지정된 각 도형을 클릭하고 지정한 매크로가 실행되는지 확인합니다.

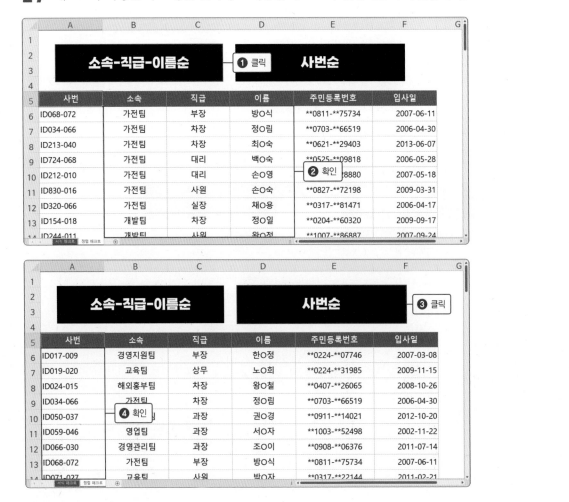

매크로는 유용하지만 실무에 추천하지 않아요

VBA는 데이터베이스의 구조 변경이나 함수, 수식으로 구현할 수 없는 작업을 처리하는 데 유용하지만, 다음과 같은 불편함을 감수해야 합니다. 그러므로 VBA는 엑셀의 기본 기능을 제대로 학습한 다음 사용하는 것이 더욱 효과적입니다.

❶ 매크로가 설정된 엑셀 파일은 XLSM 확장자로 저장됩니다. 그리고 확장자가 XLSM인 파일은 바이러스에 감염될 수 있을 뿐만 아니라 파일을 열 때마다 보안 경고 창이 표시됩니다. 또한 실행 취소(Ctrl + Z) 기능도 사용할 수 없고 파일을 복구할 수도 없다는 위험성이 있습니다.

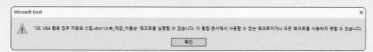

❷ 매크로 이외의 기능을 활용하려면 프로그래밍 언어를 학습해야 합니다. 매크로는 비교적 쉬운 기능이지만, 모든 작업이 프로그래밍 언어로 기록됩니다. 매크로를 기록하고 [매크로] 대화상자의 [편집]을 클릭하면 매크로로 기록된 작업이 프로그래밍 언어로 작성된 것을 확인할 수 있습니다. 따라서 매크로 이외의 VBA 기능을 제대로 사용하려면 프로그래밍 언어를 좀 더 학습해야 합니다.

CHAPTER 9

팀장님도 놀라는 엑셀 필살기

팀장님도 놀라는 실전 엑셀 활용법에 대해 알아보겠습니다. 엑셀이 제대로 구현되는 DB 구축 방법과 지금까지 원인을 알 수 없었던 엑셀 오류의 종류와 대처 방법 그리고, 이면지를 만들지 않는 인쇄 기능까지 출근해서 바로 써먹을 수 있는 엑셀 스킬을 알차게 준비했습니다. 퇴근 시간 을 앞당기는 엑셀 단축키는 꼭 한 번씩 따라해 보세요.

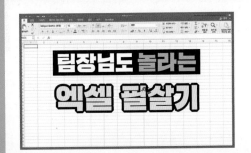

엑셀 기능이 구현되는
DB 구축 스킬

인쇄 기능
완벽 마스터하기

엑셀 기능이 구현되는 DB 구축 스킬

지금까지 엑셀의 주요 기능에 대해 알아보았습니다. 하지만 실무에서 가장 중요한 것은 데이터 형식에 맞춘 데이터베이스를 구축하는 것입니다. 이번에는 엑셀의 주요 기능을 제대로 사용할 수 있는 데이터베이스 구축 방법에 대해 알아보겠습니다.

〉 자료는 크로스탭으로 정리하지 마세요 〈

일반적으로 열을 기준으로 한 상태에서 DB를 구축하여 사용합니다. 하지만 상황에 따라 행과 열에 모두 기준이 있는 크로스탭 보고서를 작성하여 사용하기도 합니다. 이런 크로스탭 보고서는 이미 행과 열을 기준으로 데이터가 정리된 상태이므로 정렬이나 필터 정도는 사용할 수 있지만, 수식이나 함수, 피벗 테이블을 구현하기는 어렵습니다. 데이터 정리, 활용, 재가공 등은 피벗 테이블에서도 충분히 가능하므로 열에 기준을 두고 행 단위로 데이터를 입력해 주세요.

데이터베이스는 '열'을 기준으로 구축해야 합니다. 하지만 상황에 따라 열과 행을 모두 기준으로 하는 크로스탭 보고서를 작성해야 할 때도 있어요. 크로스탭 보고서는 열과 행이 모두 기준인 보고서로, '정렬'이나 '필터' 기능을 사용할 수 있지만, 함수나 수식, 피벗 테이블 기능을 사용하기는 어렵습니다. 데이터 정리, 활용, 가공은 피벗 테이블 기능을 활용하는 것이 더 효율적이기 때문에 열을 기준으로 데이터를 입력하세요.

크로스탭 형태로 DB를 구축하지 않아요

크로스탭 형태는 이미 두가지 기준으로 정리된 상태

구분	하	중	상
강☆균		○	
김☆름			○
김☆연	○		
김☆정	○		
김☆형			○
문☆선	○		
박☆근		○	
박☆지			○
박☆혜			○
용☆라		○	
이☆우		○	
이☆원		○	
이☆현	○		
최☆리	○		
최☆영		○	

열에 기준을 두고 행단위로 누적

구분	실력
강☆균	중
김☆름	상
김☆연	하
김☆정	하
김☆형	상
문☆선	하
박☆근	중
박☆지	상
박☆혜	상
용☆라	중
이☆우	중
이☆원	중
이☆현	하
최☆리	하
최☆영	중

⟩ 제목 행과 데이터 영역은 구분하는 것이 좋아요 ⟨

데이터 셀을 선택한 상태에서 Ctrl + A 를 누르면 데이터 범위를 선택할 수 있습니다. 하지만 다음의 그림과 같이 제목과 데이터 영역이 붙어있는 경우에는 제목 행과 데이터 영역이 모두 선택됩니다. 이런 데이터에 '필터', '정렬', '피벗 테이블' 기능을 사용하면 제목 행 모두 데이터 영역으로 포함되므로 번거롭게 데이터 영역을 지정해야 합니다.

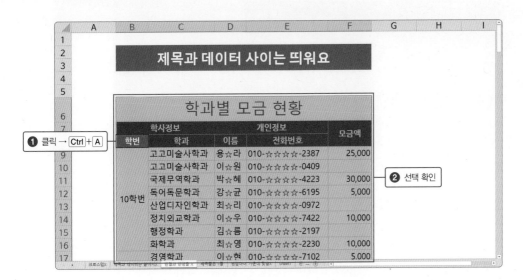

정해진 서식이나 템플릿에 맞추어 보고서를 작성해야 한다면 빈 행을 추가하고 '숨기기' 기능으로 비어있는 행을 숨겨서 보고서를 작성하는 것이 좋습니다.

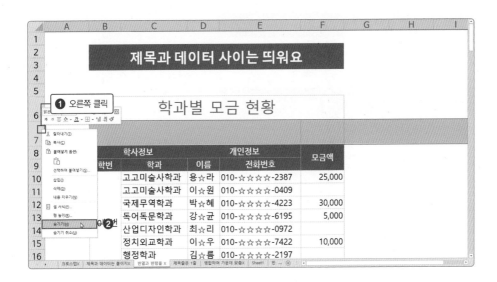

이렇게 행을 숨겨도 데이터 영역을 선택하는 데 아무런 문제가 발생하지 않습니다.

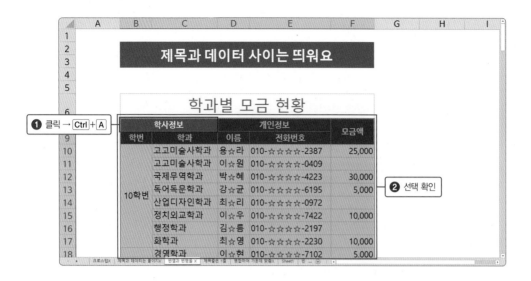

ᐳ 제목은 한 개의 행에 입력하세요 ᐸ

[B8:F17] 영역을 선택하고 필터를 적용하면 첫 행에만 필터가 적용됩니다. 만약 셀이 병합되었으면 가장 왼쪽 열에만 필터 기능이 적용되고 나머지 병합된 열에는 필터가 적용되지 않습니다. 이와 같은 방법으로 [정렬]을 적용하면 정렬 기준에 셀 이름이 제대로 표시되지 않습니다.

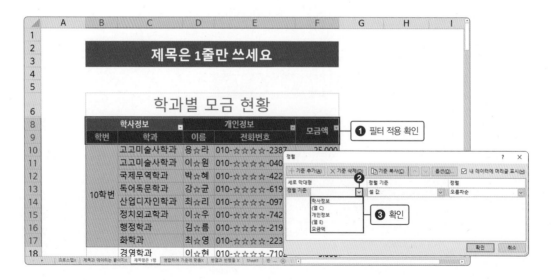

이번에는 피벗 테이블을 적용해 보면 항목이 제대로 표시되지 않습니다.

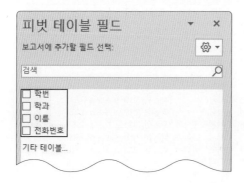

1행으로 구성하면 '필터', '정렬', '피벗 테이블' 등의 주요 기능이 모두 잘 작동하는 것을 알 수 있습니다.

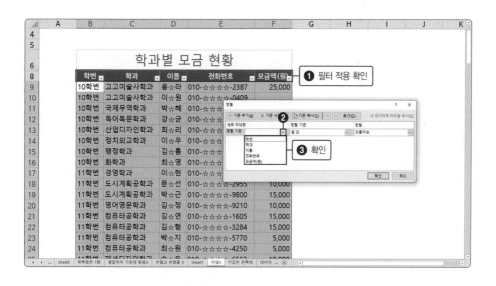

⟩ 병합하고 가운데 맞춤은 사용하지 마세요 ⟨

보고서의 가독성을 높이기 위해 '병합하고 가운데 맞춤' 기능을 자주 사용하지만, 병합된 셀이 있으면 '정렬', '필터', '피벗 테이블' 등의 주요 기능을 제대로 사용할 수 없습니다. 이때 '병합하고 가운데 맞춤'을 해제한 다음 이동 옵션을 활용하여 일괄 변경이 가능합니다. 이것은 304쪽에서 다루었으므로 내용을 참고하여 일괄적으로 '병합하고 가운데 맞춤'을 해제해 주세요.

학과별 모금 현황

학번/학과		이름	전화번호	모금액(원)
10학번	고고미술사학과	용☆라	010-☆☆☆☆-2387	25,000
	고고미술사학과	이☆원	010-☆☆☆☆-0409	
	국제무역학과	박☆혜	010-☆☆☆☆-4223	30,000
	독어독문학과	강☆균	010-☆☆☆☆-6195	5,000
	산업디자인학과	최☆리	010-☆☆☆☆-0972	
	정치외교학과	이☆우	010-☆☆☆☆-7422	10,000
	행정학과	김☆름	010-☆☆☆☆-2197	
	화학과	최☆영	010-☆☆☆☆-2230	10,000
11학번	경영학과	이☆현	010-☆☆☆☆-7102	5,000
	도시계획공학과	문☆선	010-☆☆☆☆-2955	10,000
	도시계획공학과	박☆근	010-☆☆☆☆-9800	15,000
	영어영문학과	김☆정	010-☆☆☆☆-9210	10,000
	컴퓨터공학과	김☆연	010-☆☆☆☆-1605	15,000
	컴퓨터공학과	김☆형	010-☆☆☆☆-3284	15,000
	컴퓨터공학과	박☆지	010-☆☆☆☆-5770	5,000
	컴퓨터공학과	최☆원	010-☆☆☆☆-4250	5,000
	패션디자인학과	송☆은	010-☆☆☆☆-6563	10,000
	패션디자인학과	이☆원	010-☆☆☆☆-7782	
	한국어문학과	채☆훈	010-☆☆☆☆-8579	10,000
	행정학과	정☆건	010-☆☆☆☆-9764	5,000
	화학과	최☆진	010-☆☆☆☆-9475	5,000

학과별 모금 현황

학번/학과	이름	전화번호	모금액(원)
10학번 고고미술사학과	용☆라	010-☆☆☆☆-2387	25,000
10학번 고고미술사학과	이☆원	010-☆☆☆☆-0409	
10학번 국제무역학과	박☆혜	010-☆☆☆☆-4223	30,000
10학번 독어독문학과	강☆균	010-☆☆☆☆-6195	5,000
10학번 산업디자인학과	최☆리	010-☆☆☆☆-0972	
10학번 정치외교학과	이☆우	010-☆☆☆☆-7422	10,000
10학번 행정학과	김☆름	010-☆☆☆☆-2197	
10학번 화학과	최☆영	010-☆☆☆☆-2230	10,000
11학번 경영학과	이☆현	010-☆☆☆☆-7102	5,000
11학번 도시계획공학과	문☆선	010-☆☆☆☆-2955	10,000
11학번 도시계획공학과	박☆근	010-☆☆☆☆-9800	15,000
11학번 영어영문학과	김☆정	010-☆☆☆☆-9210	10,000
11학번 컴퓨터공학과	김☆연	010-☆☆☆☆-1605	15,000
11학번 컴퓨터공학과	김☆형	010-☆☆☆☆-3284	15,000
11학번 컴퓨터공학과	박☆지	010-☆☆☆☆-5770	5,000
11학번 컴퓨터공학과	최☆원	010-☆☆☆☆-4250	5,000
11학번 패션디자인학과	송☆은	010-☆☆☆☆-6563	10,000
11학번 패션디자인학과	이☆원	010-☆☆☆☆-7782	
11학번 한국어문학과	채☆훈	010-☆☆☆☆-8579	10,000
11학번 행정학과	정☆건	010-☆☆☆☆-9764	5,000
11학번 화학과	최☆진	010-☆☆☆☆-9475	5,000

⟩ 열 병합 대신 '선택 영역의 가운데로' 기능을 사용하세요 ⟨

[B8] 셀을 선택하고 [홈] 탭–[맞춤] 그룹–[병합하고 가운데 맞춤]의 선택을 해제합니다.

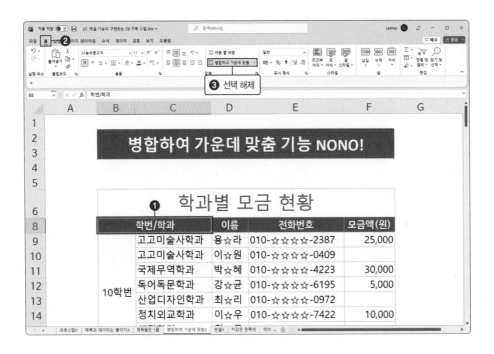

[B8:C8] 영역을 선택하고 선택 영역에서 마우스 오른쪽 버튼을 클릭한 다음 [셀 서식]을 선택하세요.

[셀 서식] 대화상자가 표시되면 [맞춤] 탭을 선택하고 '텍스트 맞춤'의 '가로'에서 [선택 영역의 가운데로]를 선택한 다음 [확인]을 클릭하세요.

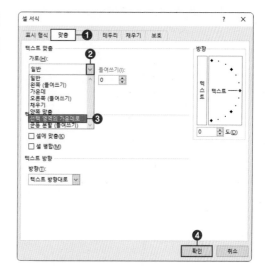

말 그대로 선택 영역이 병합된 것처럼 보입니다. 하지만 필터를 적용할 경우에는 학번과 '학번/학과' 열 모두 필터가 적용되어 활용할 수 있습니다.

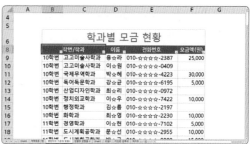

정렬할 때 셀 이름이 제대로 표
시되지 않을 수 있어요.

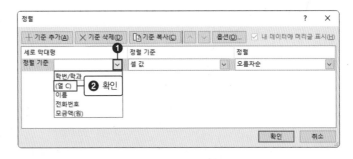

이 경우에는 셀이 비어있어서 피벗 테이블이 제대로 작성되지 않으므로 꼭 필요한 상황에서만
'선택 영역의 가운데로' 기능을 활용해 주세요.

〉빈 행/열을 만들지 마세요 〈

다음의 그림과 같이 데이터 영역에 빈 행/열이 있으면 데이터 범위를 선택할 때 빈 행/열에 인접
한 영역을 선택할 수 없습니다.

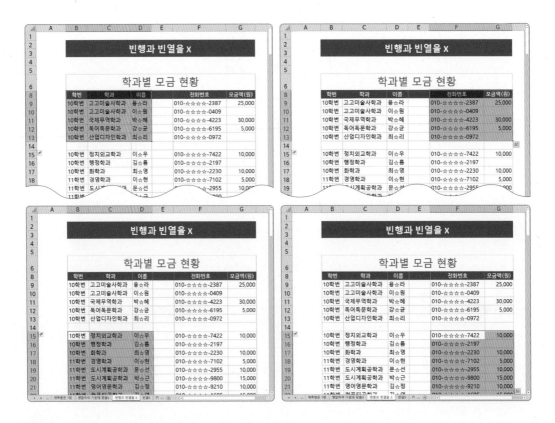

이렇게 빈 행/열이 있으면 수동으로 영역을 지정해야 하므로 빈 행/열을 만들지 않는 것이 좋습니다.

〉 키 값은 데이터베이스의 맨 왼쪽 열에 입력하세요 〈

키 값(key value)은 데이터베이스에서 특정 행을 식별하고 접근하는 데 사용하는 값을 의미합니다. VLOOKUP 함수를 사용할 때 기준이 되는 값도 키 값이죠. XLOOKUP 함수를 사용하면 키 값의 왼쪽에 있는 데이터도 가져올 수 있지만, 엑셀 2021 이상이나 M365(Microsoft 365) 버전에서만 사용할 수 있습니다. 데이터베이스의 데이터를 가치 있게 사용하려면 사번, 주민등록번호, 계좌번호, 사업자등록번호와 같이 중복되지 않는 고윳값은 데이터베이스의 목록에서 왼쪽 열에 입력해 주세요.

	A	B	C	D	E	F	G	H	I
1	학번	학과	이름	전화번호	금액(원)				
2	20209656	경영학과	이O랑	010-OOOO-2455	10,000				
3	20209309	경영학과	이O롬	010-OOOO-0134	5,000				
4	20201169	경영학과	이O랑	010-OOOO-2455	10,000				
5	20206315	경영학과	백O운	010-OOOO-3615	5,000				
6	20200758	경영학부	최O리	010-OOOO-0972	5,000				
7	20203586	경찰행정학과	서O연	010-OOOO-1224	5,000				
8	20202886	경찰행정학과	김O영	010-OOOO-1627	10,000				
9	20200852	경찰행정학과	박O혜	010-OOOO-4223	15,000				
10	20208663	경찰행정학과	강O선	010-OOOO-2006	10,000				
11	20204708	기초의과학부	오O종	010-OOOO-1753	5,000				
12	20203718	기초의과학부	장O준	010-OOOO-7602	5,000				
13	20201637	기초의과학부	김O양	010-OOOO-9414	5,000				
14	20201842	기초의과학부	양O훈	010-OOOO-9486	30,000				
15	20204225	기초의과학부	최O석	010-OOOO-2858					
16	20206903	기초의과학부	김O규	010-OOOO-5961	5,000				
17	20208003	기초의과학부	박O지	010-OOOO-8233					

Sheet1

〉 데이터베이스 구축의 기본은 데이터 정형화예요 〈

다음의 그림에 입력된 '오렌지 주스'는 모두 같은 데이터인 것 같지만, 필터를 적용해 보면 다섯 가지 데이터 유형으로 구성된 것을 확인할 수 있습니다. 데이터를 입력하면서 오타가 발생해 다른 데이터로 구분된 것이죠.

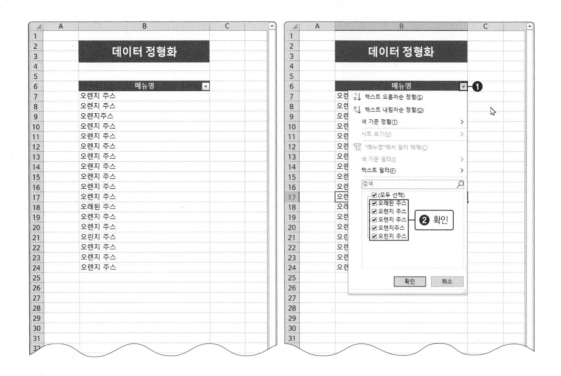

이 데이터베이스를 활용해 피벗 테이블 보고서를 생성하면 다음의 그림과 같이 제대로 계산되지 않은 보고서가 생성됩니다.

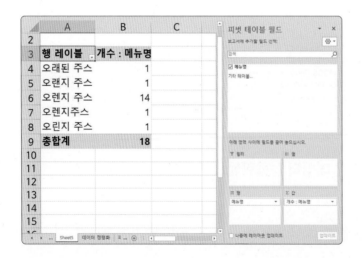

이렇게 데이터를 정형화하지 않으면 '필터', '정렬', '함수', '수식', '피벗 테이블' 등 거의 모든 기능이 제대로 구현되지 않으므로 데이터를 입력할 때 유의해야 합니다. 하지만 '데이터 유효성 검사' 기능을 활용하면 데이터 입력 오류를 예방할 수 있습니다.

💠 **TIP** — '데이터 유효성 검사'에 대한 자세한 내용은 130쪽을 참고하세요.

> 파일명에 대괄호([,])를 사용하지 마세요 <

파일명에 대괄호([,])가 포함된 엑셀 파일은 함수나 수식 등은 문제 없이 사용할 수 있지만, 피벗 테이블 기능을 사용할 수 없습니다. 이것은 중요하지만 많은 사용자가 모르고 있습니다. 실습 파일 '[오류] 40. 피벗 테이블 오류 실습.xlsx'를 열고 [삽입] 탭-[표] 그룹-[피벗 테이블]을 클릭하면 다음의 그림과 같은 오류 메시지 창이 표시됩니다.

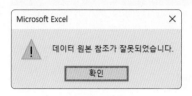

이것은 파일명에 구조적 참조에 사용하는 대괄호([,])가 포함되어 있어서 참조 오류가 발생한 것입니다. 실무에서 업체명이나 업무 단위를 '[길벗출판사] 10월 판매량.xlsx'나 '[자산관리] 업체리스트.xlsx'와 같이 대괄호로 구분하는 경우가 많습니다. 이렇게 파일명에 대괄호가 포함되어 있으면 피벗 테이블을 생성할 수 없는 치명적인 문제가 발생하므로 '(길벗출판사) 10월 판매량.xlsx', '(자산관리) 업체리스트.xslx'와 같이 소괄호나 다른 기호로 구분해서 입력하세요.

전문가의 조언 **인터넷 익스플로러 브라우저에서 파일을 곧바로 열지 마세요**

인터넷 익스플로러(Internet Explorer)의 서비스 지원이 종료되어 이제 크롬 브라우저나 마이크로소프트 Edge를 많이 사용하지만, 업무 특성상 인터넷 익스플로러를 사용해야 하는 환경이 있습니다. 이때 엑셀 파일을 이메일에서 곧바로 열어서 확인하거나 다운로드한 다음 즉시 열어야 할 경우가 있습니다.

data.go.kr의 통일연구원_소장자료_목록_20201016.xlsx를(를) 열거나 저장하시겠습니까?	열기(O)	저장(S) ▼	취소(C)	✕

만약 파일을 저장하지 않고 곧바로 열 경우에는 임시 폴더에 저장되어 열립니다. 이것은 한 번 정도는 문제가 없지만, 파일명이 같을 경우에는 파일명의 뒤의 숫자가 [1], [2], [3] 등의 숫자가 붙어 임시 폴더에 저장되어 열립니다.

파일명에 대괄호가 없어도 인터넷 익스플로러를 사용하면 대괄호 사용 문제가 발생할 수 있습니다. 그러므로 피벗 테이블이 생성되지 않는다면 컴퓨터에 파일을 따로 저장하여 활용해 주세요.

이름
- AAuljfq[1]
- AAuljfq[2]
- albumGradeInfo[1].json
- an[1]
- apndmp[1]
- ar-AAQ7oqE[1]
- async_usersync[1]
- auction[1]
- auction[2]
- auction[3]
- AXlpSiVcExz[1]
- b558c28075172565230108f73257907[1]
- basic[1]
- BB1aofib[1]
- BB1eAUpP[1]
- BB19Xhdh[1]
- BB192R5p[1]
- BB192RgA[1]
- be569e4c0d036a1154eed295e4170f4c[1]
- bg_auto_complete_151207[1]

▲ 파일명이 같아서 [숫자]가 붙어 저장된 경우

SECTION 38 ⭐

주요 엑셀 오류의 종류와 대처 방법

엑셀을 사용하다 보면 알 수 없는 오류가 발생해서 당황하는 경우가 있습니다. 이번에는 엑셀을 사용하는 도중에 발생할 수 있는 주요 오류의 원인과 대처 방법에 대해 알아보겠습니다.

✔ **실습 파일 38** | 실전 주요 오류 및 대처법

#VALUE! 오류 – 텍스트를 연산할 때 발생

'#VALUE!'는 계산할 수 없는 값을 계산할 때 표시되는 오류 메시지입니다.

[C2] 셀을 선택하고 **'=A2+B2'**를 입력해 보세요. [A2] 셀과 [B2] 셀을 합할 수 없으므로 #VALUE! 오류가 발생합니다. 이 경우에는 입력한 수식을 확인해 보세요.

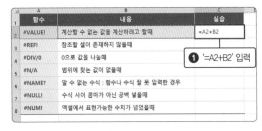

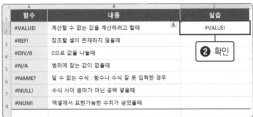

✔ **실습 파일 38** | 실전 주요 오류 및 대처법

#REF! 오류 – 참조한 셀을 삭제할 때 발생

'#REF!'는 참조한 셀이 없을 때 표시되는 오류 메시지입니다.

[C3] 셀을 선택하고 **'=C10'**을 입력하면 빈 셀을 참조했기 때문에 '0'이 표시됩니다.

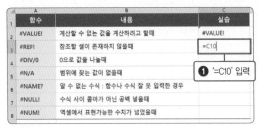

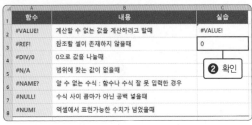

✦ *TIP* — 빈 셀을 참조하면 0 값이 반환돼요.

이 상태에서 참조한 [C10] 셀을 삭제하면 참조한 셀이 없어서 #REF! 오류가 발생합니다. '#REF!'가 표시되면 참조한 셀을 확인해 보세요.

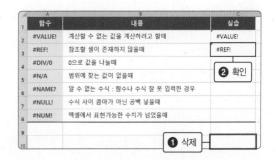

✔ 실습 파일 38 | 실전 주요 오류 및 대처법

#DIV/0! 오류 – 값을 0으로 나눌 때 발생

'#DIV/0!'은 값을 0으로 나눌 때 표시되는 오류 메시지입니다.

[C4] 셀에 '=100/0'을 입력해 보세요. 모든 수는 0으로 나눌 수 없기 때문에 #DIV/0 오류가 발생합니다. '#DIV/0!'이 표시되면 입력한 수식을 확인하거나 빈 셀을 참조하는지 확인해 보세요.

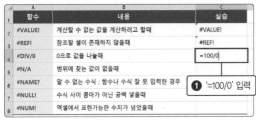

✔ 실습 파일 38 | 실전 주요 오류 및 대처법

#N/A 오류 – 찾으려는 값이 없을 때 발생

'#N/A'는 찾으려는 값이 없을 때 표시되는 오류 메시지로, 보통 VLOOKUP 함수를 사용할 때 자주 발생합니다.

[C5] 셀에 '=VLOOKUP(B5,A:B,2,0)'을 입력해 보세요. 찾으려는 값이 없기 때문에 #N/A 오류가 발생합니다. '#N/A'가 표시되면 입력한 함수를 확인해 보세요.

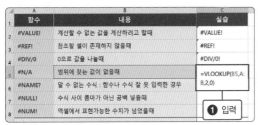

#NAME? 오류 – 함수식에 오타가 있을 때 발생

'#NAME?'은 함수명을 잘못 입력했을 때 표시되는 오류 메시지입니다.

[C6] 셀에 '=SUN(1, 2, 3)'을 입력해 보세요. 이렇게 SUM 함수를 'SUN'으로 잘못 입력하면 엑셀에는 없는 함수이므로 '#NAME?' 오류가 발생합니다. #NAME?이 표시되면 입력한 함수나 수식을 확인해 보세요.

#NULL! 오류 – 함수나 수식에 공란이 있을 때 발생

'#NULL!'은 함수나 수식에 공란이 있을 때 표시되는 오류 메시지입니다.

[C6] 셀에 '=SUM(B10 C10)'을 입력해 보세요. 오류 메시지를 확인하려면 함수식에 공란까지 입력해야 합니다. 입력한 함수식에 공란이 있기 때문에 #NULL! 오류가 발생합니다. '#NULL!'이 표시되면 입력한 함수식에 공백이 있는지 확인해 보세요.

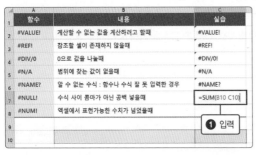
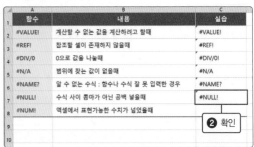

#NUM! 오류 – 엑셀이 감당할 수 없는 연산에 발생

'#NUM!'은 엑셀에서 연산할 수 있는 수치를 초과했을 때 표시되는 오류 메시지입니다.

이번에는 오류 메시지를 확인하기 위해 거듭제곱 연산자인 '^'을 활용해서 계산해 보겠습니다. [C8] 셀에 '=999^999'를 입력해 보세요. 입력한 수식은 '999'의 999승의 거듭제곱으로, 결괏값이 엑셀에서 연산할 수 있는 수치를 초과하기 때문에 #NUM! 오류가 발생합니다.

오류 발생을 대비해 IFERROR 함수를 활용해 보세요

IFERROR 함수를 활용하면 오류가 발생할 경우에 대비할 수 있습니다.

IFERROR(수식 또는 함수, 첫 번째 인수에 오류가 발생했을 때의 출력값)

- 수식 또는 함수: 오류를 검사할 수식 또는 함수 인수
- 첫 번째 오류가 발생했을 때의 출력값: 첫 번째 인수인 함수 또는 수식에 오류가 발생했을 때 출력되는 값(오류가 없다면 첫 번째 인수인 수식 또는 함수가 출력됨).

▲ 모든 수는 0으로 나눌 수 없으므로 #DIV/0! 오류 발생

▲ IFERROR 함수를 활용해 오류 발생 시 공백 출력

IFERROR 함수를 사용하지 않으면 5를 0으로 나눌 경우 #DIV/0! 오류가 출력되지만, IFERROR 함수를 활용하면 오류가 발생했을 때 공백 출력으로 대처할 수 있습니다. 이때 ""는 공백을 출력하라는 의미입니다.

SECTION 39 ⭐

인쇄 기능 완벽하게 마스터하기

갑자기 누군가가 프린터로 달려가서 전원 버튼을 눌러 프린터를 급하게 끄고 출력된 종이를 이면지함으로 버리는 경우가 있습니다. 우리 주변의 사무실에서 흔히 볼 수 있는 모습이죠? 이번에는 실무에 꼭 필요한 인쇄 설정 방법에 대해 알아보겠습니다.

엑셀은 일반 문서와 달리 많은 데이터를 포함하므로 출력할 경우에는 10여 장이 넘는 경우도 있습니다. 그리고 인쇄 설정을 제대로 확인하지 않아 아까운 종이를 낭비하는 경우도 많죠. 우선 우리가 알고 있는 인쇄 설정 화면부터 살펴보겠습니다. 인쇄 단축키인 Ctrl+P를 누르면 프린터 선택과 함께 인쇄 설정 메뉴가 표시됩니다. '설정' 항목의 아래쪽에 있는 [페이지 설정]을 선택하면 인쇄와 관련된 더 많은 설정 사항을 확인할 수 있어요.

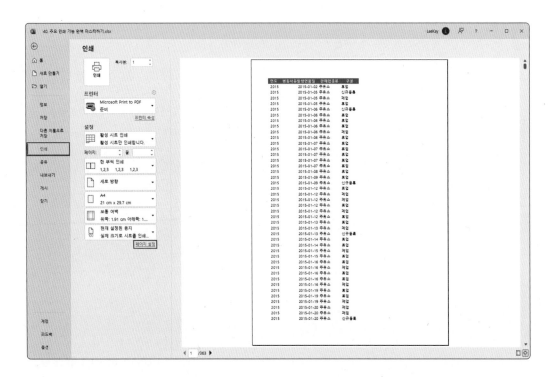

[페이지 설정] 대화상자는 [페이지] 탭, [여백] 탭, [머리글/바닥글] 탭, [시트] 탭으로 구성되어 있습니다.

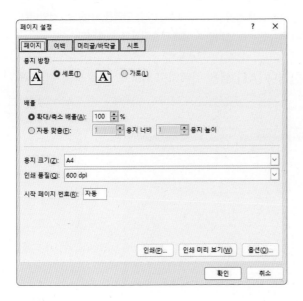

Esc를 눌러 작업 화면으로 되돌아온 다음 [페이지 레이아웃] 탭을 클릭하면 인쇄와 관련된 세부 설정이 표시되는데, 여기서 [페이지 설정] 그룹, [크기 조정] 그룹, [시트 옵션] 그룹의 명령 버튼이 가장 중요합니다. [페이지 레이아웃] 탭의 각 세부 그룹 아래에 있는 [페이지 설정]([⤢])을 클릭하면 인쇄 화면의 [페이지 설정] 대화상자가 표시됩니다.

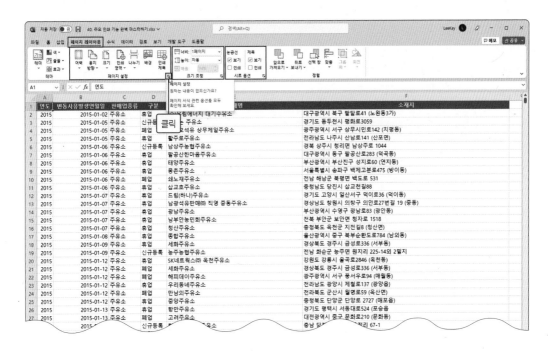

인쇄 영역 지정하기

인쇄를 하기 전에 가장 먼저 인쇄 영역을 설정해야 합니다. '인쇄 영역'은 말 그대로 인쇄할 영역을 지정하는 것입니다.
엑셀은 일반적으로는 전체 문서를 출력하지만, 필요에 따라 원하는 영역만 지정해서 출력할 수 있습니다.

1 데이터 영역에 있는 하나의 셀을 선택하거나 **[A1]** 셀을 선택하고 Ctrl+A를 눌러 전체 데이터 영역을 선택합니다.

2 [페이지 레이아웃] 탭-[페이지 설정] 그룹-[인쇄 영역]을 클릭하고 [인쇄 영역 설정]을 선택합니다.

3 변화가 없는 것 같지만, 점선으로 인쇄 영역이 표시됩니다. 지금의 설정대로 출력하면 모든 열이 한 페이지에 출력되지 않고 나누어 출력되므로 한눈에 자료를 살펴볼 수 없습니다.

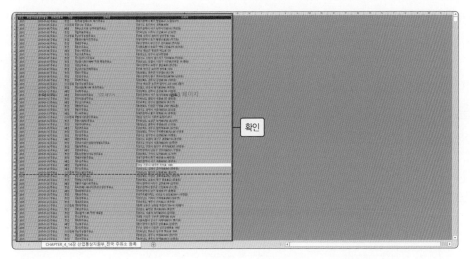

확인

✦ TIP — [보기] 탭-[통합 문서 보기] 그룹-[페이지 나누기 미리 보기]를 클릭하면 출력할 용지의 각 페이지에 인쇄될 영역이 표시됩니다.

4 [페이지 레이아웃] 탭-[크기 조정] 그룹에서 '너비'를 [1페이지]로 변경하면 전체 열이 1페이지로 표시됩니다. 즉 모든 열을 1페이지에 출력할 수 있어요.

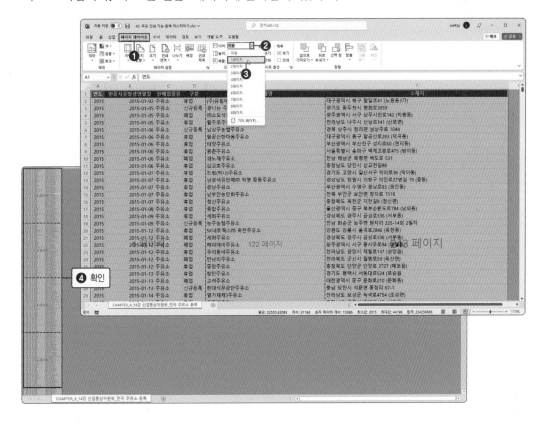

인쇄 여백 및 용지 지정하기

[페이지 레이아웃] 탭-[페이지 설정] 그룹-[여백]을 선택하면 출력할 시트의 페이지 여백을 지정할 수 있습니다.

1 인쇄 여백을 조절하면 용지 한 장에 더 많은 내용을 출력하거나 머리글과 바닥글을 표시해서 보고서의 가독성을 높일 수 있습니다. 한 장의 용지에 더 많은 내용을 출력하려면 여백을 [좁게], 머리글과 바닥글에 더 많은 정보를 담으려면 [기본] 또는 [넓게]를 설정하세요.

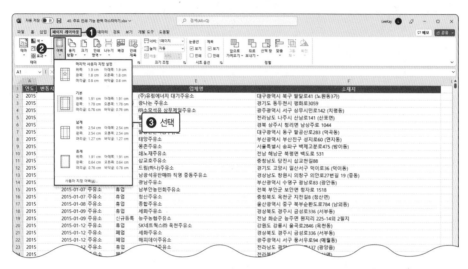

⭐ **TIP** — '머리글/바닥글' 설정에 대한 자세한 내용은 379쪽을 참고하세요.

2 [용지 방향]을 선택하면 출력할 용지의 방향을 지정할 수 있습니다. 기본 설정은 [세로]이지만, 출력할 시트의 형태에 따라 [가로]로 설정할 수 있어요. 세로로 출력하기에 열 항목이 많으면 용지 방향을 [가로]로 설정해서 좀 더 보기 좋게 출력할 수 있습니다.

▲ 용지 방향이 '세로'인 경우

▲ 용지 방향이 '가로'인 경우

3 엑셀의 기본 인쇄 용지는 'A4'이지만 상황에 따라 포스터나 서류봉투, 'B5', 'B4', 'A5', 'A3' 등의 용지도 선택할 수 있습니다. 인쇄 용지 크기를 선택하려면 [페이지 레이아웃] 탭-[페이지 설정] 그룹-[크기]를 클릭하세요.

실습 파일 39 | 인쇄 기능 완벽 마스터

인쇄 페이지 설정하기 ① 반복할 행 지정하기

인쇄할 페이지가 많으면 두 번째 페이지부터 제목 행이 보이지 않아 불편합니다. 이런 경우 모든 페이지에 반복할 행을 지정해 보세요.

1 기본 설정으로 출력하면 첫 페이지에만 행이 출력되므로 나머지 페이지에서는 어떤 열 데이터인지 알 수 없습니다. 이 경우에는 각 페이지마다 기준 열을 반복해서 출력할 수 있습니다.

2 [페이지 레이아웃] 탭-[페이지 설정] 그룹에서 [페이지 설정](🖼)을 클릭합니다.

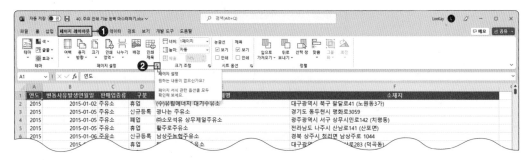

💠 **TIP** — 인쇄 설정 화면에서 [페이지 설정]을 선택해도 됩니다.

3 [페이지 설정] 대화상자가 표시되면 [시트] 탭에서 '반복할 행'의 ⬆ 를 클릭하고 열 기준이 있는 1행을 선택하여 반복할 행을 지정한 다음 [확인]을 클릭합니다.

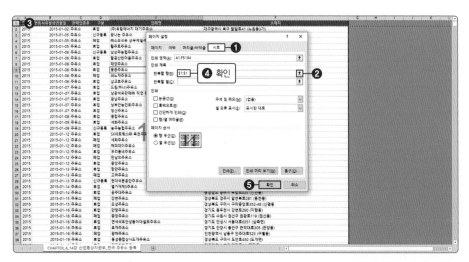

💠 **TIP** — [페이지 설정] 대화상자에서 [인쇄 미리 보기]를 클릭하면 출력 형태를 미리 확인할 수 있어요.

4 1행이 절대 참조로 설정되어 모든 페이지마다 1행의 각 항목이 출력됩니다.

인쇄 페이지 설정하기 ② 머리글/바닥글 지정하기

열 제목보다 더 많은 항목을 표시하려면 '머리글'이나 '바닥글'을 설정해 보세요. 머리글/바닥글은 출력 용지의 여백에 지정한 내용이나 이미지, 출력 날짜/시간. 시트명, 쪽 번호 등을 출력하는 기능입니다.

1 [페이지 설정] 대화상자에서 [머리글/바닥글] 탭을 선택하고 머리글부터 지정하기 위해 [머리글 편집]을 클릭하세요.

◆ **TIP** — [페이지 설정] 대화상자를 표시하는 방법에 대한 자세한 내용은 373쪽을 참고하세요.

2 [머리글] 대화상자에서는 '왼쪽 구역', '가운데 구역', '오른쪽 구역'과 같이 세 개의 구역에 원하는 내용이 출력되도록 지정할 수 있습니다. 우선 '왼쪽 구역'을 클릭해 커서를 올려놓고 [파일 경로 삽입](⬛)과 [시트 이름 삽입](⬛)을 차례로 클릭해 삽입합니다. 이때 Spacebar 를 눌러 각 항목을 띄어쓰기로 구분합니다.

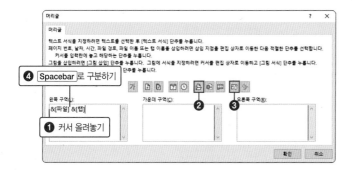

3 '오른쪽 구역'에는 소속을 표시해 볼게요. '오른쪽 구역'에 커서를 올려놓고 표시할 소속과 직급 등을 입력한 다음 [확인]을 클릭하세요.

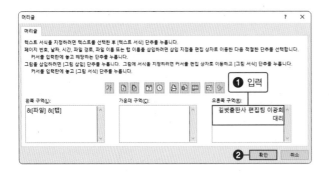

4 [페이지 설정] 대화상자의 '머리글'에 출력 형태가 미리 보기로 표시되면 확인합니다. 이와 같은 방법으로 [바닥글 편집]을 클릭해 바닥글에 표시할 내용을 입력하세요. '바닥글'에 출력 형태가 미리 보기로 표시되면 [인쇄 미리 보기]를 클릭합니다.

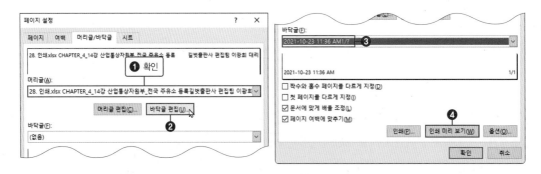

5 출력 형태를 확인합니다.

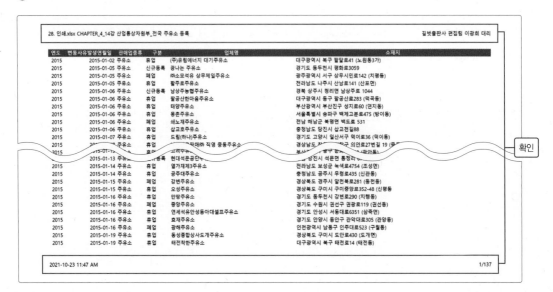

더욱 깔끔하게 인쇄하는 방법

각 셀에 테두리를 설정하지 않으면 출력된 자료를 확인할 때 각 행을 구분할 수 없어서 불편합니다. 물론 [셀 서식] 대화상자에서 테두리를 설정할 수도 있습니다. 하지만 [페이지 설정] 대화상자의 [시트] 탭에서 '인쇄'의 [눈금선] 에 체크 표시하면 각 셀이 눈금선으로 구분된 상태로 출력되어 편리하게 볼 수 있습니다.

만약 출력한 엑셀 시트에 함수 오류 메시지가 있으면 [페이지 설정] 대화상자에서 [시트] 탭을 선택하고 '인쇄'의 '셀 오류 표시'에서 [<공백>]을 선택하여 출력해 보세요. 출력할 시트에 있는 오류 메시지가 공백으로 표시되므로 작업 화면에서는 오류 메시지를 확인할 수 있지만, 출력할 때는 오류 메시지가 표시되지 않아 편리합니다.

날짜	유무 확인
2015-01-01	#N/A
2015-01-02	○
2015-01-03	#N/A
2015-01-04	#N/A
2015-01-05	○
2015-01-06	○
2015-01-07	○
2015-01-08	○
2015-01-09	○
2015-01-10	#N/A
2015-01-11	#N/A
2015-01-12	○
2015-01-13	○
2015-01-14	○
2015-01-15	○
2015-01-16	○
2015-01-17	#N/A
2015-01-18	#N/A
2015-01-19	○
2015-01-20	○
2015-01-21	○
2015-01-22	○
2015-01-23	○
2015-01-24	○
2015-01-25	#N/A
2015-01-26	#N/A
2015-01-27	#N/A
2015-01-28	○

▲ 함수 오류 메시지가 발생한 경우

날짜	유무 확인
2015-01-01	
2015-01-02	○
2015-01-03	
2015-01-04	
2015-01-05	○
2015-01-06	○
2015-01-07	○
2015-01-08	○
2015-01-09	○
2015-01-10	
2015-01-11	
2015-01-12	○
2015-01-13	○
2015-01-14	○
2015-01-15	○
2015-01-16	○
2015-01-17	
2015-01-18	
2015-01-19	○
2015-01-20	○
2015-01-21	○
2015-01-22	○
2015-01-23	○
2015-01-24	○
2015-01-25	
2015-01-26	
2015-01-27	
2015-01-28	○

▲ 오류 메시지가 공백으로 표시된 경우

생존 엑셀 단축키 총정리

기본 단축키

단축키	기능
Ctrl + N	새 문서
Ctrl + O	문서 열기
Ctrl + S	저장
Ctrl + W, Ctrl + F4	창 닫기
Ctrl + C	복사
Ctrl + X	잘라내기
Ctrl + V	붙여넣기
Ctrl + F	찾기

단축키	기능
Ctrl + H	찾아 바꾸기
Ctrl + A	모든 개체 선택, 모든 셀 선택
Ctrl + Z	실행 취소
Ctrl + Y	되돌리기(실행 취소)
Ctrl + P	인쇄
Ctrl + F1	리본 메뉴 고정/축소
F4	직전 작업 반복
F12	다른 이름으로 저장

셀/시트 이동, 편집 관련 단축키

단축키	기능
Tap, Shift + Tap, ↓, ↑, ←, →	셀 이동
Ctrl + ↓, ↑, ←, →	데이터 이동
Ctrl + Shift + ↓, ↑, ←, →	데이터 이동 + 선택
Ctrl + Shift + Home	처음까지 선택 (워크시트의 시작 부분)
Ctrl + Shift + End	끝까지 선택 (마지막으로 사용한 셀)

단축키	기능
Ctrl + +, −	행/열 추가, 삭제
Shift + F2	셀 메모 추가/편집
Shift + F11	시트 추가
Ctrl + Home	처음으로 이동 (워크시트의 시작 부분)
Ctrl + End	끝으로 이동 (마지막으로 사용한 셀)

단축키	기능		단축키	기능
Ctrl + Page Down	다음 시트 이동		마우스휠	행 이동 스크롤
Alt + Page Up	이전 시트 이동		Ctrl + Shift + 마우스휠	열 이동 스크롤 (엑셀 2021, M365 이상 지원)
Ctrl + Backspace	현재 셀로 화면 전환			

셀 서식 관련 단축키

단축키	기능		단축키	기능
Ctrl + 1	셀 서식		Ctrl + Shift + $	통화 표시 서식 적용 (음수는 괄호 표시)
Ctrl + B, Ctrl + 2	텍스트 굵게 적용, 제거		Ctrl + Shift + %	소수 자릿수 없이 백분율 서식 적용
Ctrl + I, Ctrl + 3	텍스트 기울임꼴 표시, 제거		Ctrl + Shift + ^	소수 두 자리의 지수 숫자 서식 적용
Ctrl + U, Ctrl + 4	텍스트 밑줄 적용, 제거		Ctrl + Shift + #	년, 월, 일로 날짜 서식 적용
Ctrl + 5	텍스트 취소선 적용 / 제거 전환		Ctrl + Shift + @	시간, 분, AM/PM으로 시간 서식 적용
Ctrl + 6	개체 숨기기/표시 전환		Ctrl + Shift + !	소수 두 자리, 1000 단위 구분 기호, 음수 값의 경우 빼기(-) 기호로 숫자 서식 적용
Ctrl + Shift + &	윤곽선 테두리 적용		Ctrl + K	하이퍼링크
Ctrl + Shift + _	윤곽선 테두리 제거		F7	맞춤법 검사
Ctrl + 8	윤곽 기호 숨기기/표시 전환		Ctrl + Q	빠른 분석 옵션
Ctrl + Shift + ~	일반 숫자 서식 지정		Ctrl + L, Ctrl + T	표 만들기

선택 및 작업 관련 단축키

단축키	기능
F2	셀 편집
Alt + Enter	같은 셀에서 새로운 줄에 입력 (두 줄 이상 입력)
Ctrl + Enter	선택한 셀 범위에 현재 입력 내용 채우기
Ctrl + Spacebar	워크시트에서 전체 열 선택

단축키	기능
Shift + Spacebar	워크시트에서 전체 행 선택
Ctrl + Shift + Spacebar	개체가 선택된 경우 워크시트의 모든 개체 선택
Alt + ↓	목록 데이터 선택

함수 및 수식 관련 단축키

단축키	기능
Ctrl + Shift + :	현재 시간 입력
Ctrl + ;	현재 날짜 입력
Ctrl + `	셀 값과 수식을 교대로 표시
Ctrl + Shift + U	수식 입력줄 확장 / 축소
Shift + F9	현재 워크시트 새로 계산
F9	모든 워크시트 새로 계산
F4	상대 참조, 혼합 참조, 절대 참조 설정(수식 입력 시)

단축키	기능
F11	별도 시트에 차트 생성
Alt + F1	현재 시트에 차트 생성
Shift + F3	함수 마법사
Ctrl + E	빠른 채우기
Ctrl + ,	참조하는 셀 확인
Ctrl + \	선택 영역에서 서로 다른 값 확인
Alt + ;	눈에 보이는 셀만 선택